Lindsey Hooper liebt Hemingway und Katzen und reist gern auf die Florida Keys. Sie hat bereits mehrere Kriminalromane und romantische Komödien veröffentlicht.

Susann Rehlein lebt in Berlin und arbeitet als Autorin, Übersetzerin und Lektorin. Sie ist eher Hunde- als Katzenmensch, aber das könnte sich gerade geändert haben.

Lindsey Hooper

Ein Sommer mit Hemingways Katzen

Roman

Aus dem Englischen von
Susann Rehlein

Rowohlt Taschenbuch Verlag

Die Originalausgabe erschien
2021 unter dem Titel «Hemingway's Cats»
bei Kensington Books / Kensington Publishing Corp.,
New York.

Deutsche Erstausgabe
Veröffentlicht im Rowohlt Taschenbuch Verlag,
Hamburg, August 2022
Copyright © 2022 by Rowohlt Verlag GmbH, Hamburg
«Hemingway's Cats» Copyright © 2021 by Lindsey Hooper
Redaktion Rebecca Wangemann
Zitat auf S. 100: Ernest Hemingway: Die fünfte Kolonne,
übersetzt von Ernst Schnabel, Elisabeth Plessen. Rowohlt 1969
Covergestaltung und -abbildung bürosüd, München
Satz aus der DTL Documenta bei CPI books GmbH, Leck
Druck und Bindung GGP Media GmbH, Pößneck, Germany
ISBN 978-3-499-00741-5

*Für Gary Goldstein, meinen brillanten, witzigen
und unglaublich geduldigen Lektor, der viel
mehr für mich getan hat, als einfach nur meinen
Roman zu lektorieren. Ich kann dir gar nicht
genug danken, Gary.
Und für Freunde, Familie und Fellnasen, die mich
auf meinem Weg inspiriert haben. Ihr wisst, wer
gemeint ist.*

Inhalt

Teil 2
Den Sturm überstehen

Teil 1

Willkommen in Key West

Ich gehe gern in den Zoo. Aber nicht an
Sonntagen. Ich mag es nicht, wenn die Leute
sich über die Tiere lustig machen, wo es doch
umgekehrt sein sollte.

Ernest Hemingway

1

Fiesta mit Hühnern

Auf der südlichsten Insel der Florida Keys passiert jeden Morgen etwas wirklich Lustiges.

Die Sonne weigert sich aufzugehen.

Wie ein schläfriger Tourist, der am Vorabend ein paar Margaritas zu viel hatte, versteckt sie ihr Gesicht hinter einer Wolkendecke und versucht, den Lärm der Frühaufsteher da unten auszublenden.

Der Erste, der aufsteht, ist der langhaarige Leuchtturmwärter. Während er aus vollen Händen Körner auf die Straße streut, pfeift er einen alten Rocksong. «Kommt, Mädels, holt es euch!», sagt er dann freundlich. Sofort ist das frenetische Gegacker der wilden Hühner zu hören, die hektisch ihr Frühstück verspeisen. *Der frühe Vogel kriegt ein Korn.* Mit rotem Kamm und glänzendem Gefieder kommt schließlich der König dazu, der prächtige Vater aller Key-West-Hähne. Wer braucht da einen Wecker? Ob man will oder nicht, dieser alte Vogel lässt jeden wissen, dass es Zeit zum Aufstehen ist.

Wenn dieser Hahn kräht, folgt jeder seinem Ruf.

Am Ende sogar die Sonne.

Manche nennen den Hahn *der alte Getreue.* Andere nennen ihn *das verdammte Vieh.* Den Hahn schert nicht, was man von ihm hält. Er neigt den Kopf himmelwärts, blinzelt einmal, dann noch einmal, um die Qualität des Morgenlichts einzuschätzen. *Es ist an der Zeit.* Er reckt den bauschig purpurnen Hals, öffnet den Schnabel und stößt aus voller Kehle ein durchdringendes *Kikeriki* aus. Der Ruf hat eine leicht irre Synkopierung, ist einerseits total schief, aber dann irgendwie doch auch genau richtig – eben wie die Insel Key West selbst.

Keinesfalls kann so ein Ruf ignoriert werden.

In den klimatisierten Zimmern des Leuchtturmhotels sitzen erschrockene Urlauber senkrecht in ihren Betten, lauschen und murmeln: «Kikeri-*wie?* Echt jetzt?» Das ist nicht der Gutenmorgengruß, den sie sich erhofft hatten. In den Vorgärten der bonbonfarbenen Bungalows huschen winzige grüne Eidechsen ins nächste Gebüsch, gehen in Deckung vor einem möglichen Angreifer. Und draußen am Horizont regt sich die Sonne, nur ein bisschen, gerade als drückte sie die Schlummertaste, um noch ein wenig zu dösen, bevor sie endlich einsieht, dass es nun wirklich an der Zeit ist.

Langsam, träge, zögerlich geht die Sonne über Key West auf.

Gemach, gemach, nur nichts überstürzen. Und dann plötzlich erhebt sie sich ohne weitere Umschweife über die Palmen und übergießt die gesamte Insel mit goldgelbem Licht. Ihre warmen Strahlen dringen durch die Schaufenster in die geschlossenen Läden und Bars auf der Duval Street. Sie scheinen auf die Ausflugsdampfer und Segeljachten, die im Hafenbecken vor sich hin dümpeln, und auf das charmante zweigeschossige Hemingway-Haus mit der umlaufenden Veranda im ersten Stock und den altmodischen grünen Fensterläden. Jeder unter der Sonne versteht die Botschaft: Wach auf, Key West, recken, strecken, raus aus den Federn!

Eine Katze streckt sich ebenfalls ausgiebig.

Hingegossen wie eine Königin, liegt sie auf der Veranda des Hemingway-Hauses. Das ist ihr liebster Lieblingsplatz auf der Insel. Die schöne Goldgetigerte lässt ihre Ohren zucken und öffnet die meergrünen Augen. Unter Gähnen schiebt sie ihre Vorderbeine vor, wackelt mit den Zehen – sechs an jeder Pfote –, und streckt sich schließlich zu voller Katzenlänge aus. Sie ist groß, aber nicht zu groß, ungefähr sechs Jahre alt, jedoch weise wie eine alte Dame.

Ihr offizieller Name ist Ernestine Hemingway, doch bekannt ist sie unter dem Namen Nessie.

Nessie ist nur eine von vierundfünfzig Katzen, die das ehemalige Wohnhaus und seine von Palmen beschatteten Gärten durchstreifen. Als Katze hat Nessie nie eines der Werke des Nobelpreisträgers gelesen. Und als Katze hat sie auch nie die anderen Katzen gezählt, die das Museumsgelände bewohnen – Katzen können nämlich nicht zählen. Dennoch kennt Nessie alle hier wie ihre eigene sechskrallige Pfote (oder wie viele Krallen sie eben hat, Katzen können wie gesagt nicht zählen).

Die Sonne steigt höher den Himmel hinauf. Für Nessie sieht sie aus wie ein gewaltiger Leuchtkäfer, der eine der Palmen bis zur obersten Spitze emporkraxelt. Als Sonnenlicht zwischen den Palmwedeln hindurch auf sie fällt, blinzelt sie, richtet sich auf und schleppt sich träge zu einem schattigeren Platz auf der Veranda. *Viel besser.* Sie rekelt sich ein weiteres Mal, gähnt und zieht in Erwägung, wieder einzuschlafen.

Aber dann macht ein lauter Bums, gefolgt von hektischem Krallenkratzen, deutlich, dass die Kätzchen wach sind. Und zu allen Schandtaten bereit.

Zuerst kommen die Zwillinge, Chew-Chew und Whiskey, herangestürmt. Sie sind ein bisschen älter als die anderen und doppelt so ungestüm – wie zwei Teenager, die gerade ihren Führerschein gemacht haben. Wie katzenförmige Rennwagen zischen sie über die Veranda vom Hemingway-Haus und rasen als grau-weiße Fellschlieren an Nessie vorbei.

Dann kommt Spinderella. Sie ist vorpubertär schlaksig, hat graue und schwarze Streifen, goldgefleckte Augen und vier absurd große sechskrallige Pfoten, die viel zu klobig für ihren Körper sind. Noch hat sie ihre Quadratlatschen nicht im Griff. Sie stürmt um die Ecke der Veranda und will eine scharfe Kehrtwende machen – aber ihre Pfoten laufen weiter geradeaus. Mit einem kläglichen Jaulen schlittert sie mit erhobenem Schwanz über die Dielenbretter und kreiselt wie eine Spindel, bis sie irgendwann ausgetrudelt ist.

Daher der Name Spinderella.

Nessie schaut der kleinen Katze zu, wie sie versucht, wieder auf die Füße zu kommen. Benommen und durcheinander schüttelt Spinderella das Köpfchen, streckt ihre Pfoten und fegt dann wieder los, den Zwillingen hinterher. Als sie an Nessie vorbeiflitzt, stolpert sie über ihre eigenen Pfoten und stürzt um ein Haar von der Veranda. Wenn Nessie lachen könnte wie ein Mensch, würde sie sich wahrscheinlich nicht mehr einkriegen. Stattdessen wischt sie mit ihrem flauschigen Schwanz vor und zurück.

Das ist Nessies Version von «LOL».

Als Nächstes kommen die Babys: Larry, Curly und Moe.

Die drei verspielten Bündel aus Schnurrhaaren und Fell hopsen, tänzeln und kullern als absturzgefährdetes Wirrwarr über die Veranda wie drei Wollknäuel, die aus dem Strickkorb gepurzelt sind. Die drei sind sogar noch jünger als Spinderella und müssen die Grundlagen geordneter Bewegung auf sechskralligen Pfoten erst noch erlernen. Allein ihren Kapriolen zuzusehen, macht Nessie müde.

Ist es zu früh für ein Katzennickerchen?

Das Trio pirscht im Zickzack an ihr vorüber und erreicht irgendwann das andere Ende der Veranda. Aber dann kollidiert Moe mit Larry, der in Curly kracht und sie aus dem Gleichgewicht bringt, sodass sie umfällt und ganz unten in einem schwankenden Kätzchenstapel begraben wird.

Nessie wischt mit ihrem Schwanz. *LOL.*

Vergeblich versucht die arme kleine Curly, unter ihren Brüdern hervorzukriechen. Sie fängt an zu quäken und um Hilfe zu rufen.

Nessie ist gefordert.

Sie springt von ihrem Schattenplatz auf, macht ein paar Sätze über die Veranda und schiebt die anderen Kätzchen mit der Nase von Curly hinunter. Endlich frei, stellt sich das getigerte Kätzchen auf die Füße und schüttelt sich. Nessie gibt ihr einen Stups. Curly versteht den Hinweis und stürmt ihren Brüdern hinterher, die gerade die Verandastufen nach unten bezwingen. Nessie schickt ihnen ein Miau hinterher und kehrt zu ihrem Schattenplatz zurück – immer noch müde, aber wachsam.

Vielleicht sind Katzennickerchen auch überbewertet.

Als die inoffizielle Hausmutter der Hemingway-Katzen hat Nessie alle Pfoten voll zu tun: Ungeschickte Kätzchen wieder auf die Pfoten stellen, wenn sie hingefallen sind, regelwidrige Katzenkämpfe beenden, Katzen von den Zaunpfosten verjagen, von wo aus sie die Hunde der Nachbarschaft terrorisieren – Nessie ist sich für nichts zu schade. Eigentlich müsste sie sich beileibe nicht um jede einzelne Katze im Haushalt kümmern. Aber es liegt ihr nun mal im Blut. Sie ist eine Katze, und Katzen folgen ihren Instinkten. Nessie wirft einen Blick auf die Kleinen und sieht, dass sie jetzt im Gras spielen. Zufrieden zieht sie die Beine unter ihren goldenen Pelz und schließt die Augen.

Das ist die letzte Möglichkeit, den Frieden und die morgendliche Stille zu genießen, ehe die Touristen einfallen und das Chaos sich ausbreitet.

Miaaaaaauuuuuuu!

Lautes Kreischen schrillt über die Wiese, gefolgt von noch mehr Kreischen und Miauen. Der Lärm schraubt sich schnell in ungeahnte Höhen und mündet in ein wildes, ekstatisches Finale. Nessie seufzt und öffnet die Augen.

Was ist denn nun schon wieder?

«Kinder! Kinder!», ertönt eine tiefe, volle Frauenstimme.

Nessie blickt über die Wiese und sieht eine mittelalte Frau mit dunklen Haaren im Zentrum des katzenverursachten Orkans stehen.

«Aufhören, alle aufhören!»

Die Frau – Margarita Bouffet – ist die Chefin des Hemingway-Hauses. In ihrem Beruf ist sie wirklich hervorragend, aber mit kleinen Katzen kennt sie sich weniger gut aus.

«Aufhören, habe ich gesagt!»

Nessie nennt Margarita die First Lady, weil sie jeden Morgen der erste Mensch ist, der eintrifft. An diesem Morgen trägt Margarita leuchtend rote klackernde Tanzschuhe, eine Jackie-O-Sonnenbrille und ein geblümtes gelbes Kleid, das um ihre Waden schwingt, während die Kätzchen sich um ihre Knöchel balgen.

«Hört auf, das kitzelt!»

Die Zwillinge Chew-Chew und Whiskey spielen um Margaritas Beine herum Fangen, und Larry, Curly und Moe versuchen vergeblich mitzumachen. Die Katzenbabys stolpern und fallen und laufen in die Zwillinge, die jetzt hinter Margaritas Kleid Verstecken spielen. Natürlich muss auch Spinderella bei dem großen Spaß mitmachen. Sie gibt dem Spiel einen besonderen Dreh, indem sie allen in die Quere kommt.

«Hört auf, Kätzchen. Ihr zerkratzt mir meine neuen Schuhe.»

Margarita beugt sich hinab, trennt die Zwillinge und schiebt sie ein Stück beiseite. Chew-Chew macht den Abflug quer über die Wiese, Whiskey ist direkt hinter ihr. Spinderella hoppelt ihnen ungelenk nach. Mit großen Augen sehen die Katzenbabys den dreien hinterher, als sie um die Hausecke verschwinden. *Hey! Wo sind die denn jetzt hin?*

Margarita schmunzelt angesichts der verdutzten Gesichter. Kurz krault sie Larry und Curly hinter den Öhrchen, dann greift sie nach Moe, aber zu spät. Er hat sich bereits an die Verfolgung der älteren Kätzchen gemacht, und seine Geschwister folgen ihm. Margarita schmunzelt wieder und wischt kopfschüttelnd die Katzenhaare von ihren Pumps. Mit einem kleinen Ächzen richtet sie sich auf und wendet sich dem Haus zu. Da bemerkt sie, dass Nessie sie von dort aus mit großen grünen Augen anstarrt.

«Wie erhaben du aussiehst. Ihre Majestät Ernestine!»

Nessie reagiert nicht, starrt sie nur weiter an.

«Du sitzt also auf deinem Thron und lässt mich die ganze Arbeit machen, Nessie?»

Nessie gähnt.

Margarita tritt auf den Weg, der zum Haus führt. «Ich hab nur Spaß gemacht, Süße. Ich weiß, du achtest auf die Kids. Was würde ich nur ohne dich machen. Du bist die Beste!»

Nessie wirkt erfreut.

Ihr Schwanz, der einem dieser fedrigen Staubwedel gleicht, wischt von einer Seite zur anderen und schreckt einen winzigen Gecko auf, der sich hinter einem der Blumentöpfe auf der Veranda aufgehalten hatte. Nessie gähnt noch einmal. Dann stellt sie sich hin und streckt sich der Länge nach aus. Po nach oben, Kinn nach unten, die Vorderpfoten nach vorn geschoben, sieht sie aus, als würde sie die herabschauende Katze machen.

Aber Margarita weiß es besser. Sie merkt ganz genau, was Nessie jetzt will.

Sie fleht förmlich darum, gestreichelt zu werden.

Als Katze ist sie für so etwas wie Flehen natürlich viel zu stolz. Nie im Leben würde sie um Aufmerksamkeit betteln, wie das die schamlosen Hunde von gegenüber machen. Nein. Sie präsentiert einfach einem für solche Pracht empfänglichen Menschen ihr goldenes Fell und ihren buschigen Schwanz und gibt sich überrascht, wenn das Streicheln beginnt.

Aber Margarita kann sie nichts vormachen. «Ich weiß, was du willst, Süße», gurrt sie und geht die Stufen zur Veranda hoch. Die Absätze ihrer Tanzschuhe klicken und klacken auf den Stufen wie Silvesterknaller.

Klack! Klack!! Klack!!!

Mit gesträubtem Fell springt Nessie hoch.

Lachend bleibt Margarita stehen. «Magst du meine neuen Schuhe nicht, Nessie?»

Argwöhnisch beäugt Nessie die roten Pumps.

«Ich muss sie ein bisschen einlaufen, ehe ich damit tanzen kann», erklärt Margarita, summt etwas Kubanisches und schwenkt ihre üppigen Hüften dazu. Nach ein paar Drehungen lächelt sie und winkt Nessie, die nervös die klackenden Absätze im Auge behält, und beendet ihren Tanz mit einem *Eins-Zwei-Cha-Cha-Cha*.

Nessie gibt sich unbeeindruckt, gähnt und macht noch einmal die herabschauende Katze.

Margarita lacht. «Okay, okay, ich verstehe den Hinweis.» Sie beugt sich vor und fährt mit den Fingern durch Nessies goldenes Fell. Nessie schnurrt zufrieden, beäugt aber zur Sicherheit Margaritas Schuhe, für den Fall, dass sie wieder anfangen zu klackern.

«Gutes Mädchen», säuselt Margarita, setzt sich auf die oberste Stufe und streichelt Nessie von den Ohren bis zur Schwanzspitze.

«Ich hab eine Überraschung für dich, Nessie. Wir kriegen heute eine neue Museumsführerin. Ist das nicht aufregend?»

Nessie ist zu glückselig, um zu reagieren. Als Margarita jetzt auch noch anfängt, ihr die Ohren zu kraulen, schließt sie verzückt die Augen.

«Sie heißt Laura, und sie ist ein großer Hemingway-Fan. Sie hat sogar am College ihre Abschlussarbeit zu einem seiner Bücher geschrieben. Wie war noch mal der Titel der Arbeit: Ach, ja: *Fiesta und der Untergang des männlichen Ego*. Was immer das bedeuten soll.»

Nessie gähnt und streckt sich.

«So, meine Liebe, ich mach dann mal besser ihren Arbeitsvertrag fertig. Sie sollte bald hier sein. Stell dir vor, sie ist den ganzen Weg aus Syracuse, New York, zu uns hergeflogen.»

Nessie macht ein Auge auf.

«Da ist es sehr kalt, Nessie. Andauernd schneit es. Nicht wie hier. Ich schwitze jetzt schon, dabei ist gerade erst die Sonne aufgegangen.» Margarita fächelt sich Luft zu. «Ich hoffe sehr, dass Laura mit der Luftfeuchtigkeit klarkommt. Dieses Jahr ist es aber auch besonders schlimm.»

Ächzend richtet Margarita sich auf und streicht ihr Kleid glatt.

Irritiert und verärgert, weil das Streicheln aufgehört hat, öffnet Nessie die Augen.

«So, Nessie, wenn Laura kommt, heiß sie bitte herzlich willkommen und schick sie zu mir. Ich bin im Museumsshop.»

Nessie wischt mit ihrem Schwanz vor und zurück, als könne sie verstehen, was von ihr verlangt wird.

Margarita steigt von der Veranda und geht in Richtung Museumsshop. Doch nach ein paar Schritten bleibt sie stehen und blickt zurück zu Nessie. «Es wird schön sein, jemand Neues hier zu haben, findest du nicht auch? Ich hab das Gefühl, dass uns etwas Bedeutendes bevorsteht. Geht es dir auch so?»

Nessie starrt Margarita an, als würde sie über die Frage nachdenken.

«Veränderung liegt in der Luft», fährt Margarita fort. «Irgendetwas kommt. Ich spüre es in meinen Knochen. Irgendwas ... ich weiß nicht recht, was.» Lachend zuckt sie mit den

Schultern. «Aber was immer es ist, ich bin bereit für einen Rumba.»

Mit diesen Worten lässt Margarita ihre Pumps klacken und tänzelt zum Museumsshop.

Nessie blickt ihr nach. Dann macht sie es sich auf ihrem Lieblingsdielenbrett bequem und zieht die Beine ordentlich unter ihren goldglänzenden Körper. Eine warme Brise lässt die Palmwedel rascheln und streichelt Nessies Gesicht.

Inzwischen sind etliche der anderen Katzen wach. Einige pirschen sich durch den Garten, als würden sie jemanden verfolgen, den nur sie selbst sehen können. Andere tollen herum und spielen, nutzen die morgendliche Kühle, bevor es zu heiß ist, auch nur eine Pfote zu heben. Chew-Chew und Whiskey sind wieder da, im Schlepptau haben sie die Katzenbabys. Curly und Larry wälzen sich im Gras, haschen nach Fliegen. Moe sitzt regungslos auf dem Weg und starrt unverwandt einen kleinen Kiesel an, den er für einen Käfer hält. Zumindest könnte der Kiesel auch ein Käfer sein. Man weiß es nicht. Nur weil sich das Ding nicht bewegt, heißt das nicht, dass es *kein* Käfer ist. Moe geht lieber kein Risiko ein und starrt weiter. Andere Katzen spazieren um ihn herum und spielen, beachten ihn gar nicht. Eine von ihnen jedoch, eine geschmeidige Dame namens Eartha Katt, hält inne, um zu sehen, was Moe da anstarrt. Daraufhin interessieren sich noch ein paar andere für die Sache, und schließlich hat sich ein kleiner Kreis von höchst interessierten Katzen gebildet, die einen Kiesel anstarren.

Nessie wischt mit dem Schwanz. LOL.

Sie ist gerade im Begriff, die Augen für ein Nickerchen zu schließen, als eine plötzliche Windböe über die Insel fährt, sich mit überraschender Kraft in die Palmen drückt, Blätter abreißt und Stämme niederdrückt, bis sie sich wie berauschte Hulatänzer biegen und neigen. Die Sonne verschwindet hinter einer großen grauen Wolke, die die gesamte Insel in Dunkelheit taucht.

Nessie blickt über den Garten. Die meisten Katzen haben innegehalten und verharren reglos. Einige haben sich auf die Suche nach einem Unterschlupf gemacht.

Nessie geht an die Hauswand und wappnet sich.

Der Wind nimmt Fahrt auf und reißt ganze Palmwedel von den Bäumen. Einer kracht mit einem lauten Schlag auf das Dach über dem Museumsshop.

Aus dem Lädchen dringt eine Stimme. «Was zum Teufel ist da los?»

Die Tür geht auf. Margarita tritt heraus, erfasst mit einem Blick die sich heftig biegenden Palmen, die bedrohlichen schwarzen Wolken und die ersten dicken Regentropfen und geht wieder hinein.

Veränderung liegt in der Luft.

Wieder steckt Margarita den Kopf heraus. Sie schaut zum Haus hin und kann Nessie kaum sehen durch den dichten Regenvorhang: ein goldener Katzenschemen, der sich an die Haustür presst. Der Wind schickt eine neue grausame Böe. Die Palmen neigen sich im Takt, der Regen wird noch stärker.

Irgendwas kommt.

Margarita schaut hinunter auf ihre neuen roten Tanzschuhe und fragt sich, ob sie riskieren soll, sie zu ruinieren, indem sie rasch rüber zum Haus läuft. Oder soll sie barfuß rüberrennen? Während sie noch überlegt, passiert etwas Seltsames.

Der Regen hört plötzlich auf.

Der Wind flaut zu einer sanften Brise ab, und die Sonne lugt zwischen den Wolken hervor. Ihre Strahlen machen sich daran, die Pfützen auf den Wegen auszutrocknen. Die Palmen stehen aufrecht, als wäre nichts gewesen, und keine Minute später kommen auch die Katzen aus ihren jeweiligen Unterschlupfen.

Das war wirklich seltsam, denkt Margarita. Sie hat schon viele Sommergewitter gesehen, aber keines war so kurz und dabei so heftig.

«Geht es dir gut, Nessie?», ruft sie.

Nessie miaut.

Jetzt scheint wieder die Sonne, und die Kätzchen staksen vorsichtig über den nassen Boden. Larry und Moe lecken Regentropfen vom Gras, und Curly schließt sich ihnen an. Alles scheint in Ordnung zu sein, also geht Margarita wieder an die Arbeit, und Nessie kehrt zu ihrem Lieblingsplatz zurück.

Zeit für das Nickerchen.

Nessie schließt die Augen. Eine zarte Brise weht ihr übers Gesicht und verwuschelt sanft ihr Fell. Das fühlt sich gut an. Im Lädchen summt Margarita ein Lied, das sie aus ihrer Kindheit in Kuba kennt. Auf der Straße hinter dem Zaun gackern leise die wilden Hühner, während sie die letzten der vom Leuchtturmwärter ausgestreuten Körner aufpicken. Zwei Grundstücke weiter fährt ein Auto die Whitehead Street entlang – wahrscheinlich Touristen, die im Leuchtturmhotel einchecken wollen.

Auf der Insel Key West ist alles in bester Ordnung.

Nessie könnte sich entspannen. Aber irgendwie wird sie das Gefühl nicht los, dass gleich etwas geschehen wird. Wie Margarita spürt auch sie es in ihren Knochen. In ihren

Schnurrhaaren auch. Aber so oder so kann sie nichts tun, als zu warten. Bis dahin kann sie genauso gut hier liegen, die Brise in ihrem Fell genießen, schlummern und ...

Krieeeeek!

Ein Auto hält mit quietschenden Bremsen. Die Tür wird geöffnet und wieder zugeschlagen. Irgendwas – oder irgendwer – fällt mit einem Plumps, begleitet von einem Ächzen auf die Straße.

Uff!

Die wilden Hühner flippen komplett aus, zetern und gackern, als wäre das Ende nahe.

Gack, gaaaack, gack, gaaaack, gaaaaack!

Eine junge Frau kreischt.

«Hilfe!»

Und so fängt alles an.

2

«Sie sind hoffentlich nicht allergisch gegen Katzen?!»

Laura Lange hatte gewusst, dass es in Florida heiß sein würde.

Aber doch nicht *so* heiß.

Sie hatte kaum drei Schritte aus dem Key West International Airport gemacht, da war ihr ehemals blütenweißes Shirt bereits schweißgetränkt. Natürlich hatte der Flug in der winzigen Maschine mit nur zehn Sitzen seinen Teil dazu beigetragen. Und sicherlich spielte ebenfalls eine Rolle, dass sie einen großen Rollkoffer hinter sich her zerren musste und außerdem einen Rucksack und ihre Handtasche schleppte, als sie auf den Bürgersteig trat, um ein Taxi zu rufen.

«Soll ich Sie mitnehmen, Miss?»

Laura blickte auf und sah eine Frau mit Dreadlocks an einem pinken Taxi lehnen. Sie sprach mit einem trällernden jamaikanischen Akzent, hatte ein Bob-Marley-Shirt an und ein Lächeln im Gesicht, so groß, dass man es wahrscheinlich auf Google Earth sehen konnte. Ihr Taxi hatte ein leuchtend gelbes Schild auf dem Dach. *Marley Fahrservice: der Beste von Key West.* Die pinken Türen waren mit Noten und Palmen bemalt.

Laura zerrte und schleppte ihr Gepäck zu dem Wagen rüber. «Ja!», sagte sie mit einem Lächeln. «Danke.»

«Lassen Sie mich mit dem Gepäck helfen.» Die Frau machte die Kofferklappe auf, trat zu Laura und nahm ihr den großen Koffer ab. «Oje», ächzte sie, «Sie haben wohl Ihren ganzen Hausstand dabei. Wollen Sie ein Weilchen bleiben?»

Laura lachte. «Ja, stimmt, mindestens für ein paar Monate.»

Die Frau wuchtete den Koffer in den Wagen und griff sich den Rucksack, der genauso schwer war.

Laura lächelte entschuldigend. «Ich hab wirklich eine Menge Gepäck. Tut mir leid.»

«Haben wir alle, Honey.» Die Frau schloss den Kofferraum und musterte Lauras feuchtes Shirt. «Und, wie kommen Sie mit der hohen Luftfeuchtigkeit hier klar?»

«Nicht besonders gut. Ich komme aus Upstate New York. Da schneit es gefühlt neun Monate im Jahr. Ich dachte, Hitze wäre mal eine nette Abwechslung.»

«Apropos nett. Ich mag Ihren BH, sehr hübsch!»

Laura sah an sich hinunter und zuckte zusammen. *Heilige Scheiße!* Ihr weißes Shirt war vom Schweiß fast komplett durchsichtig.

«Willkommen in der Conch Republic!», sagte die Frau mit einem breiten Grinsen und zeigte auf das Schild über dem Eingang zum Flughafen. Dort stand: *Welcome to the Conch Republic.*

Kurz fragte Laura sich, ob sie den falschen Flug genommen hatte. Doch die Frau erklärte es ihr: «Damals in den Achtzigern versuchten hier einige, Key West zu einer eigenen Republik zu machen. Mehr als der Name ist von der Aktion aber nicht übrig geblieben. Leute, die hier geboren sind, werden nach den hiesigen Meeresschnecken Conchs genannt.»

«Sind Sie eine Conch?», fragte Laura. Aber dann fiel ihr der Akzent der Taxifahrerin ein. «Oder sind Sie aus Jamaika?»

«Weder noch», antwortete die Frau und ließ den Singsang weg. «Chicago. Meine Grandma ist aus Jamaika, deshalb kann ich den Akzent. Ist ganz hilfreich im Job, die Leute finden das exotisch, so kriege ich mehr Trinkgeld. Aber da Sie eine Weile bleiben, kann ich die Show auch sein lassen.» Sie streckte Laura die Hand hin. «Mein Name ist Mama Marley, und bevor Sie fragen, der ist auch nicht echt. Ich bin heute Morgen Ihre Fahrerin. Und hier ist meine Karte.»

Mit einem Lächeln nahm Laura die pinke Visitenkarte entgegen. «Ich bin Laura, Laura Lange. Der Name ist echt, sofern meine Mutter mich nicht angelogen hat.»

«So was kann man nie wissen. Um zu verhindern, dass ich nach Florida ziehe, hat meine Mutter behauptet, ich hätte eine Sonnenallergie.»

«Meine Mutter ist auch nicht gerade begeistert, dass ich hier bin.» Laura nahm sich vor, gleich nachher ihre Mutter anzurufen und ihr mitzuteilen, dass sie nicht bei einem Flugzeugunglück ums Leben gekommen war. Sie kletterte mit dem restlichen Gepäck auf den Rücksitz des Taxis. Mama Marley setzte sich hinters Steuer und ließ den Motor aufheulen. «Wo soll's denn hingehen? Hotel, Pension, Airbnb?»

«Nein, zum Hemingway-Haus.»

«Sie wohnen im Hemingway-Haus?»

«Nein, ich arbeite da. Ab heute.»

«Sie sind hoffentlich nicht allergisch gegen Katzen?!»

«Nein, ich hab aber noch nie an einem Ort gearbeitet, an dem es Tiere gab. Das wird bestimmt toll. Ich liebe Katzen.»

Mama Marley machte ein unbestimmtes *Mhmmm*. «Wenn Sie das sagen, Mädchen, aber passen Sie auf sich auf. Diese Hemingway-Katzen sind keine normalen Katzen. Die sind ein bisschen verrückt. All diese Zehen und so, wissen Sie. Die haben mehr Zehen, als Katzen haben sollten. Und Sie können sich vorstellen, was das bedeutet: *mehr Krallen*.»

Laura lachte. «Verstehe. Polydaktylie nennt man das. Die Katzen stammen von Hemingways sechskralligem Kater *Snow White* ab, Schneewittchen. Angeblich bringen sie Glück.»

«Glück ist, wenn Sie nicht von einer gekratzt werden.»

«Sie hören sich an wie meine Mutter.»

«Na ja, man nennt mich schließlich nicht umsonst Mama.» Forsch trat sie aufs Gas und lenkte das Taxi auf den Highway Richtung Süden. «Mama kennt sich aus im Leben.»

Laura blickte aus dem Fenster auf das glitzernde Wasser der Karibik. Schon jetzt, im Licht des frühen Morgens, sah es blauer und heller aus als in ihrer Erinnerung.

Ich hab's geschafft. Ich bin hier. Ich bin wirklich zurück.

Mama Marley redete unterdessen weiter. «Als ich ein kleines Mädchen war, damals in Chicago, hat mich die Nachbarskatze gekratzt. Seitdem hab ich Angst vor den Viechern. Besonders vor diesen gruseligen Hemingway-Katzen. Die haben einfach mehr Zehen, als gut ist.»

«Aber sie sind schon sehr süß», sagte Laura mit einem Lachen. «Ich war vor fünf Jahren mit meiner Familie hier und weiß noch, wie niedlich ich sie fand. Das eine Katzenbaby – es hatte golden glänzendes Fell und einen buschigen

Schwanz – mochte mich aus irgendeinem Grund. Während der ganzen Führung über das Gelände ist es mir gefolgt und hat hinterher auf meinem Schoß gesessen. Die Kleine hatte sechs Zehen an jeder Pfote und war das hübscheste Tier, das ich je gesehen hatte. Seit jenem Tag war ich fasziniert von Hemingway und seinen Katzen. Ich hab all seine Bücher gelesen und sogar meine Abschlussarbeit über ihn geschrieben. Alles wegen der Katzen. Sie sind wirklich unfassbar liebenswert.»

Mama machte noch einmal unbestimmt *mhmmm* und murmelte wenig überzeugt: «Schöne Geschichte.»

Da sie Mama von der Niedlichkeit sechskralliger Katzen sowieso nicht würde überzeugen können, hörte Laura auf zu reden und blickte aus dem Fenster. Die Aussicht war überwältigend. Auf der einen Seite Palmen, auf der anderen das tiefblaue Meer, vor ihr der Highway, der in ein neues Leben voller Möglichkeiten führte – oder auch nicht. Wer wusste das schon. Ohne dass sie sich dagegen wehren konnte, stürmten Zweifel auf sie ein.

Was mache ich hier? Ist das der größte Fehler meines Lebens? Verschwende ich meinen kostbaren College-Abschluss für einen nutzlosen Sommerjob? Hätte ich länger durchhalten müssen? Was, wenn sich eine Lehrtätigkeit ergibt und ich nicht anwesend bin, um sie mir zu schnappen? Was, wenn (und wie bescheiden muss es mir gehen, dass ich das überhaupt in Erwägung ziehe?) Mom die ganze Zeit recht gehabt hat?

So viele Fragen, die auf sie einprasselten.

«Haben Sie was dagegen, wenn ich das Radio anmache?», kam es von vorne.

«Überhaupt nicht. Nur zu.»

Diese eine Frage war wenigstens leicht zu beantworten gewesen.

Laura lehnte sich zurück, und Mama Marley drehte am Radio. Nach ein bisschen Gekreische und Gerausche erfüllten angenehme karibische Klänge das Taxi.

Reggae. Bob Marley. Na klar.

Laura schloss die Augen, überließ sich den sanften Rhythmen und fühlte, wie ihre Angst der Vorfreude Platz machte. Sie war da! Auf dieser schönen Insel – der weltberühmten Heimat von Ernest Hemingway! – und würde wohl oder übel ein neues Kapitel in ihrem Leben aufschlagen. *Übel? Nun hör aber auf!*

Der Song war vorbei, und eine Männerstimme kam aus dem Radio. «Guten Morgen, Key West! Hier ist Rooster, der Hahn, McCloud, Ihr freundlichen Nachbarschafts-DJ, außerdem Leuchtturmwärter, Weckdienst und Hühnerfütterer.»

Laura lächelte. Sie mochte die volle, tiefe und angenehm raue Stimme.

«Sie hören Key West After Dark auf WKEY Radio – wir sind der südlichste Punkt im Sendersuchlauf und in Ihrem Herzen. Ein paar schöne alte Songs erwarten Sie heute, ein bisschen Klatsch und natürlich schockierende Neuigkeiten.»

«Schockierende Neuigkeiten?», fragte Laura.

«Darauf können Sie Ihren Hintern verwetten», erwiderte Mama Marley. «Die Leute rufen mit ihren Sorgen beim Radio an. Einige von denen sind wirklich unfassbar.»

«Klingt spannend, den Sender merk ich mir.»

Der Mann im Radio fuhr fort. «Scheint ein schöner Tag zu werden hier in Key West. Ich hoffe, Sie genießen ihn. Ich für meinen Teil mache jetzt Schluss und gehe nach draußen, unsere hungrigen Wildhühner füttern.»

Bilder vom Familienurlaub damals schossen Laura durch den Kopf. Als gehörte ihnen die Straße, waren die wilden Hühner in Key West herumspaziert, und sie hatte das unglaublich komisch gefunden.

«Jetzt kommt Shelly mit dem Wetter», fuhr der DJ fort. «Ihr Freund Rooster McCloud macht sich vom Acker. Beim nächsten Kikeriki ist es genau sieben Uhr.»

«Kikeriki?», fragte Laura und erhielt sofort eine Antwort.

Kikeriki! Das schrille Krähen eines Hahns erscholl aus dem Radio: laut und klar und ohrenbetäubend. Laura sprang vor Schreck aus ihrem Sitz hoch, und Mama Marley kicherte.

«Charmant, was?», sagte sie. «Das verdammte Vieh macht mich wahnsinnig.»

Laura rutschte in die Mitte der Sitzbank, um sich im Rückspiegel zu betrachten. In diesem Moment kam die Morgensonne schläfrig hinter den Wolken hervor und schickte Lichtstrahlen über den Ozean, die Straße und Lauras Gesicht.

«Oh nein», sagte Laura. «Ich sehe furchtbar aus.»

Ihr langes goldbraunes Haar hatte sich wegen der Feuchtigkeit gekräuselt, einige Locken klebten ihr an den feuchten Wangen. Sie schaute auf ihr Shirt, um zu sehen, ob es inzwischen trocken war. Nope. Immer noch komplett durchsichtig. Sie überlegte, ob sie sich rasch hier im Taxi umziehen sollte, aber dann fiel ihr ein, dass ihre Shirts im Kofferraum waren.

Im Radio sagte eine Frau mit näselnder Nachrichtenstimme: «Und nun das Wetter: Uns erwartet ein perfekter Tag!»

Perfekt? Da war Laura anderer Meinung. Sie war schon in Saunen gewesen, in denen weniger Luftfeuchtigkeit geherrscht hatte. Sie beugte sich vor und betrachtete ihr Gesicht im Spiegel. Mit den Fingern kämmte sie sich das Haar aus dem Gesicht und zog wenigstens ein paar der Wellen glatt. Nicht perfekt, aber besser als vorher. Ihre Augen leuchteten tiefgrün, und ihre Wangen waren von der feuchten Hitze gerötet. Make-up würde sie nicht brauchen. Lippenstift vielleicht? Sie wollte schließlich einen guten ersten Eindruck machen. Sie griff in den kleinen Koffer und zog die Plastiktüte heraus, die obenauf lag. Es war aber nicht ihr Make-up, sondern selbst gemachter Knabberspaß.

Mom!

Lauras Mutter hatte darauf bestanden, ihr ein bisschen was zu naschen für den Flug einzupacken. Nachdem sich alles geändert hatte – sie hatte in Fort Lauderdale in einem billigen Flughafenhotel übernachten und dann den Rest der Strecke in einer winzigen Maschine zurücklegen müssen, die rumpelte und ratterte wie ein Fahrgeschäft auf dem Jahrmarkt –, hatte sie keinen Gedanken an Knabberspaß verschwendet. Nüsse und Cracker sind das Letzte, woran man denkt, wenn man um sein Leben bangt. Sie kramte im Koffer, fand den Lippenstift und begann ihn aufzutragen.

Whooosh!

Eine gewaltige Windböe rammte das Taxi. Sie kam vom Wasser her, überrollte das Land wie eine mächtige Flutwelle und brachte das Taxi ins Schlingern.

«Oha!» Mama Marley hielt ihr Fahrzeug mit aller Kraft auf Kurs. «Halten Sie sich fest, Mädchen.»

Schon traf eine weitere Böe auf das Auto. Mama lenkte gegen, um in der Spur zu bleiben. Laura hielt sich an der Rückenlehne des Beifahrersitzes fest. Dann wurde plötzlich der

Himmel dunkel. Dicke Wolken wälzten sich über die Insel und ließen Laura an eine wütende Meute denken, die in einem Historienfilm eine Festung stürmt. Sie blicke aus dem Seitenfenster und sah die Palmen schwanken. Regentropfen prasselten auf die Windschutzscheibe ein. Nach wenigen Sekunden goss es wie aus Kübeln, und Mama Marley schaltete die Scheibenwischer ein. Der Sturm nahm noch weiter Fahrt auf, der Wind heulte immer lauter, und auch der Regen nahm zu, und Laura war kurz davor, Mama Marley zu bitten, rechts ranzufahren...

Da war es vorbei.

So plötzlich, wie sie eingesetzt hatten, hörten die Tropfen auf, der Wind blies nicht mehr, und die Wolken standen still am Himmel. Nach dreißig weiteren Sekunden schien die Sonne wieder. Laura konnte es gar nicht glauben.

«Das war echt seltsam.»

Mama Marley zuckte mit den Schultern. «Ja, manchmal gibt es hier diese plötzlichen Unwetter, die nur ein paar Minuten dauern. Aber normalerweise brechen sie später am Tag über uns herein.»

Laura seufzte erleichtert und blickte nach unten. Sie hatte vor Schreck ihren Lippenstift zerbrochen. Sie fischte in ihrer Handtasche nach einem Taschentuch, wischte sich das Calypso Pink von der Hand und legte den Lippenstift zurück in ihren Rucksack. Sie wollte gerade den Knabberspaß dazutun, als ein Song aus dem Radio kam, und zwar *Cheeseburger In Paradise* von Jimmy Buffett.

Na super, jetzt hab ich Hunger, dachte sie.

Mit dem Blick auf die Tüte wurde ihr bewusst, dass sie noch nichts gegessen hatte. Als Jimmy Buffett die zweite Strophe seiner Cheeseburger-Hymne anfing, war sie nicht länger in der Lage zu widerstehen, riss die Tüte auf und machte sich über die Leckereien her. Sie holte eine Handvoll knuspriger Brezeln, Cracker und Nüsse heraus, schob sich alles in den Mund und...

«Essen Sie etwa in meinem Taxi?»

Laura hörte auf zu kauen und starrte peinlich berührt nach vorne. Sie wusste nicht, was sie sagen sollte, und sie hätte sowieso nichts sagen können, weil sie ja den Mund voll hatte.

«Mama Marleys Taxi ist sauber. Der Verzehr von Speisen und Getränken ist gemäß Verordnung 24 A, Abschnitt B streng verboten.»

«Tut mir leid», murmelte Laura kauend.

Mama Marley lachte laut los. «Ich hab nur einen Scherz gemacht, Mädchen. Ist mir egal. Nach Ihrem Flug sind Sie bestimmt hungrig. Was haben Sie da zu essen?»

Laura kaute und schluckte herunter. «Selbst gemachte Cracker von meiner Mutter.»

«Mhm, klingt gut.»

«Wollen Sie was davon?»

«Nein, danke, ich hab gefrühstückt. Aber Sie essen weiter, Kindchen.»

Mama Marley bog vom Highway in eine ruhige, von hohen Palmen gesäumte Wohnstraße mit pastellfarbenen Bungalows ab. Laura blickte auf die rechts und links aufgereihten süßen Häuschen mit ihren Lattenzäunen und war sofort vom Charme der Gegend eingenommen. Es war, als führe sie durch die karibische Version einer Spielzeugstadt, wie sie für Kinder unterm Weihnachtsbaum aufgebaut wird.

Aber statt mit Kunstschnee waren die Dächer hier mit Sonnenlicht überzogen, das durch Palmwedel fiel. Die Straße war inzwischen beinahe trocken. Die Sonne leckte die letzten Regentropfen weg, und Dunst stieg vom Boden auf. Vor dem Auto huschten zwei kleine Eidechsen zur Seite, und irgendwo in der Nähe bejubelte ein Hahn die Rückkehr der Sonne.

«Wir sind fast da», sagte Mama Marley, «jetzt fahren wir über die Duval Street.»

Laura wandte sich nach den farbenprächtig gestalteten Restaurants, Bars und Souvenirshops um, die an der Duval Street, dem Zentrum von Key West, aufgereiht waren. Nachts pulsierte hier das Partyleben. Aber jetzt am frühen Morgen konnte man sich das kaum vorstellen. Ein paar der Restaurants hatten schon geöffnet und warteten mit reichhaltigem Frühstück darauf, dass die Touristen aus den Federn krochen. Zwei schnauzbärtige Männer in Hawaiihemden und mit je einem Chihuahua an der Leine winkten, als das Taxi an ihnen vorüberfuhr.

Mama Marley winkte zurück und bog in die Whitehead Street ab. «Das waren die Besitzer vom Leuchtturmhotel», sagte sie zu Laura. «Die werden Sie sicher bald kennenlernen. Und die kleinen Hunde auch.»

Laura lachte und beugte sich vor, um ja nichts von der Umgebung zu verpassen.

«Schauen Sie, da! Das ist der berühmte Rooster McCloud.» Mama Marley zeigte auf einen älteren, langhaarigen Mann mit rotem Bandana am Straßenrand. Er trug ein gebatiktes T-Shirt zu Cargoshorts und Flipflops und warf wilden Hühnern Körner zu.

«Der Mann aus dem Radio?», fragte Laura.

«Und unser Leuchtturmwärter. Ein echtes Original. Und ein wunderbarer Mensch ist er außerdem.»

Laura konnte vor ihnen den strahlend weißen Leuchtturm sehen, direkt hinter dem Leuchtturmhotel. Auf der anderen Straßenseite, verborgen hinter einer Backsteinmauer und dichtem Laubwerk, lag das Hemingway-Haus. Zwischen den Kronen der Bäume hindurch waren der umlaufende Balkon im spanischen Kolonialstil und die gelbgrünen Fensterläden kaum zu erkennen. Aber allein die Ahnung, dass all das da war, ließ Lauras Herz hüpfen.

Ich bin da.

Die Bremsen quietschten schmerzvoll, als Mama Marley am Straßenrand hielt. «Da wären wir, Mädchen.» Sie betätigte den Hebel für die Kofferklappe und sprang aus dem Wagen. Laura atmete tief ein. Sie stopfte die Knabbereien in ihre Handtasche, griff einen der Gurte ihres Rucksacks und ihren kleinen Koffer und schob sich ungelenk aus dem Taxi. Mama Marley blickte von der offenen Kofferklappe her zu ihr und brach in lautes Lachen aus.

«Mädchen, Sie sind nicht nur verschwitzt, jetzt haben Sie auch noch ihren Lippenstift im ganzen Gesicht verteilt.»

Laura wollte einen Schritt machen, um in den Seitenspiegel des Wagens zu blicken, und trat dabei auf den zweiten Gurt ihres Rucksacks, sodass sie unsanft auf dem Hintern landete.

«Aua!»

Mit dem Ellenbogen stieß sie gegen ihre Handtasche, der Knabberspaß fiel heraus, der Verschluss löste sich, und Brezeln, Cracker und Nüsse ergossen sich über die Straße und über Laura selbst. Im Handumdrehen war die ganze Schar der wilden Hühner heran, pickte, gackerte und stritt erbittert um jedes einzelne Krümelchen.

Echt jetzt, ihr Hühner?

Laura kam sich vor, als wäre sie in eine Auseinandersetzung rivalisierender Straßengangs geraten. Bestimmt ein Dutzend gieriger Hühner stürmte flügelschlagend auf sie ein.

Gack, gack, gaack, gaaack.

Laura hätte ja gelacht, weil die Situation so absurd war, aber die Viecher kamen mit ihren Schnäbeln verdammt nahe an ihr Gesicht heran, und sie war kurz davor, die Fassung zu verlieren.

«Hilfe!» Das Huhn, das gerade nach ihrem Kinn gehackt hatte, sprang von Lauras Brust. Als Laura zur Seite blickte, sah sie Mama Marley fassungslos dastehen wie am Boden festgewachsen. Hinter ihr kam Rooster McCloud mit wedelnden Armen herangestürmt, und gegenüber beim Leuchtturmhotel hatten die schnauzbärtigen Männer Schwierigkeiten, ihre Hunde im Zaum zu halten, die jaulend und bellend an dem Spektakel teilnehmen wollten.

Ist das mein Ende?, fragte sich Laura. *Werde ich in einem knabberspaßinduzierten Hühnerangriff umkommen? Auf den gefährlichen Straßen von Key West? Vor den Augen einer fassungslosen Menge überforderter Passanten?*

In diesem Augenblick erblickte Laura sie.

Eine wunderbare, golden getigerte Katze mit einem buschigen Schwanz.

Konnte das wirklich wahr sein?

Das Tier sah exakt so aus wie das kleine Kätzchen mit dem

buschigen Schwanz, das ihr vor fünf Jahren auf Schritt und Tritt gefolgt war – nur eben viel größer und noch flauschiger.

Bist du das?

Die Katze war auf die Backsteinmauer gesprungen, die das Hemingway-Haus umgab. Nun stand sie da, den Schwanz hoch aufgestellt, die Krallen ausgefahren, und ihre Augen funkelten kalt. Sie sah aus wie ein Preisboxer, der seinen Gegner taxiert und zum Sprung ansetzt.

Und dann tat sie es. Mit einem wilden Schlachtruf sprang sie von der Mauer, hechtete über die Straße und warf sich zwischen die crackerverrückten Hühner, fauchte, biss und wischte sie zur Seite.

Sie zeigte diesen Hühnern, wer hier das Sagen hatte, und die Hühner ließen es lieber nicht auf einen Kampf ankommen. Kopflos stoben sie auseinander und flatterten um ihr Leben, bevor die große böse Katze noch aus ihnen einen Knabberspaß machte. Eins der Hühner flatterte Mama Marley gegen die Brust, die daraufhin einen Schrei ausstieß und sich ins Taxi rettete. Ein paar andere Hühner machten den Fehler, in Richtung der Chihuahuas zu fliehen, und wurden zurück aufs Schlachtfeld gebellt. Die meisten aber waren so schlau, sich zu Rooster McCloud zu retten, der Körner auf den Boden geworfen hatte, um die Schar von der jungen Frau abzulenken, die Lippenstift in ihrem ganzen Gesicht verschmiert hatte und insgesamt aussah, als hätte sie für heute wirklich genug Probleme gehabt.

Mit einem Seufzer sah Laura sich um. Die Hühner waren Gott sei Dank weg. *Nein*, dachte sie, *Nessie sei Dank.* Sie sah zu, wie die Katze mit dem buschigen Schwanz die letzten paar Hühner zur Seite jagte. Als die Gefahr gebannt war, kam sie zurück zu Laura, setzte sich neben sie und starrte sie an. Es war beinahe so, als würde die Katze sagen: *Okay, das hätten wir, und was machen wir jetzt?*

Laura musterte sie und fragte leise: «Nessie, bist du das?»

Die Katze zwinkerte und leckte sich eine Pfote.

Laura hörte Schritte, wahrscheinlich Leute, die helfen wollten. Am lautesten war das Klackern von hohen Absätzen. Es wurde lauter und stoppte direkt neben ihr.

«Ach, Sie Ärmste! Ist alles in Ordnung?»

Laura blickte auf. Eine Frau mittleren Alters, mit schwarzem Haar, beugte sich über sie. Die großen Kreolen in ihren Ohren baumelten neben ihren geröteten Wangen. In ihren Augen las Laura Besorgnis.

«Sie sind bestimmt Laura, nicht wahr?», sagte die Frau.

Laura erkannte Margarita Bouffet sofort vom Video-Bewerbungsgespräch vor drei Wochen. Damals hatte Laura einen guten Eindruck gemacht. Immerhin hatte sie die Stelle bekommen. Aber nun war der gute Eindruck wahrscheinlich dahin. Mit Hühnerfedern und Crackern bedeckt, saß sie im Dreck, das Gesicht mit Lippenstift beschmiert, das T-Shirt so durchgeschwitzt, dass man ihren BH sehen konnte, das Haar gekräuselt und an die feuchte Haut geklatscht. Kurz meinte sie ihre Mutter sagen zu hören: *Es gibt keine zweite Chance für einen guten ersten Eindruck.*

Tja, Mom, wie denkst du über grauenvolle zweite Eindrücke? Was empfiehlst du da?

Sie seufzte und lächelte matt zu ihrer neuen Chefin hoch. «Ja, ich bin Laura. Und Sie müssen Ms. Bouffet sein.»

«Nennen Sie mich Margarita. Und lassen Sie mich Ihnen helfen.»

Plötzlich wurde Laura bewusst, dass sich eine kleine Menge um sie versammelt hatte.

«Vorsicht», sagte der eine der Schnauzbartträger. «Sie könnte sich was verstaucht haben.»

«Oder gebrochen», sagte der andere.

Laura schüttelte den Kopf. «Danke, aber ich glaube, mir fehlt nichts.» Sie wollte aufstehen, aber eines ihrer Beine steckte noch in der Gurt-Schlaufe des Rucksacks fest.

«Ich helf dir», sagte ein junger Mann und trat vor.

«Ich auch», sagte ein anderer.

Laura fühlte, wie sie von zwei Paar starken Armen hochgehoben wurde. Das eine Paar gehörte zu einem unfassbar süßen Typen mit kurzen schwarzen Haaren, Schlafzimmerblick und einem T-Shirt mit Hemingway-Haus-Aufdruck, das genau an den richtigen Stellen spannte. Die anderen Hände gehörten zu einem größeren, schlaksigen Mann, der aber genauso gutaussehend war. Er hatte zerzauste blonde Haare, einen Dreitagebart und ein teuflisches Blitzen in den Augen, das Lauras Knie weich werden ließ. Aber die weichen Knie konnten natürlich auch daher kommen, dass sie endlich stand.

Reiß dich zusammen, rief sie sich zur Ordnung. *Du bist augenblicklich nicht in der Verfassung, mit diesen süßen Typen zu flirten.*

«Kannst du jetzt alleine stehen?», fragte der T-Shirt-Typ.

Laura versuchte es. «Ja, ich bin okay», sagte sie. «Höchstens ein bisschen blamiert.»

Rooster McCloud trat vor und sagte kopfschüttelnd: «Kein Grund, sich zu schämen. Ich füttere diese Hühner jetzt seit Jahren und kann dir sagen, die sind manchmal furchtbar aggressiv. Was war denn in der Tüte? Das hat sie wirklich um den Verstand gebracht.»

Laura wurde rot. «Eine Knabbermischung, die meine Mutter für mich gemacht hat.»

Rooster nickte nachdenklich. «Sie müssen mir unbedingt das Rezept geben. Ich bin übrigens Rooster McCloud, der lokale DJ und Leuchtturmwärter.»

Laura lächelte. «Das weiß ich schon. Dank Mama Marley hab ich Sie auf dem Weg hierher im Radio gehört.» Sie sah sich nach der Taxifahrerin um, konnte sie jedoch nirgends entdecken.

«Ich bin hier, im Taxi!», rief Mama Marley vom Fahrersitz aus.

Sie benutzte wieder ihren jamaikanischen Fake-Akzent, und Laura grinste unweigerlich.

«Tut mir leid, dass ich Ihnen nicht beistehen konnte, Kindchen», sagte Mama. «Aber als ich ein kleines Mädchen war, hat die Nachbarshenne nach mir gehackt. Und seitdem hab ich eben Angst. Hühnern kann man nicht trauen. Sind die Viecher weg? Wenn die Luft rein ist, helfe ich Ihnen mit Ihrem Gepäck.»

«Wird schon erledigt», sagte der T-Shirt-Typ und langte in den Kofferraum.

«Nein, ich erledige das», sagte Dreitagebart und trat hinzu.

Mama Marley winkte Laura hinüber zum Seitenfenster. «Sieh an, sieh an, Mädchen», wisperte sie. «Kaum sind Sie da, streiten sich die Jungs um Sie.»

Laura lachte. «Nicht schlecht, was?»

Mama Marley grinste. «Ja, ja. Aber Sie sollten eventuell trotzdem in nächster Zeit versuchen, vor einen Spiegel zu kommen, wissen Sie.» Sie wedelte mit der Rechten vor ihrem Gesicht herum. Mit diesen Worten drehte sie den Zündschlüssel, lauschte auf das Geräusch der zufallenden Kofferklappe und fuhr los.

Laura war kurz davor zu schreien: *Warten Sie, nehmen Sie mich mit!* Aber als das pinke Taxi um die Ecke bog, wusste sie, dass es zu spät war. Verschwitzt und verschmiert, wie sie war, musste sie sich umdrehen und das Beste draus machen. Irgendwie.

Was hätte Hemingway an ihrer Stelle getan? *Er hätte sich lockergemacht*, dachte sie. *Er hätte die Ärmel hochgekrempelt, sich einen Drink eingegossen und weitergeschrieben.*

Das war ein beruhigender Gedanke, besonders der Teil mit dem Drink.

«Alle mal herhören», sagte Margarita Bouffet fröhlich. «Das hier ist Laura Lange, unsere neue Museumsführerin. Sie ist den ganzen Weg aus Syracuse zu uns gekommen. Laura, das sind alle.»

Laura grinste scheu und winkte matt, während sie versuchte, den Lippenstift auf ihrer Hand zu übersehen.

«Die beiden sind Rick und Ricardo», sagte Margarita und zeigte auf die schnauzbärtigen Männer. «Ihnen gehört das Hotel gegenüber.»

Rick, oder vielleicht auch Ricardo, schenkte Laura ein Lächeln und hockte sich dann neben die Chihuahuas. «Und das hier sind Desi und Lucy. Sie freuen sich auch sehr, Sie kennenzulernen.»

Laura blickte auf die Hunde und tat so, als bemerkte sie nicht, dass Lucy Desis Hintern beschnüffelte. «Das Vergnügen ist ganz meinerseits», sagte sie.

Ricardo, oder vielleicht war es auch Rick, fügte hinzu: «Normalerweise bellen sie nicht so. Nicht mal Katzen können sie aus der Ruhe bringen.»

«Das stimmt so nicht», sagte der andere. «Sie wissen einfach, wenn sie in der Unterzahl sind. Wie viele Katzen haben Sie dort, Margarita? Zweiundfünfzig? Dreiundfünfzig?»

Margarita wandte sich an den Typen im T-Shirt. «Ich weiß nicht genau. Wie viele haben wir derzeit, Jake? Was sagt die letzte Zählung?»

Der Typ im T-Shirt zuckte mit den Schultern. «Letzte Woche hab ich vierundfünfzig gezählt. Aber ich kriege jedes Mal was anderes raus.»

Margarita zuckte mit den Schultern und wandte sich an Laura. «Laura, das ist Jake. Er ist für die Katzenbetreuung zuständig und sorgt dafür, dass sie genug zu fressen haben und sich halbwegs benehmen. Stimmt's, Jake?»

«Ich tue mein Bestes», erwiderte er und schenkte Laura ein warmes Lächeln. «Das ist gar nicht so leicht. Sie sind ziemliche Unruhestifter.»

«Na, das sagt der Richtige», erwiderte Dreitagebart und trat vor Jake, um sich Laura vorzustellen. «Ich bin Mack. Mack McCloud. Rooster ist mein Onkel. Ich helfe ihm mit dem Leuchtturmmuseum die Straße runter.» Mit einem gewinnenden Grinsen fügte er hinzu: «Wir zwei werden uns oft sehen, du und ich.»

Jake warf ihm einen bösen Blick zu.

Bemühen die sich wirklich um mich?, fragte sich Laura. *Wir kennen uns doch noch gar nicht. Und optisch bin ich gerade nicht auf der Höhe meiner Möglichkeiten. Seltsame Sache.*

Doch anstatt sich der Ergründung des Mysteriums Mann

zu widmen, blickte sie sich um, ob eventuell noch jemand kennenzulernen wäre.

Oh, da ist sie ja.

Nur ein paar Schritte abseits saß mitten auf der Straße die wunderschöne goldene Katze mit dem großen buschigen Schwanz.

«Und wen haben wir da?», fragte Laura. «Meine Heldin und Retterin und lebenslange Freundin, wer ist sie?»

Margarita kicherte. «Das ist Nessie. Eigentlich heißt sie Ernestine Hemingway, aber wir nennen sie alle Nessie. Eine Schönheit, finden Sie nicht?»

Laura rang nach Luft. «Dann bist du es wirklich, Nessie. Ich freue mich, dich wiederzusehen.» Sie hockte sich hin und fuhr mit den Fingern durch Nessies dichtes Fell. Nessie streckte verzückt den Rücken durch.

«Du kennst Nessie?», fragte Jake überrascht.

Laura nickte. «Ja, ich hab sie kennengelernt, als sie noch ein Baby war. Ich war mit meiner Familie hier und ... Na ja, das ist eine lange Geschichte.»

«Da bin ich aber gespannt», sagte Margarita. «Lassen Sie uns doch in den Museumsshop gehen, Sie füllen den Papierkram aus und waschen sich das ab ...» Sie wedelte mit der Hand vor ihrem Gesicht herum. «Jungs, nehmt ihr das Gepäck?»

Laura wurde rot. Sie richtete sich auf, strich ihren Rock glatt und folgte Margarita durch das Eingangstor des Anwesens in den üppigen Vorgarten.

Nessie ging direkt hinter ihr.

Meine Heldin!

Jake und Mack stapelten das Gepäck vor dem Shop und gingen ihrer Wege.

«Bis später, Laura!»

«Bis dann!»

Margarita führte Laura hinein, schloss die Tür und schaltete die Klimaanlage ein. «Es dauert eine Minute, ehe es kühler wird», sagte sie. «Die Luftfeuchtigkeit ist furchtbar dieses Jahr. Ich bin schon so lange hier und hab mich immer noch nicht daran gewöhnt.» Sie stellte Laura einen Stuhl zurecht, gab ihr einen Handspiegel und eine Box mit Tüchern, die unter dem Verkaufstresen gestanden hatte. «Hier, bitte schön.»

Laura blickte in den Spiegel und stieß ein Keuchen aus. Es war viel schlimmer, als sie befürchtet hatte. Ihre Frisur war vollkommen ruiniert. Ihr klebten Crackerbrösel im ganzen Gesicht, und nicht zu übersehen war auch der Lippenstift, der quer über ihre Wange geschmiert war.

«Ich sehe aus wie der Joker.»

«Unsinn, Sie sehen hübsch aus. Sie haben nur einen schlechten Tag.»

«Genau. Und das muss ausgerechnet der erste Tag in meinem neuen Job sein.»

«Ach was, Sie brauchen nicht gleich anzufangen. Für heute haben Sie genug erlebt, finde ich. Schauen Sie sich Ihre WG an, richten Sie sich ein und ruhen sich aus. Und dann kommen Sie morgen früh frisch und munter her.»

«Oh, vielen, vielen Dank!» Laura war mehr als erleichtert.

«Aber wo Sie schon mal hier sind, sollten Sie gleich die Einstellungsunterlagen ausfüllen. Wenn ich sie denn finde. Wo hab ich die nur hingetan?»

Marita wühlte sich durch verschiedene Schubladen, sodass Laura die Gelegenheit nutzen konnte, den Laden zu betrachten. Unzählige Bücher von Hemingway und verschiedene

Biografien über ihn, Kaffeebecher und Schnickschnack waren über die Regale verteilt. Gerahmte Fotos vom Hemingway-Haus, Fotos von den Katzen und ...

«Nessie!»

Die Katze musste ihnen gefolgt sein. Sie strich um Lauras Beine und sprang dann umstandslos auf ihren Schoß.

«Hallo noch mal.»

Margarita suchte immer noch nach dem Arbeitsvertrag. Sie reckte sich hinter der Kasse zum obersten Regalbrett hoch und förderte mit einer dicken braunen Mappe auch eine dicke Staubwolke zutage.

Laura nieste zweimal. Dann nieste sie noch mal.

Margarita erstarrte und wandte sich alarmiert zu ihr um. «Ich muss Sie etwas fragen, Laura, und ich möchte, dass Sie ehrlich antworten.»

Laura hörte auf, Nessie zu streicheln. «Ja, klar, fragen Sie nur.»

Margarita sah ihr forschend ins Gesicht. «Sie sind hoffentlich nicht allergisch gegen Katzen?!»

3

Von Mäusen und Menschen
(und Spinnen und Schlangen)

Von allen Katern auf der Insel war Pawpa Hemingway der
größte, der älteste und der weiseste.

Der mürrischste war er aber auch.

Schon als Katzenbaby hatte er wie ein griesgrämiger alter
Mann ausgesehen. Mit seinem zerzausten grauen Fell, den
stechend blauen Augen und dem schmuddeligen weißen
Bart war er gewissermaßen das Ebenbild des einstigen Be-
sitzers des Hauses, des alten «Papa» Hemingway. Und wie
jener war auch Pawpa in seiner Jugend ein Raufbold gewesen.
Er liebte die Jagd (Mäuse und Eidechsen), ging gern fischen
(die Goldfische in Nachbars Gartenteich) und geriet ständig
in irgendwelche Streitigkeiten (mit jeder Katze, die ihn nicht
zu nehmen wusste). Mit dem Alter ließ er das Jagen und das
Fischen beinahe sein, aber nach wie vor gab es viele, die er
nicht ausstehen konnte.

Zum Beispiel diese bescheuerten Hühner am Morgen.

So viel Ärger und Aufregung wegen ein paar Vögeln. Pawpa wusste aus Erfahrung, dass mit Hühnern nicht zu spaßen
war. Er hatte Narben davongetragen. Nur einen brutalen

Straßenkampf mit den wilden Hühnern der Insel hatte es gebraucht, um ihn begreifen zu lassen, dass manche Geschöpfe unter diesem Himmel, wie nervtötend sie auch sein mochten, am besten ignoriert wurden.

Natürlich war Nessie solche Weisheit fremd.

Als sie über die Mauer sprang, um die Hühner von dem armen weiblichen Menschen wegzuscheuchen, war Pawpa gegen seinen Willen beeindruckt gewesen. Obwohl er sich schon fragte, warum Nessie für eine Fremde das Risiko eingegangen war, dass nach ihr gehackt und gekratzt wurde. Noch seltsamer war, dass sie der Fremden und Margarita in den Museumsshop gefolgt war. Normalerweise genoss Pawpa seine Rolle als ältester, weisester, und mürrischster Kater der ganzen Stadt, stets unnahbar und souverän – doch jetzt ertrug er dieses Mysterium beinahe nicht.

Den Blick auf die geschlossene Tür des Museumsshops geheftet, saß Pawpa geduldig unter einem Baum und gab sich gelangweilt. Um es überzeugender zu machen, gähnte er ein paarmal herzhaft, doch innerlich kam er fast um vor Neugierde. *Was geht hier vor? Wer ist das Mädchen?*

Pawpa wurde mitten im Gähnen unterbrochen, als die Tür aufging und Margarita heraustrat. Hinter ihr kam diese junge Frau und machte etwas ganz und gar Unfassbares. Sie hatte Nessie im Arm.

Obwohl das kaum möglich war, war Pawpa jetzt noch neugieriger. Er wusste, dass Nessie es hasste, von Menschen hochgehoben zu werden. Wie die meisten vierbeinigen Bewohner des Hemingway-Hauses war sie Freigängerin, unabhängig und mit begrenztem Verständnis für tierliebe Touristen, die sie partout auf den Arm nehmen wollten. Sich von diesen Touristen streicheln zu lassen, wenn es ihr gerade in den Kram passte, das war eine andere Sache.

«Jake!», rief Margarita durch den Vorgarten. «Könntest du Laura mit ihrem Gepäck helfen?»

Der dunkelhaarige Katzenbetreuer schaute hinter einem riesigen Busch hervor und stieß ein freudiges «Klar doch» aus. Wahrscheinlich hatte auch er die ganze Zeit spioniert. Ihm ging es wohl wie Pawpa, er war neugierig.

«Dann sehen wir uns morgen früh», sagte Margarita zu Laura und trat mit einem Winken zurück in den Laden.

Jake ging durch den Garten zu Laura und griff sich den großen und den kleinen Koffer. Aber sein Lächeln erstarb, als er Nessie in ihren Armen sah. «Ich will nicht kleinlich rüberkommen», sagte er, «aber wir bitten unsere Gäste, die Katzen nicht hochzunehmen. So sind die Hausregeln.»

«Oh.» Laura wurde rot. «Tut mir leid. Sie hat auf meinem Schoß gesessen und wollte nicht weg, als ich versucht habe, aufzustehen, also habe ich sie einfach mit rausgenommen.»

Verwundert sah Jake sie an. «Nessie hat auf deinem Schoß gesessen?»

«Ja. Nachdem Sie mich vor den Hühnern gerettet hatte. Das war beeindruckend. Ich glaube, sie mag mich.»

Jake blickte hinunter auf Nessie, die in Lauras Armen schnurrte und ihren buschigen Schwanz selig hin und her schaukeln ließ. «Ja, das glaube ich auch. Seltsam.»

«Wieso ist das seltsam?», fragte Laura.

Jake neigte nachdenklich den Kopf. «Nessie ist sehr eigen, was die Menschen angeht, die in ihre Nähe dürfen. Mit den Katzen ist sie ein Herz und eine Seele. Wir nennen sie die Hausmutter, weil sie sich um alle Katzenbabys kümmert.

Aber Menschen? Da ist sie sehr ... wählerisch. Normalerweise ist sie nur bei Leuten, die sie kennt, zutraulich. Und du bist eine Fremde.»

Laura lächelte geheimnisvoll und streichelte Nellies Fell. «Vielleicht ja nicht.»

«Nicht?» Jake kniff die Augen zusammen.

«Nein», sagte Laura. «Nessie und ich kennen uns schon lange. Wir sind seit vielen Jahren Freundinnen. Oder, Nessie?»

Sie hob die Katze hoch und rieb ihre Nase an der Katzennase, was Jake nur noch mehr irritierte.

«Aber wie ist das möglich? Margarita hat gesagt, du bist aus Upstate New York.»

Laura zuckte mit den Schultern und lächelte. «Rate mal.»

«Ich habt euch beim Vorsprechen für einen Katzenfutterclip getroffen.»

«Nein.»

«Ihr seid gemeinsam zur Schule gegangen und wart in einer Klasse?»

«Auch nicht, nein.»

«Du hast ihr einen Dorn aus der Pfote gezogen, als sie ein Baby war, und seitdem seid ihr unzertrennlich.»

«Nein, aber es wird wärmer.»

«Okay, ich geb auf. Erzähl's mir.»

«Jetzt schon? Spaßverderber.»

«Mit mir kann man viel Spaß haben.»

Laura hob die Augenbrauen. «Wirklich? Dafür kommst du viel zu ordentlich und gesund rüber. Ich hätte eher gedacht, du bist der verantwortungsbewusste Typ.»

Jake wurde rot, was Laura sehr süß fand. «Das liegt an

dem neuen Haarschnitt», sagte er. «Die schneiden immer zu kurz. Ich sehe aus, als wäre heute mein erster Tag im Boot-camp.»

«Ich mag es.»

«Auch wenn es unspaßig rüberkommt?»

«Auch wenn es unspaßig rüberkommt. Aber dein Freund, wie heißt er noch gleich? Der coole Typ, der dir mit meinem Gepäck geholfen hat? Der sieht nach Spaß aus.»

«Mack? Den findest du cool?»

«Allerdings. Cool und spaßig.»

Jake rollte mit den Augen, und Laura lachte.

«Was ist das mit euch beiden?», fragte sie.

«Was meinst du? Er ist mein bester Freund.»

«Na ja, ihr wirkt ein bisschen ... angespannt. Seid ihr Riva-len oder so?»

«Das ist eine lange Geschichte.»

«Ich hab Zeit.»

Jake seufzte. «Okay. Ich erzähl dir das von mir und Mack, wenn du mir erzählst, wie du Nessie kennengelernt hast. Deal?»

«Deal.»

«Du zuerst.»

«Nein, du.»

«Nein. Ladies first.»

«Ladies first? Echt jetzt? Haben Sie euch das im Bootcamp beigebracht?»

«Sehr witzig.»

«Sorry, ist wegen der Haare.»

«Ja, ja, zu kurz, oder?»

«Quatsch, wollte mich nur über dich lustig machen.»

«Ich werd's überleben. Aber erzählst du mir jetzt bitte deine Geschichte mit Nessie?»

«Stillgestan-den! Na gut. Los geht's.»

Pawpa Hemingway war gar nicht glücklich.

Die ganze Zeit, während Laura Jake von dem Familienausflug nach Key West erzählte, wie sie Nessie im Hemingway-Haus getroffen und ihre Leidenschaft für Bücher entdeckt hatte – besonders für die von Ernest Hemingway –, saß der alte Kater regungslos unter seinem Baum und beobachtete die beiden scharf. Natürlich verstand er kein Wort von dem, was gesagt wurde. Aber ihm war nur zu bewusst, dass Jake – der Futterlieferant – genauso verzaubert von dem jungen weiblichen Menschen war wie Nessie.

Aber warum nur?

Pawpa hatte keine Ahnung.

Vielleicht riecht sie gut?

Er würde später mal an ihr riechen müssen. Im Moment konnte er sie nur aus der Ferne betrachten und musste auf eine Chance warten, sie genauer zu untersuchen. Das war wie beim Mäusefangen. Man musste Geduld haben.

Nach ein paar Minuten setzten der weibliche und der männliche Mensch sich auf die schattigen Stufen der Veranda. Nessie machte es sich im Schoß der jungen Frau gemütlich und schwelgte in dem Streicheln, das ihr zuteilwurde. Irgendwann rollte sie sich sogar herum und ließ sich den Bauch kraulen.

Widerlich.

Nie im Leben würde Pawpa sich von einem Menschen den Bauch streicheln lassen. Sobald das jemand versuchte, würde derjenige es bereuen. Dort war die absolute No-go-Area, fand Pawpa. Ihn dort zu berühren, war übergriffig. Allein beim Gedanken daran fuhr er die Krallen aus.

Aber Nessie? Aus irgendeinem Grund vertraute sie dem weiblichen Menschen.

Das würde Pawpa nicht passieren. Er traute ihr kein Stück über den Weg.

Wer auch immer sie war, was auch immer sie hier wollte, diese junge Frau war anders als die Besucher, die normalerweise hier durchkamen. Vielleicht hatte sie Nessie überrumpelt. Aber Pawpa hatte nicht so ein weiches Herz und sanftes Gemüt wie Nessie. Ihn überrumpelte man nicht. Pawpa Hemingway war der Älteste. Pawpa war auch der Weiseste. Und falls irgendwer – Mensch oder sonst was – hier auftauchte und etwas im Schilde führte, würde er das vereiteln.

Pawpa passte ganz genau auf.

«Nicht rüberschauen», sagte Jake, «aber ich glaube, wir werden beobachtet.»

Er nickte in Richtung eines breitblättrigen Baumes auf der anderen Seite des Gartens. Laura wandte sich vorsichtig um, konnte aber niemanden entdecken. Sie schirmte die Augen mit der Hand gegen die Sonne ab und schaute noch einmal genauer. Schließlich entdeckte sie einen alten, mürrisch dreinblickenden Kater am Fuße des Baumes. Mit dem zerzausten Fell in der Farbe des verwitterten Baumstammes war er perfekt getarnt. Wie ein Spion hockte er da. Oder ein Ninja, bereit, jederzeit zuzuschlagen.

Ein sehr schlecht gelaunter Ninja.

«Hilfe! Was für ein Gesicht der macht», flüsterte Laura Jake zu.

Der alte Kater starrte sie unverwandt an.

«Und die Augen!»

Der Kater verengte die Augen nur noch mehr, schaute noch böser und starrte noch eindringlicher.

«Jetzt weiß ich, wie Mäuse sich fühlen.»

Jake kicherte. «Das ist Pawpa Hemingway. Siehst du die Ähnlichkeit?»

«Aber klar! Der weiße Bart, die blauen Augen, die abweisende Art – Ernest Hemingway als Kater.»

«Ganz genau.»

«Aber weshalb hasst mich die Kater-Reinkarnation von Ernest Hemingway so abgrundtief?»

Jake lachte. «Tut er doch gar nicht.»

«Tut er nicht? Er schaut mich an, als wollte er mich töten und zum Frühstück verspeisen.»

«Du bist neu. Er traut dir nicht über den Weg. Und er sieht, dass du und Nessie dicke Freunde seid und die anderen dich mögen. Er ist einfach nur neugierig. Außerdem hat er schon gefrühstückt.»

Laura war sich da nicht so sicher. Der Gesichtsausdruck des alten Katers ließ eher nicht auf Neugier schließen, sondern ganz klar auf Abneigung. Andererseits waren sie ja wirklich noch nicht bekannt gemacht worden. Einen Versuch war es wert.

«Hallo, Pawpa», rief sie quer durch den Garten. «Ich bin Laura. Ich werde hier bei euch arbeiten. Ich bin die neue Museumsführerin.»

Pawpas Augen weiteten sich ein wenig. Aber ansonsten regte er sich nicht. Er starrte sie nur weiter unverwandt an. Wenn das hier ein Wettbewerb war, würde er jedenfalls nicht als Erster blinzeln.

«Warum kommst du nicht zu uns auf die Veranda?», fügte sie hinzu.

Pawpa ging nicht darauf ein.

Mit der Hand, die gerade noch Nessie gestreichelt hatte, klopfte sie auf die Dielen neben sich. «Komm her, Pawpa, dann können wir uns kennenlernen.»

Jake lachte laut los. «Das wird niemals klappen.»

Aber Laura ignorierte ihn. Sie rief noch einmal und klopfte wieder auf die Dielen, woraufhin Nessie sich gestört fühlte, von Lauras Schoß sprang und durch den Garten davonjagte. Das wiederum ließ Pawpa zusammenfahren. Er sprang von seinem Beobachtungsposten auf und schoss wie ein geölter Blitz um die Hausecke.

«Ich hab dir doch gesagt, dass das so nichts wird», sagte Jake. «Pawpa ist nicht sehr gesellig.»

Laura nahm das als Herausforderung. «Ich krieg ihn rum.»

«Wie denn?», fragte Jake. «Etwa mit deinem Wissen über das männliche Tier, das du beim Recherchieren über die toxische Maskulinität Ernest Hemingways gefunden hast?»

Laura seufzte. «Das war für meine Abschlussarbeit. Gender Studies waren der heiße Scheiß für meine Professorin. Ich wusste, sie würde hin und weg sein. Die meisten anderen Mädchen schrieben über Jane Austen.»

«Dann denkst du, Hemingway war zu sehr Macho?»

«Ich denke, Hemingway offenbarte in seinen Texten die tief sitzende Verletzlichkeit und die Unsicherheiten, die

Männer hinter einem maskulinen, sozial konnotierten Panzer verbergen.»

«Wow», machte Jake. «Uns haben sie so was an der Highschool nicht beigebracht.»

«Habt ihr an der Highschool denn was von Hemingway gelesen?»

«Klar. *Von Mäusen und Menschen* zum Beispiel mochte ich sehr.»

«Das war John Steinbeck.»

«Gar nicht. Das ist von Hemingway.»

«Es ist von Steinbeck. Das kannst du mir schon glauben. Schließlich habe ich meine Abschlussarbeit...»

Jake lachte schallend. «Ich verkohl dich nur. Ich weiß doch, dass es Steinbeck war.»

Laura merkte, wie ihr das Blut ins Gesicht schoss. «Das war dann wohl die Retourkutsche, weil ich mich über deinen Haarschnitt lustig gemacht hab.»

«Sie sind zu kurz, stimmt's?»

Laura rollte mit den Augen und lachte. «Vielleicht hätte Hemingway auch was über toxisch maskuline Eitelkeit schreiben sollen. Und wo wir schon bei den Jungsthemen sind: Erzählst du mir jetzt, was das zwischen dir und Mack ist?»

Jake holte tief Luft, aber wurde vom Geräusch sich rasend schnell nähernder Pfoten unterbrochen. Er und Laura wandten sich um und erblickten zwei Katzen, die in wilder Jagd auf sie zustürmten. Ein Teil des dramatischen Duos sah jeweils aus wie ein Negativ des anderen: Ein Kätzchen war hauptsächlich schwarz und hatte braune Streifen, das andere war braun mit schwarzen Streifen. Beide hatten riesige Pfoten, die an Baseball- oder Boxhandschuhe erinnerten, und beide sprangen wie Katzensuperhelden über Lauras Schoß hinweg.

Sie stieß einen erschrockenen Schrei aus.

Die zwei landeten auf dem Rasen vor der Treppe, ein braun-schwarzes Getümmel. Wie Preisboxer rangelten und kugelten sie über das Gras, bis schließlich einer freikam. Der hauptsächlich schwarze Kater richtete sich auf und schwang seine großen Pfoten vor und zurück in der Luft herum. Der hauptsächlich braune Kater machte das Gleiche, bewegte die Pfoten aber von rechts nach links.

«Was ist das?», fragte Laura. «Tun die sich weh? Sollen wir dazwischengehen?»

Jake lachte. «Nein, die spielen nur. Der da ist Boxer und der andere Bullfighter.»

«Sehr hemingwayesk.»

«Ja, das sind harte Kerlchen. Die kloppen sich seit dem Tag ihrer Geburt. Sie sind Brüder, und du weißt ja wahrscheinlich, wie das zwischen Brüdern läuft.»

«Sie versuchen die ganze Zeit, einander zu übertrumpfen? So wie du und Mack?»

«Na ja, nicht ganz.»

Eigentlich wollte Laura ihn festnageln, damit er ihr endlich alles erzählte, aber wieder wurde ihre Aufmerksamkeit von den rangelnden großpfotigen Brüdern abgelenkt. Boxer warf sich wie ein Schwergewichts-Champion auf Bullfighter, aber dieser konterte mit einer eleganten Drehung und einem Wischen seines Schwanzes, woraufhin Boxer das Gleichgewicht verlor und zu Boden ging. Das hielt ihn jedoch nicht davon ab, einen linken Haken gegen Bullfighters Bein zu schicken, sodass auch dieser auf dem Rasen landete. Doch noch waren sie nicht k. o. Im Nu waren sie wieder auf den Pfoten und stürmten davon.

«Warum sind ihre Pfoten so viel größer als die der anderen Katzen?», fragte Laura.

«Sie haben sieben statt der für hier typischen sechs Zehen», erklärte er. «Wusstest du, dass die meisten Katzen hier Nachkommen einer polydaktylen Schiffskatze sind, die Hemingway von einem Kapitän geschenkt bekommen hat?»

«Ja, das wusste ich», erwiderte Laura. «Schließlich hab ich in Vorbereitung auf den Job bei euch die gesamte Infobroschüre auswendig gelernt, die Margarita mir geschickt hat.»

«Dann weißt du auch den Namen jener Katze von damals?»

«Snow White. Schneewittchen»

«Kater oder Katze?»

«Kater.»

«Wo hat Hemingway den Kapitän kennengelernt?»

«In Sloppy Joe's Bar.»

«Wo ist die?»

«In der Duval Street, Nummer 201.»

«Wow!» Jake war beeindruckt. «Dass du die Hausnummer kennst, hatte ich wirklich nicht erwartet. Du bist echt gut vorbereitet.»

Laura wollte gerade antworten, da kreischte Bullfighter laut auf. Oder Boxer. So oder so – die Katzenbrüder standen auf den Hinterpfoten, hatten die Vorderpfoten um den Leib des jeweils anderen geschlungen und schwankten in dieser kriegerischen Umarmung im Gras vor und zurück.

«Wie süß», sagte Laura, «die tanzen ja.»

«Obacht», sagte Jake und lehnte sich vor. «Gleich kriegst du Bullfighters Markenzeichen zu sehen.»

Gebannt sah Laura zu, wie der hauptsächlich braune Kater herumwirbelte und sich drehte und seinen hauptsächlich schwarzen Bruder auf den Boden warf.

«Bodyslam!», jubelte Jake. «Boxer ist gut im Ausweichen und Schläge Platzieren, aber Bullfighters Würfe sind reine Poesie in Bewegung.»

Laura wedelte sich Luft zu wie eine Dame der höheren Gesellschaft. «Himmel hilf, dieses Testosteron. Ich glaube allmählich wirklich, dass ich in Hemingways Haus bin.»

Jake kicherte. «Ich nehme an, die … nun ja … männlichen Künste wie Kämpfen, Jagen und Fischen stehen nicht hoch in Eurer Gunst, Mylady?»

«So würde ich das nicht sagen», erwiderte sie. «Mein Vater hat früher geboxt, und mein Großvater hat Rotwild gejagt und im Onondaga Lake Barsche geangelt. Aber die Jagd mag ich wirklich nicht. Dafür liebe ich Tiere zu sehr.»

«Geht mir genauso», erwiderte Jake. «Früher wollte ich Tierarzt werden.»

«Früher? Wieso hast du dich umentschieden?»

«Das ist eine lange Geschichte.»

«Ich hab Zeit.»

«Ich leider nicht», sagte Jake, stand auf und wischte sich Katzenhaare von der Hose. «Ich muss mal was tun, die Katzenklos reinigen sich wahrscheinlich nicht von selbst.»

«Wahrscheinlich nicht.» Laura stand auch auf, zog ihr Handy aus der Tasche und schaute nach der Uhrzeit. «Dann sehen wir uns morgen?»

«Ja, in aller Frühe. Soll ich dir mit deinem Gepäck helfen?»

«Nein danke, ich komme klar. Erst mal will ich schauen, ob meine neuen Mitbewohner überhaupt daheim sind.»

«Wo bist du untergekommen?»

«Bei zwei Frauen, die Schnorcheltouren für Touristen anbieten.»

«Die Crabb-Schwestern?»

«Du kennst sie?»

«Jeder hier kennt die Crabb-Schwestern», sagte Jake mit einem seltsamen Grinsen.

«Wieso guckst du so böse? Was ist verkehrt an denen?»

«Ach, gar nichts», sagte er. «Du sagtest, du magst Tiere?»

«Ich liebe Tiere.»

«Na, dann wirst du dein neues Zuhause mögen.» Mit diesen Worten wandte er sich ab und ging weg. «Bis später, Laura», sagte er für ihren Geschmack ein bisschen zu amüsiert, bevor er um die Hausecke verschwand.

Laura war versucht, ihm hinterherzugehen, um nach Einzelheiten zu fragen, aber dann dachte sie, dass sie schon früh genug alles erfahren würde, und schaute stattdessen auf ihr Handy. Drei Textnachrichten von ihrer Mutter.

Hast du deinen Flug erwischt?

Bist du gut gelandet?

Wie ist die Arbeitsstelle?

Seufzend schrieb Laura eine kurze Antwort. *Ja und ja, und ich fange erst morgen an. Rufe dich später an.* Dann schrieb sie einer der Crabb-Schwestern, Jolene.

Bin in KW gelandet, hab heute noch frei. Seid ihr gerade zu Hause? Sie drückte Senden und ließ sich auf die oberste Stufe der Veranda sinken, um auf eine Antwort zu warten. Dann ging ihr auf, dass die Schwestern vielleicht arbeiteten und das mit einer Antwort dauern könnte, weil sie wahrscheinlich nicht ständig ihren Nachrichten checkten, während sie mit

Touristen über irgendwelchen Korallenriffen herumschnorchelten.

Laura streckte sich und gähnte. Aus dem Augenwinkel sah sie, wie eine goldene Katze sich ebenfalls streckte und gähnte.

«Nessie! Da bist du ja wieder!»

Sie wollte gerade aufstehen, als ihr Telefon summte. Eine Nachricht von Jolene Crabb.

Wir sind da, haben aber um zehn eine Tour mit dem Boot. Kannst du sofort kommen?

Laura schrieb zurück: *Klar, kein Problem. Bis gleich!* Sie sprang auf und sammelte ihr Gepäck zusammen. «Entschuldige, Nessie, ich muss mich beeilen. Wir sehen uns morgen!» Sie wuchtete sich den Rucksack auf den Rücken, nahm die Koffer rechts und links, hängte sich ihre Handtasche um und eilte zum Tor. Als sie auf den Bürgersteig trat, blickte sie noch einmal zurück auf das prachtvolle Haus im spanischen Kolonialstil mit seinen gelbgrünen Fensterläden und auf die Katzen, die durch den Garten strichen. Sie winkte Nessie, die majestätisch auf der Veranda saß.

«Warte mal, wo muss ich denn eigentlich hin?» Laura zog ihr Telefon aus der Tasche und suchte die Adresse der Crabbs heraus. Sie wohnten in der Southard Street, aber Laura hatte keine Ahnung, wie weit das war und ob sie es in weniger als einer halben Stunde schaffen würde.

«Braucht unsere neue Fremdenführerin einen Fremdenführer?» Rooster McCloud, der langhaarige Radio-DJ und Leuchtturmwärter stand mit einer Tüte Hühnerfutter auf dem Gehweg.

Laura winkte ihn heran. «Hallo, ja, ich glaube, ich brauche

wirklich Hilfe. Wissen Sie, wo das ist?» Sie hielt ihm das Handy mit der Adresse hin.

Rooster kniff die Augen zusammen, neigte sich über das Telefon und seufzte. «Oh, ich fürchte, dahin kommt man von hier nicht.»

«Was?!»

«Das geht leider nicht.»

«Wieso das denn? Machen Sie Witze?»

Als Rooster den erschrockenen Ausdruck in Lauras Gesicht sah, sagte er: «Natürlich mache ich Witze. Und natürlich kommt man da hin. Entschuldigung. Ich wollte Sie nicht aufregen.»

Laura atmete erleichtert aus. «Geht schon in Ordnung. Ist ein aufregender Tag. Also, ist das weit? Kann ich es in einer Viertelstunde schaffen?»

«Mit all dem Gepäck? Vielleicht. Wird aber ein bisschen knapp.»

Laura stöhnte. «Dann mach ich mich mal lieber auf den Weg. In welche Richtung muss ich denn?»

Rooster räusperte sich. «Also, wir sind jetzt auf der Whitehead Street. Wenn sie da langgehen, sieben Grundstücke oder vielleicht zehn, dann biegen Sie links ab, dann noch mal links, nein, rechts, glaube ich. Warten Sie mal ... Wie, sagen Sie, war die Hausnummer noch mal?»

Laura war sich ziemlich sicher, dass sie es nicht rechtzeitig schaffen würde, als sie in der Ferne etwas hörte. Es klang wie Reggae, und es wurde mit jeder Sekunde lauter. Plötzlich kam ein Taxi um die Ecke gerast und hielt mit quietschenden Bremsen direkt hinter ihr.

«Soll ich Sie mitnehmen, Miss?»

Dass Mama Marley auftauchte, gerade als Laura ein Taxi brauchte, war kein Zufall, auch nicht Schicksal oder Glück. Und schon gar nicht hatte es mit einer vagen Ahnung zu tun oder gar Telepathie oder karibischer Magie, die Mama Marley von ihrer jamaikanischen Großmutter gelernt haben mochte. Nein, das Ganze war ziemlich einfach zu erklären, und Mama Marley verlor diesbezüglich keine Zeit.

«Sie haben vergessen, mich zu bezahlen.»

«Oh, das tut mir leid», sagte Laura und verfrachtete erst ihr Gepäck und dann sich selbst auf den Rücksitz. «Ich war ziemlich durcheinander vorhin wegen ... Sie wissen schon.»

«Wegen der verdammten Vögel.»

«Die hatten Hunger.»

«Die Viecher sind eine Plage.» Mama schüttelte den Kopf und ließ den Motor aufheulen. «Wohin soll's denn gehen? Weit weg von diesem Hühner- und Katzengetier, hoffe ich.»

Laura nannte Mama die Adresse. «Da werde ich wohnen.»

Mama verzog das Gesicht. «Im Haus der Crabbs? Echt jetzt?»

«Ja. Warum? Ist das nicht gut?»

Mama Marley antwortete nicht. Sie schüttelte nur verständnislos den Kopf, drehte die Musik laut und gab Gas.

Laura lehnte sich zurück und versuchte, die Fahrt zu genießen. Aber das ging einfach nicht. Der Reggae war zu laut, die Bremsen waren zu quietschig, und die Aussicht darauf, die berühmten (oder eher berüchtigten?) Crabb-Schwestern zu treffen, machte sie nervös. Sie entsperrte ihr Handy, um noch mal einen Blick auf die WG-Anzeige zu werfen.

SONNIGES ZIMMER IN CHARMANTEM BUNGALOW
ZU VERMIETEN. Genießen Sie Flora & Fauna von Key
West in unserer Wohngemeinschaft. Ideal gelegen – in
unmittelbarer Nähe zu Bars, Restaurants, Sehens-
würdigkeiten und dem Hafen. Frauen bevorzugt. Für
den Sommer oder gern länger. Bitte melden bei Jilly &
Jolene Crabb ...

Es klang perfekt. Vielleicht zu perfekt? Am Telefon waren die
Schwestern nett gewesen, zumindest die eine, mit der Laura
gesprochen hatte, Jolene. Mit Jilly hatte sie nicht telefoniert.
Es konnte also gut sein, dass Jilly eine durchgeknallte Psycho-
pathin oder Axtmörderin war.

«Ich fahr um den Friedhof rum», sagte Mama Marley. «Die
Southard ist eine Einbahnstraße.»

Laura blickte von ihrem Telefon auf. Sie fuhren eine von
Palmen beschattete Straße entlang, an der pastellfarbene
Häuser mit weißen Gartenzäunen standen. Aber die Kulisse
änderte sich abrupt, sobald sie den Friedhof erreichten. Der
Blick durch die Frontscheibe gab den Himmel frei, und die
Sonne brannte auf eine weite Fläche hinunter, die mit blei-
chen Grabsteinen und wuchtigen Mausoleen bedeckt und
von einem schmiedeeisernen Zaun umgeben war. Im Vorbeifahren nahm Mama Marley eine Hand vom Lenkrad und
bekreuzigte sich. «Meine Großmutter hat mich gelehrt, die
Toten zu ehren.»

Laura las, was über dem Eingangstor geschrieben stand.
«*A Los Martires de Cuba.*»

«Für die Märtyrer von Kuba», erklärte Mama. «Sie waren
Revolutionäre und Freiheitskämpfer. Auf diesem alten Fried-

hof kann man allerlei Geschichtsträchtiges finden. Mein Lieblingsgrabstein ist der, auf dem steht: ‹Ich hab dir doch gesagt, dass ich krank bin.› Haha!»

Auch Laura lachte. Sie bogen bereits in die nächste hübsche Straße ab, die von Gebäuden gesäumt war, so adrett wie Lebkuchenhäuser mit pastellfarbenem Zuckerguss. Einige hatten sogar zwei Stockwerke, waren mit Veranden und Balkonen versehen. Üppige kleine Gärten voller tropischer Pflanzen und Blumen umgaben sie. Ein paar davon waren gar nicht so klein, Swimmingpools befanden sich darin – Oasen von schimmerndem Blau zwischen dem Grün ringsum und den bonbonfarbenen Mauern.

«Wow, schauen Sie sich nur diese Häuser an», flüsterte Laura ehrfürchtig. «Ich kann gar nicht glauben, dass ich in so einer schicken Gegend wohnen werde.»

Mama warf ihr durch den Rückspiegel einen Blick zu. «Freuen Sie sich nicht zu früh», sagte sie. «Das Crabb-Haus ist das da vorne rechts.»

Laura beugte sich vor, um einen Blick auf ihr neues Zuhause zu erhaschen. «Oh, aha, es ist sehr...»

«Schäbig? Verwohnt?»

«Ich wollte sagen, pink.»

«Wollten Sie das?» Mama Marley lachte. «Mein Abschlussballkleid war auch pink. Inzwischen sieht es aus wie das Haus da: brüchig, ausgeblichen und fleckig.»

«Ein neuer Anstrich würde ihm guttun.»

«Wem nicht», murmelte Mama, hielt an, ließ die Kofferklappe aufschnappen und stieg aus, um Laura ihr Gepäck zu geben.

Laura kletterte aus dem Wagen und blieb auf dem Bürgersteig stehen, den Blick auf das sehr kleine blassrosa Haus vor ihr gerichtet. Es war einer dieser für Key West typischen Bungalows, klein und eng, mit spitzem Blechdach, einer überdachten Veranda und einem weißen Lattenzaun um einen winzigen Vorgarten. Die Geländer und Rollläden waren weiß gestrichen, was hübsch aussah, aber ansonsten war das Haus weitgehend zugewuchert von üppigem Grün, was wahrscheinlich zu seinem Besten war. In dem Gestrüpp befand sich ein ganzer Flohmarkt an Krimskrams: eine Vogeltränke in Form einer Muschel, eine moosbewachsene Meerjungfrau aus Gips, ein Walspringbrunnen, ein mit Meerglas verziertes Fischernetz. Eine Sonnenuhr, deren Mosaikplatte einen Riss hatte, eine Spiegelkugel und ein Sammelsurium an Vogelhäuschen und Windspielen, die in den Bäumen hingen. An der Hausmauer lehnte ein großer aufblasbarer Delfin, daneben stand ein hölzerner Kasten, vielleicht ein Kaninchenstall.

«Ich hoffe, Sie mögen Tiere so gern, wie Sie behaupten.»

Kaum hatte Mama das gesagt, ging im Haus ein lautes Gekreische los.

Erschrocken ließ sie Lauras Koffer auf den Bürgersteig fallen. «Dieser Lärm macht mich fertig. Bitte schnell bezahlen, dann kann ich hier die Fliege machen.»

Laura kramte ihre Kreditkarte hervor und reichte sie der Taxifahrerin. Eilig schob Mama sie in ihr Lesegerät, tippte etwas, zerrte sie heraus, händigte sie Laura aus und gab Gas. Ohne die Möglichkeit, sich zu bedanken, stand Laura verdattert da und winkte dem Taxi hinterher, von dem nur noch ein letzter Hauch Reggae zu hören war. Laura griff nach ihrem Gepäck und wappnete sich für das, was auch immer sie in dem Haus erwarten mochte.

«Willkommen in *Margaritaville*, Mitbewohnerin!»

«Ja, willkommen, lass uns dir mit dem Gepäck helfen.»

Laura blickte auf und sah zwei Frauen Mitte zwanzig durch den Vorgarten auf sich zukommen. Die beiden waren Zwillinge, und zwar offensichtlich eineiige. Sie sahen umwerfend aus mit ihrem langen schwarzen Haar, großen braunen Augen und den ebenmäßigen Gesichtszügen. Unweigerlich musste Laura bei ihrem Anblick an Filmstars aus den Sechzigern denken. Ihre Körper waren straff und sonnengebräunt in den Kakishorts und gelben Bikinioberteilen. Ganz offensichtlich waren die Crabb-Schwestern Sportskanonen, was irgendwie kein Wunder war, da sie ihr Geld mit Segeln und Tauchen verdienten. Eingeschüchtert war Laura allerdings nicht, denn die beiden nahmen sie überaus herzlich in Empfang.

«Komm rein, das ist eine Wahnsinnshitze hier draußen.»

«Ja, du musst komplett zerschmolzen sein. Bei euch in Syracuse wird es nicht so heiß, oder?»

«Du siehst ganz erhitzt aus. Geht es dir gut? Nicht dass du einen Hitzschlag hast.»

«Wahrscheinlich solltest du erst mal duschen und dich abkühlen.»

Während sie Lauras Gepäck nahmen und sie zu dem Bungalow brachten, plapperten die Crabb-Schwestern nonstop.

Im Eintreten streifte eine kühle Brise Lauras Gesicht, die von den Ventilatoren an der Decke erzeugt wurde. Sie versuchte, sich in dem Dämmerlicht im Raum umzusehen, und keuchte auf.

Da gab es *eine Menge* in Augenschein zu nehmen. Laura hatte gedacht, der Garten gliche einem Flohmarkt, aber eigentlich waren das da draußen bloß ein paar Fundstücke, die jemand auf dem Flohmarkt hier drinnen ergattert hatte. Das Erdgeschoss bestand aus zwei Räumen mittlerer Größe, mit einer schmalen Treppe am einen und einer Tiki-Bar am anderen Ende. Beide Räume waren farbenfroh gestaltet und überladen mit den seltsamsten und interessantesten Gegenständen. Wahrscheinlich würde Laura den ganzen Sommer brauchen, um allen Nippes, Schnickschnack und Krimskrams zu inspizieren. Das Limettengrün des Wohnzimmers war ein schöner Gegensatz zum zarten Türkis des Esszimmers. Die Decke war pink, die Ventilatoren gelb. Ein Mix aus Antiquitäten, durchgesessenen Sesseln und Gegenständen, von denen Laura vermutete, dass sie Fundstücke aus dem Sperrmüll waren, bildete die Einrichtung. Das Wirrwarr an Farben, Stilen und Materialien war ziemlich beeindruckend. Aber Laura war aus einem anderen Grund hin und weg.

Zwischen muschelbesetzten Lampenschirmen, tanzenden Hulamädchen aus Gips und Fotos mit verschnörkelten Rahmen befand sich eine Vielzahl an Aquarien, Terrarien und Vogelkäfigen, dessen größter eine Ecke des Esszimmers einnahm. Er hatte viktorianische Giebel und Türmchen und war das beeindruckende Zuhause eines noch beeindruckenderen Papageis.

Awwwwrrrrrk!!!

«Leise, Polly», sagte Jolene oder Jilly. «Schrei unsere neue Mitbewohnerin nicht an. Sie heißt Laura. Kannst du sagen: Laura?»

Der große bunte Papagei neigte den Kopf erst zu einer Seite, dann zur anderen, dann öffnete er den Schnabel und fing an zu singen. «*Working nine to fiiiive...*»

Laura brach in lautes Lachen aus.

Die Crabb-Schwestern verdrehten die Augen und seufzten. «Sie liebt Dolly Parton und kann all ihre Songs. Deshalb haben wir sie Polly Parton genannt.»

«Das ist toll», sagte Laura. «Ich mag Dolly. Und Polly.» Sie schaute zu den anderen Käfigen und Glasbehältern im Raum. «Und wer sind die anderen ... äh ... Mitbewohner?»

Die zweite Schwester holte tief Luft. «Das kann eine Weile dauern. Jilly, könntest du meine Tasche aus meinem Zimmer holen, während ich Laura mit der Familie bekannt mache?»

«Klar», sagte Jilly und ging zu der schmalen Treppe. «Aber beeil dich. Diese nette Familie aus Kansas erwartet uns um zehn. Und hab ich erwähnt, dass sie zwei wunderbare Söhne im College-Alter haben, die, so vermute ich zumindest, noch nie geschnorchelt sind?» Sie wackelte vielsagend mit den Augenbrauen und stürmte die Treppe hoch.

Jolene wandte sich Laura zu und sagte leise: «Sei nachsichtig mit Jilly, sie ist komplett verrückt nach Typen. Deshalb haben wir für das Zimmer eine Frau gesucht. Stell dir vor, sie würde was mit unserem Mitbewohner anfangen und ihn dann abservieren. Das wäre ziemlich unangenehm.»

«Kann ich mir vorstellen», sagte Laura und blickte sich um. «Und jetzt zeig mal eure Haustiere!»

«Sie sind eher Kameraden als Haustiere», sagte Jolene und zog Laura an ein hell ausgeleuchtetes Terrarium. «Das sind Antonius und Kleopatra. Vogelspinnen.»

«Aha, sehr süß. Und behaart.»

«Und da drüben sind die Turteltauben.» Jolene zeigte auf einen Käfig, auf dessen Stangen je ein farbiger Vogel saß.

«Wir dachten, sie würden froh sein über die Gesellschaft, aber ich glaube, die beiden können sich nicht leiden, was irgendwie tragisch ist, weil wir sie Romeo und Julia genannt haben.»

«Ja, das ist wirklich eine Tragödie.»

«Und hier drüben sind unsere Kastenschildkröten Rocky und Rambo. Einer von denen ist ein Weibchen, aber wir wissen nicht, welcher. Für mich sehen beide nach harten Jungs aus.»

Laura betrachtete die Schildkröten durch das Glas. Sie sahen komplett identisch aus. Wie Jolene und Jilly. *Ich muss rausfinden, wie ich sie auseinanderhalten kann*, sagte sie sich.

«Und in dieser Ecke», fuhr Jolene fort, «ist der wahnsinnig gutaussehende und coole Iggy Popstar. Er ist ein Leguan.»

«Oh, der ist wirklich attraktiv!», sagte Laura und bestaunte ausgiebig, wie die grüne Echse auf einem Stein poste, als wären Fotografen anwesend. «Unglaublich gutaussehend und cool.»

«Wir brauchen noch einen Gefährten für Iggy. Ich kann mir gar nicht vorstellen, allein durchs Leben zu gehen. Jill und ich versuchen immer, die Tiere im Doppelpack zu adoptieren.»

«Eine richtige Arche Noah habt ihr hier.»

«Man kann nie wissen, wann die nächste Flut kommt.» Jolene warf einen Blick auf ihre wasserdichte Sport-Uhr und legte einen Zahn zu. Im Eiltempo ging es vorbei an einer scheinbar endlosen Sammlung tropischer Fische, von denen die meisten nach Pop-Duos aus den Siebzigern benannt waren: Sonny und Cher, Peaches und Herb, Captain und Tennille, Elton John und Kiki Dee, Ike und Tina Turner, John und Yoko. Die Ausnahme bildeten zwei nach Fred Astaire und Ginger Rogers benannte Kaiserfische.

«Und wer lebt hier drin?», fragte Laura und beugte sich über ein leeres Terrarium, das mit Sand, ein paar Steinen und einem trockenen Ast ausgestattet war.

Jolene wandte sich zu ihr um und rief mit einem Seufzer die Treppe hoch: «Jilly! Hast du Sammy gesehen? Er ist wieder abgehauen.»

«Nein, hab ihn nicht gesehen», sagte Jilly, die gerade mit Jolenes Tasche die Treppe runterkam. «Aber jetzt haben wir keine Zeit, ihn zu suchen. Wir müssen zu diesen properen Jungs aus Kansas.»

Jolene sah Laura entschuldigend an. «Sorry für das Gehetze. Nach der Arbeit machen wir es wieder gut und laden dich auf kalifornischen Limettenkuchen ein, den berühmten Key Lime Pie.»

«Und Margaritas!»

«Vielleicht auch das. Aber Laura ist bestimmt erschöpft von der Reise. Während wir weg sind, kannst du duschen und auspacken. Zu deinem Zimmer geht es durch die Küche. Das war mal ein Wintergarten, ist aber wirklich nett.»

«Klingt toll, danke.» Laura nahm ihr Gepäck und ging zu ihrem Zimmer.

Die Crabb-Schwestern warteten, bis sie weg war, dann fingen sie an zu flüstern.

«Sie scheint cool zu sein.»

«Ja, ich mag sie.»

«Meinst du, die Tiere stressen sie?»

«Nein, glaub ich nicht.»

Ein kurzer, unterdrückter Schrei war aus dem Raum hinter der Küche zu hören. Die Schwestern erstarrten.

«Laura? Alles okay bei dir?»

Laura rief zurück: «Ich bin okay, aber ich hab eine Frage. Ist Sammy eine Schlange?»

«Ja! Ist er!», rief Jolene zurück und schnitt eine Grimasse.

«Welche Farbe?», fragte Jilly und unterdrückte ein Kichern.

«Orange und gelb!», rief Laura zurück. «Passt zum Bettüberwurf.»

«Oh!», sagte Jilly, «dann ist es nicht Sammy.»

«Nicht?!?!»

«Nein», sagte Jolene. «Das ist Delilah.»

4

Key West nach Einbruch der Dunkelheit

Der typische Key-West-Tourist ist mit dem Leben und Werk Ernest Hemingways vielleicht nicht so vertraut. Vermutlich ist *Fiesta* nicht überall auf der Welt Schullektüre. Aber zwei grundlegende Fakten über die gemütliche kleine Insel, auf der Hemingway zu Hause war, kennt jeder.

Die Sonne geht auch hier unter.

Und es ist ein prächtiges Schauspiel.

Jeden Abend, wenn der flammende Himmelskörper sich langsam und gemächlich an den Abstieg zu den schimmernden Wellen des Golfs von Mexiko macht, pilgern Hunderte Menschen zum Mallory Square und den nahe gelegenen Anlegestellen, um dem wundervollen, weltberühmten Sonnenuntergang von Key West beizuwohnen. Das ist ein altehrwürdiger Brauch hier und fühlt sich eher wie ein bunter Karneval an als wie etwas, das jeden Tag passiert. Musiker und Straßenkünstler, Zauberer und Jongleure, Schmuckhersteller und Souvenirverkäufer füllen die Gassen und Plätze, um das Publikum zu unterhalten und im besten Fall ein bisschen was zu verdienen. Das ist manchmal gar nicht so einfach, können die potenziellen Kunden doch den Blick kaum von dem Lichtspektakel am Himmel abwenden. Wer wollte es ihnen vorwerfen – mit jeder Minute, die verstreicht, wird das Schauspiel noch dramatischer, noch überwältigender, noch instagramiger. Wenn die Sonne tiefer sinkt und die Farben leuchtender werden, wandern die Touristen zum Wassersaum, zücken ihre Kameras, Smartphones und Selfie Sticks und warten auf den perfekten Moment für den perfekten Post in den sozialen Medien. Und alles ganz ohne Photoshop.

Grüße aus Key West! Schade, dass du nicht dabei bist!

Aber nicht alle machen Fotos.

Zwischen den Fotografierenden steht eine junge Collegeabsolventin aus Syracuse, New York, und starrt gebannt auf das orangefarbene Wasser, die himbeerroten Wolken und den lila Dunst. Sie kommt gar nicht auf die Idee, ihr Handy aus der Tasche zu ziehen und ein Foto zu machen. Dafür ist sie viel zu überwältigt, viel zu ... glücklich? Aufgeregt? Jedenfalls ist sie froh, genau an diesem Ort zu sein, genau jetzt, und den Himmel über Key West bestaunen zu können. Keine vierundzwanzig Stunden ist es her, dass sie sorgenvoll in den Himmel über Syracuse geschaut hatte und nicht wusste, was aus ihr werden sollte. Und nun ist sie hier. Genießt den Moment, macht sich keine Sorgen um gar nichts, feiert einfach diesen unfassbar schönen Sonnenuntergang. Und wartet darauf, dass ihre neuen Mitbewohnerinnen sich endlich entscheiden, wo sie den Abend verbringen werden.

«Pepe's hat den besten Key Lime Pie», sagt Jilly.

«Meinst du? Ich find den bei Kermit's besser», sagt Jolene.

«Wie auch immer. Worauf hast du Lust, Laura?»

Ohne den Blick vom Horizont zu lösen, sagt die Absolventin aus Syracuse mit einem Lächeln: «Ach, ist egal, irgendwas. Ich hab auf alles Lust.»

Währenddessen am Hemingway-Haus…

Die Katze Ernestine – besser bekannt als Nessie – saß aufrecht auf ihrem Lieblingsplatz auf der Veranda und sah zu, wie die glutrote Sonne hinter den Palmen verschwand.

Sie wusste, was das bedeutete.

Gleich würde die Temperatur sinken – zappelig und verspielt würden dann die Katzen von den Schattenplätzen zurückkehren, an denen sie den halben Tag verschlafen hatten.

Die Gartentruppe würde Schaufeln und Scheren zusammenpacken, Pflanzenabfälle zusammenharken und den kleinen Laster für den Feierabend beladen.

Die Reinigungsmannschaft würde eintreffen und den Dreck von Touristen, Angestellten und Katzen wegsaugen und –wischen. Und für Nessie selbst zeigte das allmähliche Untergehen der Sonne an, dass es an der Zeit war, ihren Lieblingsplatz zu verlassen und nach Margarita zu sehen.

Es war nämlich Happy Hour.

Am Ende eines langen, heißen Tages belohnte Margarita sich gern mit einem Cocktail, den sie sich mehr als verdient hatte, einer Margarita auf Eis, mit Salz. Und mit Nessie. Jeden Tag verbrachten die beiden alten Freundinnen auf diese Weise *quality time* zusammen.

«Nessie! Huhu! Komm her – Happy Hour!»

Mit einem Miauen durchquerte Nessie den Garten in Richtung des Museumsshops. Margarita ließ sie hinein und schloss die Tür hinter ihr ab. Dann ging sie zum Verkaufstresen und holte ein Glas, einen silbernen Shaker, eine Untertasse, eine große Flasche Tequila und eine Flasche Triple Sec hervor.

Nessie sah zu, wie Margarita ihren Cocktail mixte und Eis aus dem Minikühlschrank holte.

Nessie wusste, dass etwas fehlte. Und wie vorhin beim Sonnenuntergang wusste sie auch jetzt, was gleich kam.

Margarita Bouffet würde sich auf die Suche nach ihrem Salzstreuer machen.

«Wo ist denn dieser Salzstreuer?», fragte sie dann auch. «Hast du ihn gesehen, Nessie?»

Nessie blinzelte, ihr Schwanz zuckte vor und zurück.

«Wer klaut mir den denn immer?», Margarita klang verärgert. «Entweder war es Chew-Chew oder Whiskey, meinst du nicht auch?»

Nessie wusste, dass weder Chew-Chew noch Whiskey den Salzstreuer gestohlen hatte. Gewiss, sie waren notorische Diebe, aber Chew-Chew hatte sich auf Kanapees spezialisiert, und Whiskey trank hier und da ein Schlückchen aus den Gläsern der anwesenden Gäste, besonders wenn sich Alkoholika darin befanden. Whiskeys Leidenschaft war Whiskey. Wann immer das Hemingway-Haus eine Hochzeit ausrichtete, konnte man sicher sein, dass Chew-Chew und Whiskey sich dezent im Hintergrund hielten und sobald niemand hinsah, Schnittchen stibitzten und Cocktails schlürften.

«Wo ist das blöde Ding bloß?» Stöhnend hockte Margarita sich hin und schaute unter der Theke nach. «Warum nur lieben es Katzen so sehr, Sachen auf den Boden zu schmeißen? Kannst du mir das mal sagen, Nessie?»

Nessie stieß einen Seufzer aus, schaute nach oben und sah ganz oben, auf dem obersten Regalbrett, eine weitere Katze

sitzen. Es war Kilimandscharo. Kilimandscharo war schnee-
weiß und schlank, hatte eisblaue Augen und einen noch eisi-
geren Charakter. Man fand sie meistens am höchsten Punkt
eines Raums, wie sie auf alle und jeden herabblickte. Wenn
irgendwer wusste, wer den Salzstreuer genommen hatte,
dann Kilimandscharo. Vielleicht war sie gar selbst die Misse-
täterin.

«Hab ihn! Das macht mich jetzt glücklich, das kannst du
glauben.» Margarita stand auf und schüttete Salz auf die Untertasse. «Margarita ohne Salz geht gar nicht.» Sie tauchte den
Rand des Glases in das Salz, gab Eis hinein und goss aus dem
Shaker den Cocktail dazu. «Ah, jetzt geht's mir besser. Und,
Nessie, erzähl mir ein bisschen von deinem Tag. Wie findest
du zum Beispiel Laura, unseren neuen Tour Guide?»

Nessie stellte die Ohren auf, als sie Lauras Namen hörte.

«Ich weiß schon, dass du sie magst», sagte Margarita mit
einem Lächeln. «Geht mir genauso. Ich glaube, sie wird eine
hervorragende Museumsführerin abgeben. Natürlich braucht
sie ein bisschen Routine. Hab ich dir schon erzählt, dass sie
mir ein Bewerbungsvideo geschickt hat? Sie hat so getan,
als wäre ihr Elternhaus in Syracuse das Hemingway-Haus.
Das war wirklich lustig und kreativ. Manches war noch nicht
so ausgefeilt, aber letztlich hat das Video ihr die Stelle verschafft.» Nessie blickte auf Margarita, als wäre sie tief in Gedanken versunken.

«Sag mal, Nessie, kennst du Laura wirklich noch von früher her, als sie mit ihren Eltern hier im Urlaub war? Ich kann
das kaum glauben.»

Nessie sah Margarita an, als werde sie gleich antworten,
da ließ eine kräftige Windböe sie beide zusammenfahren.

Eine zweite, die schon eher etwas von Sturm hatte, brachte das Dach über ihnen zum Klappern und Ächzen und schlug Palmwedel gegen das Fenster. Nessie sprang von ihrem Stuhl und flüchtete sich hinter den Tresen zu Margarita, die neben ihr in die Hocke ging. Doch gerade als ein weiteres Unwetter wie das vom Morgen auf sie niedergehen zu wollen schien, legte sich der Wind unvermittelt. Eine unheimliche Stille sank auf das Anwesen nieder.

Margarita hob Nessie hoch, ging zögernd zum Fenster und blickte hinaus.

Alles sah normal aus.

«Was war das denn, Nessie? Seltsam, oder? Es ist, wie ich dir heute Morgen schon gesagt habe.»

Margarita drückte die Katze fester an sich und flüsterte in ihr Ohr: «Irgendwas kommt näher.»

Währenddessen im Leuchtturm von Key West...

Mark McCloud, ein hochgewachsener, schlanker, leicht abgerissener junger Mann, in der Gegend bekannt als Mack, umfasste das Eisengeländer des schmalen Leuchtturmbalkons und wappnete sich gegen einen erneuten Windstoß. Geduckt stand er da und wartete, blickte dann hoch zum Himmel, wartete noch ein bisschen, blickte noch mal hoch.

Nichts, kein erneuter Windstoß.

«Verrücktes Wetter», murmelte er.

Der erste Windstoß hatte ihn fast vom Balkon gestoßen, und er wollte lieber kein Risiko eingehen, nicht, wenn er auf diesem schmalen Austritt fünfzehn Meter über dem Erdboden stand. Die plötzliche Böe hatte ihn an das Mini-Unwetter vom Morgen denken lassen, kurz bevor das süße Mädchen am Hemingway-Haus von den wilden Hühnern überfallen worden war.

«Ein verrückter Tag, das kann man nicht anders sagen.»

Mack lehnte sich ans Geländer und ließ die Aussicht auf sich wirken: Der dunkler werdende Himmel mit den orangefarbenen und violetten Kreiselwolken erstreckte sich über ihm. Unter ihm war das Leuchtturmhotel mit dem glitzernden blauen Swimmingpool und den leuchtend weißen Gästehäusern.

Auf der anderen Straßenseite stand das Hemingway-Haus mit seinen gelbgrünen Fensterläden und der tropischen Bepflanzung ringsherum. Selbst aus dieser Höhe konnte Mack einige der berühmten Katzen über das Grundstück streifen sehen.

Alles war ruhig an der Key-West-Front.

Mack seufzte. Dann schnappte er sich einen Lappen und eine Flasche Profi-Glasreiniger und machte sich ans Fensterputzen.

Sein Onkel – seit vielen Jahren Key Wests Leuchtturmwärter und Radio-DJ – hatte ihm gesagt, dass kurz nach Sonnenuntergang die beste Zeit war, die Scheiben der Leuchte zu putzen. Da sie schon an war, konnte man den Dreck an den Innenseiten sehen, doch der Himmel war noch hell genug, dass man etwaige Schlieren von außen nicht übersah.

Mack musste zugeben, der olle schräge Vogel kannte sich aus.

«Rooster hat recht», sagte er mit einem kleinen Lachen. Das war ein Insider zwischen ihm und seinem besten Freund Jake. Wann immer sie sich mit Rooster anlegten, ob es nun um die Hühner ging, die Musik der Siebziger oder die lange, verschlungene Geschichte von Key West, Rooster hatte jedes verdammte Mal recht. Mack und Jake hatten ihre Lektion in der achten Klasse gelernt. Da hatten sie gerade ihre eigene Band gegründet und als Key-Westler beschlossen, mit einer Punkrock-Version des Songs *Margaritaville* durchzustarten. Als sie Rooster den Song vorspielten, kniff er die ganze Zeit die Augen zusammen und schüttelte den Kopf. Das war ziemlich irritierend.

«Jungs», sagte er hinterher. «Klingt gut, aber ihr habt den Text versaut. Das geht ja drunter und drüber bei euch.»

Sie beharrten darauf, den Text korrekt zu singen, doch Rooster sagte unbarmherzig, dass er sieben Jahre lang als Roadie für Jimmy Buffetts Band gearbeitet habe und *Margaritaville* bestimmt eine Million Mal gehört habe. «Wenn irgendwer den Text kennt, dann bin ich das», sagte er, lehnte sich zu ihnen vor und fügte, als würde er ihnen ein Geheimnis offenbaren, hinzu: «Das könnt ihr euch gleich für die Zukunft merken, Jungs: Rooster hat recht.»

Der Satz wurde ihr Mantra. Wenn sie stritten – ob es nun um Songtexte, Sportstatistiken oder Tauchequipment ging –, sagte einer ihn zu dem anderen, und sie lachten sich schlapp.

«Rooster hat recht», sagte Mack noch einmal und polierte die Schlieren von der Scheibe.

«Aber was, wenn er sich doch mal irrt?», sagte jemand hinter ihm.

Mack hielt inne und wandte sich um.

In der Tür zur Treppe stand Jake.

«Redest du neuerdings mit dir selbst?», fragte er und trat auf den schmalen Balkon. «Du wirst deinem Onkel immer ähnlicher. Er hat mir gesagt, dass ich dich hier finde.»

Mack nickte. «Hat er auch mit sich selbst geredet?»

«Er hat für seine Radiosendung geprobt. Hoffe ich zumindest.»

Mack richtete sich auf und streckte den Rücken durch. «Bin gleich fertig. Was steht an?»

Jake wollte gerade antworten, doch dann wurde er von der Aussicht abgelenkt. «Ich glaub's nicht, Mann. Guck dir den Himmel an. Wenn man schon Fenster putzen muss, dann aber hier oben.»

«Dein Job ist aber auch nicht übel. Den lieben langen Tag mit Katzen spielen und dafür Geld kriegen. Hilfst du mir?» Mack hielt Jake seinen Lappen hin.

«Sorry, aber Fenster sind nicht meins. Ich bin eher der Gitarrentyp. Und du spielst ja hin und wieder Schlagzeug. Deshalb bin ich hier. Margarita braucht für eine Hochzeit im Hemingway-Haus eine Band. Die andere Band hat in letzter Minute abgesagt. Braut und Bräutigam sind verzweifelt.»

«Verzweifelt genug, die Off Keys zu buchen?»

«Sieht so aus.»

«Und wann soll die Party steigen?»

«In zwei Wochen, am achtundzwanzigsten.»

«Wenn sie was zahlen, bin ich dabei.»

«Sie verdoppeln unser übliches Honorar.»

«Und was ist mit dem Rest der Band?»

«Lilly und Kane haben Lust drauf. Wir müssen nur zusehen, dass wir ein paar Extraproben ansetzen und uns zwei, drei neue Songs draufschaffen. Es ist ja nun mal eine Hochzeit, keine Kellerbar.»

«Was schwebt ihnen denn vor?»

«Der übliche Key-West-Hochzeitsmix halt. Standards, was

zum Tanzen, ein bisschen Jimmy Buffett, ein bisschen Reggae. Der Bräutigam mag Rock, aber die Braut wünscht sich eine karibische Note für das ganze Fest. Du weißt, was das heißt?»

«Ich soll die Steeldrums mitnehmen?»

«Ganz genau.»

«Müssen wir *Just the Way You Are* spielen? Billy Joel?»

«Ich fürchte ja, aber außerdem dürfen wir *The Girl from Ipanema* spielen, und das liebst du, wie ich weiß.»

Mack lachte. «Na gut, alles klar. Du kannst auf mich zählen.»

Jake grinste. «Großartig, ich schreib Lilly und Kane und mache die Sache klar. Du kannst ja in der Zwischenzeit schon mal deine Steelpans abstauben und dich in *Girl from Ipanema* einarbeiten.»

Mack lachte wieder und lehnte sich ans Geländer des Balkons. «Apropos Girls: Was macht das *Girl aus Syracuse*?»

«Warum fragst du?»

«Was denkst du denn, warum ich frage: Sie ist hübsch.»

Jake zuckte mit den Schultern. «Kann schon sein. Aber auf Syracuse-Art.»

«Jetzt tu nicht so. Du konntest deinen Blick nicht von ihr abwenden.»

«Musst du gerade sagen. Du hast mich förmlich umgerannt, um ihr Gepäck tragen zu dürfen. Und glaub nicht, dass sie das nicht bemerkt hätte. Sie denkt, dass wir irgendwie Rivalen wären.»

«Das ist absurd.» Mack strich sich über den Bart. «Zwischen dir und mir wird es nie Revierkämpfe geben.»

«Ach wirklich?» Jake musterte Mack spöttisch.

«Es läuft wie immer: Ich kriege das Mädchen. Keiner regt sich auf, alles ist gut.»

«Ah ja, ich vergaß. Alle Frauen wollen Mack.»

«Das stimmt. Aber nach dem ersten Date ...»

«... ist alles zu spät.»

Sie brachen in Gelächter aus. Noch ein Insider.

Jake blickte hinab aufs Hemingway-Haus und dachte an sein Gespräch mit Laura. «Weißt du, was sie über dich gesagt hat, Mack?»

«Ich habe keine Ahnung.»

«Sie sagte, du siehst auf eine coole Weise abgerissen aus und als könnte man mit dir Spaß haben.»

«Wirklich? Sie findet, ich sehe cool aus?»

«Und nach Spaß. Aber an deiner Stelle würde ich mich nicht zu sehr reinhängen. Ich glaube nämlich, sie mag eher mich.»

«Ach, das ist nur der Haarschnitt, vielleicht steht sie aufs Militär.»

«Halt die Klappe. Sie hat gesagt, die Frisur gefällt ihr.»

«Wow, dann ist es echte Liebe!»

«Sei kein Arsch.»

«Bin ich gar nicht. Ich freue mich wahnsinnig für euch zwei Turteltäubchen, und auf eurer Hochzeit werde ich freiwillig *The Girl from Ipanema* spielen.»

«Lass gut sein. Ich sag ja nur, ich hab da so ein Gefühl ...»

«Dass das Girl aus Syracuse total auf dich steht ...»

«Sie heißt Laura.»

«... und dein bester Freund Mack besser die Pfoten von ihr lässt, weil du sie zuerst gesehen hast.»

«Das hab ich nicht gesagt.»

«Aber angedeutet.»

«Niemals!»

«Nicht? Du hast gesagt, ich soll mich nicht zu sehr reinhängen.»

«Und? Hängst du dich rein?»

«Keine Ahnung! Ich konnte ja gerade mal *guten Tag, schön, Sie kennenzulernen* sagen. Du dagegen hattest ja schon tiefsinnige Gespräche mit ihr über Haarschnitte und so was. Das heißt wohl, sie gehört dir, nehme ich an. Für mich ist sie Sperrgebiet.»

«Natürlich nicht», erwiderte Jake. «Sie ist schließlich erwachsen. Sie kann ihre eigenen Entscheidungen treffen. Außerdem ist sie gerade erst angekommen. Wir müssen den Ball flach halten und sie erst mal kennenlernen. Wenn sie an einem von uns interessiert sein sollte, wird sie es uns bestimmt wissen lassen.»

«Das klingt furchtbar», sagte Mack. «Was, wenn sie uns beide mag und darauf wartet, dass einer von uns den ersten Schritt tut?»

«Viel wahrscheinlicher ist doch, dass sie an keinem von uns Interesse hat, weil wir solche Rivalen sind.»

«Wer könnte ihr das vorwerfen? Wir sind schrecklich.»

«Erbärmlich.»

«Ein Albtraum.»

Beide lachten in sich hinein. Dann lehnten sie sich über das Geländer des Leuchtturms und blickten über die Insel, die ihr Zuhause war. Über ihnen hatte sich der Himmel zu einem tiefen Violett verdunkelt. Unter ihnen glommen die warmen Lichter der Straßenlaternen und die erleuchteten Fenster der Häuser wie Glühwürmchen.

Von hier oben aus wirkten die Swimmingpools in den Gärten wie riesige strahlende Smaragde. Ein paar Straßen weiter fing das Stadtzentrum an. Mit seinen hell erleuchteten Läden, Bars und Restaurants sah es aus wie ein Raumschiff, mit dem Aliens auf der Duval Street gelandet waren.

Jake kniff die Augen zusammen und versuchte, einen bestimmten pinkfarbenen Bungalow in der Nähe des Friedhofs zu erkennen, aber es war schon zu dunkel.

«Rate mal, wo Laura untergekommen ist», sagte er zu Mack.

«Hotel? Motel? Holiday Inn?»

«Nein, sie ist bei den Crabbs eingezogen.»

«Als ob.»

«Ich hab's auch nicht glauben können.»

«Und hast du's ihr gesagt?»

«Was damals war? Nein.»

«Wirst du es ihr sagen?»

«Ich bin sicher, das übernehmen die Zwillinge. Wahrscheinlich sind sie jetzt gerade irgendwo da unten in einer Bar, schlürfen Frozen Margaritas und erzählen Laura die lange schmutzige Geschichte von Jake Jacobs und den Crabb-Zwillingen.»

«O Mann, du bist am Arsch. Das Spiel ist aus.»

«Das ist ewig her, damals war ich ein dummer Teenager.»

«Du bist geliefert. Die Hochzeit kannst du gleich abblasen, das wird nix.»

Jake seufzte. Eine Weile standen sie schweigend da.

Dann sagte Mack: «Ich schätze, das erhöht meine Chancen bei Laura, oder?»

«Arsch.»

«Dummer Teenager.»

«Blöder Macho.»

Nur ein paar Straßen entfernt in einer Bar in der Duval Street...

Laura Lange – auch bekannt als *Girl aus Syracuse* – saß auf ihrem Stuhl, nippte an einer Frozen Margarita und lauschte den Crabb-Zwillingen, die lange schmutzige Geschichten erzählten, und alle handelten von Leidenschaft und Herzschmerz auf der skandalträchtigen Insel Key West.

Sie erzählten von einem Typen, den Jilly gedatet hatte, der sich als Milliardär ausgegeben hatte, dann aber doch nur stellvertretender Direktor eines Fast-Food-Ladens war.

Sie erzählten von einem Typen, den Jolene gedatet hatte, der bei jedem seiner Besuche ein Dessous von ihr hatte mitgehen lassen. Sie kriegte es raus, als sie ihn in einem ihrer BHs erwischte.

Dann erzählten sie von einem anderen Typen, den sie beide gedatet hatten.

«Und zwar gleichzeitig!», sagte Jilly. «Ohne was zu merken», fügte Jolene hinzu. Sie hätten etwas merken müssen, sagten sie, weil er sie ständig mit dem falschen Namen anredete. Aber er kam geschlagene drei Wochen damit durch. Dann machte der Lügner-Lover einen fatalen Fehler. Er lud beide Schwestern für denselben Abend in dasselbe Restaurant ein.

«So ein Depp», sagte Laura. «Und wie ist es weitergegangen?»

«Was glaubst du denn, wie es weitergegangen ist?», erwiderte Jolene. «Wir sind natürlich komplett ausgerastet und haben mit Schimpfworten nur so um uns geworfen.»

«Und mit ein paar Gläsern und Tellern», ergänzte Jilly.

«Wir waren wie *Tag Team Wrestler* aus dem Fernsehen.»

«Oder die echten *Desperate Housewifes.*»

«Wir haben seinen Tisch umgeworfen.»

«Ja, in dem Laden haben wir lebenslang Hausverbot.»

«Wir wohlgemerkt, nicht er.»

«Na ja, das Geschirr haben ja auch wir zerbrochen.»

«Aber wir haben hinterher alles bezahlt.»

Laura fand die Dating-Horrorstorys der Zwillinge sehr unterhaltsam. Der örtliche Klatsch aber war noch aufregender. Nicht dass sie auch nur ein Wort von dem Ganzen geglaubt hätte. Die Schwestern sagten selbst, dass die Gerüchte wohl eher nicht stimmten. Aber trotzdem machten sie unbeirrt die Runde auf der Insel, und auch Laura bekam einen guten Teil davon zu hören.

Wollte man der Gerüchteküche glauben, war Rooster McCloud ein heimlicher Multimillionär, der sein Vermögen mit der Erfindung des iPads gemacht hatte beziehungsweise mit dem Verkauf der Idee an Steve Jobs. Rick und Ricardo hatten das Leuchtturmhotel nur kaufen können, weil sie in Las Vegas beim Poker mit irgendwelchen Gangstern gewonnen hatten.

Mama Marley war einmal ein reicher und erfolgreicher Reggae-Star in Jamaika gewesen, bis ihre Fans herausfanden, dass sie nur Playback zu jemand anderes Stimme sang.

Sänger Jimmy Buffett hatte die NASA bevollmächtigt, auf seinem Grundstück in Margaritaville eine Zeitmaschine aufzustellen, und verbrachte seitdem den halben Tag in den Siebzigern des letzten Jahrtausends.

Das schockierendste und seltsamste Gerücht aber war folgendes: Margarita Bouffet war gar nicht der fröhliche, tanz-versessene Schatz, für den alle sie hielten. Sie war eine geld-gierige, allzu vergnügte Witwe, die schon viermal verheiratet gewesen war, vielleicht noch öfter. Drei ihrer Ehemänner waren plötzlich und unter mysteriösen Umständen ver-schieden. Der Einzige, der überlebt hatte, war ihr erster Mann in Kuba, den sie mit fünfzehn geheiratet hatte. Irgendwann später war sie auf einem aufblasbaren Flamingo nach Ame-rika geflohen und hatte sich auf wohlhabende ältere Männer in den teuersten Ferienresorts von Miami verlegt. Einen nach dem anderen verführte, heiratete und (dem Gerücht nach) vergiftete Margarita sie. Die Strafverfolgungsbehörden hat-ten sie nie dingfest machen können, weil Margarita ständig ihren Namen und ihre Identität wechselte.

Die Geschichte glaubte Laura nun aber wirklich nicht. «Das ist doch verrückt», sagte sie, als Jilly zu Ende erzählt hatte. «Margarita Bouffet soll eine Bigamistin und Mörderin sein? Sie ist die netteste Frau, die ich je getroffen habe.»

«Da stimme ich dir zu», sagte Jolene und stand auf. «Aber die Leute reden eben. Ich muss zur Toilette.»

Kaum hatte Jolene sich abgewandt, beugte Jilly sich vor und flüsterte: «Nach all dem Klatsch kriegst du jetzt zum Abschluss noch die schmutzigen Details über Jolene. Sie ist komplett verrückt nach Jungs. Jetzt zum Beispiel will sie gar nicht zur Toilette, sondern mit dem Typen da drüben reden.»

Laura blickte in die Richtung, in die Jilly zeigte, und sah Jolene mit einem großen, ziemlich heißen Typen plaudern.

«Deshalb hab ich auf einer Mitbewohnerin bestanden. Stell dir nur mal vor, sie würde was mit unserem Mitbewohner anfangen und ihn dann abservieren. Das wäre für die Atmosphäre nicht so gut.»

«Ja», sagte Laura. «Das kann ich mir vorstellen.»

Ein paar Stunden später in der WKEY-Radiostation auf der Truman Avenue ...

Russel T. McCloud – liebevoll *Rooster* genannt – saß allein in seinem DJ-Kabuff und las in seinen Notizen für die heutige Sendung *Key West After Dark*. Er versuchte immer, ein bisschen was extra vorzubereiten für den Fall, dass niemand anrief und er sich selbst etwas aus den Fingern saugen müsste. Aber eigentlich hatte er damit kein Problem. Rooster konnte stundenlang reden, und zwar buchstäblich über alles. Außerdem konnte er auch noch stundenlang über gar nichts reden.

Rooster McCloud redete wirklich sehr gern.

Und heute Abend würde er mit dem größten Vergnügen über ... *dramatische Pause* ... Neuanfänge reden.

Inspiriert von einem unglücklichen Vorfall, der sich an diesem Morgen in den Straßen von Key West ereignet hatte, beabsichtigte Rooster, der betreffenden liebreizenden jungen Dame, die versehentlich Opfer der verfressenen Wildhühner geworden war, eine besondere Botschaft zukommen zu lassen. Nicht viel anders als Tippi Hedren in Hitchcocks Horrorklassiker *Die Vögel* war diese zu Unrecht attackierte Frau neu in der Stadt. Eine Außenseiterin. Eine einsame Fremde, auf die Güte der Gemeinschaft angewiesen. Sie war auf diese Insel gekommen, um Abenteuer zu erfahren und wahrscheinlich auch Romantik, doch dann musste sie erleben, wie wilde Hühner ...

Momentchen, dachte Rooster. *So wird das nichts, ich will das arme Mädchen ja nicht vergraulen.* Den Satz mit Hitchcock und den Vögeln strich er raus. «Vielleicht stattdessen was Inspirierendes von Hemingway?» Margarita hatte gesagt, die neue Museumsführerin war ein ziemlicher Hemingway-Fan und hatte sogar ihre (nach Margaritas Meinung ziemlich provokative) Abschlussarbeit über ihn geschrieben.

Mit glänzenden Augen hatte sie von dem frischen Wind gesprochen, den sie sich von dem jungen Mädchen erhoffte. Rooster fand ihre Begeisterung ansteckend und charmant sowieso. Er fand Margarita nämlich immer charmant. Er konnte nichts dagegen tun – jedes Mal, wenn sie ihm morgens auf dem Weg zur Arbeit entgegenträllerte: «What's New, Pussycat?», verzog sich sein Gesicht zu einem kindischen Grinsen. Dabei war er gar kein Tom-Jones-Fan.

Rooster griff sich seinen Laptop und scrollte sich durch Hemingway-Zitate.

«Ich trinke, um die anderen Menschen interessanter zu machen.»

Das war schon ganz lustig, aber nicht unbedingt die Botschaft, die er rüberbringen wollte.

«Der beste Weg, herauszufinden, ob man jemandem vertrauen kann, ist, demjenigen zu vertrauen.»

Klang interessant, war aber Quatsch.

«Tu, wenn du nüchtern bist, immer das, was du im Suff versprochen hast. Das wird dich lehren, den Mund zu halten.»

Mann, Mann, Mann. Dieser Hemingway dachte aber auch nur ans Trinken.

Rooster scrollte weiter, auf der Suche nach dem perfekten Zitat, war aber mit einem Auge bei der Uhr. Noch fünf Minu-

ten, dann ging er live. In der Zwischenzeit lief *Beast of Burden*
von den Stones über den Äther – von einem Mixtape, das ihm
sein Neffe Mack und dessen Kumpel Jake zusammengestellt
hatten. WKEY Radio hatte keine Angestellten. Zumindest
keine bezahlten. Auch für Rooster selbst war es eher Hobby
als Job. Er hatte das Radio in seiner Garage gegründet und
das Equipment mit dem Verkauf einer Domain finanziert,
die er entwickelt hatte. Das Radio wurde von einer bunten
Mischung an lokalen Ehrenamtlichen am Laufen gehalten,
unter ihnen Roosters vierundneunzigjährige Nachbarin
Shelly, eine Wetterfanatikerin. Meistens liefen Mixtapes, dazwischen gab es immer wieder größere Unterbrechungen, bis
jemand in die Garage ging und die DJ-Kabine besetzte.

Rooster nahm das Ganze nicht übertrieben ernst.

Jetzt sah er auf die Uhr und wartete, dass die letzten Töne
von *Beast of Burden* verklangen. Dann zählte er runter – drei,
zwei eins – und schaltete das Mikro an.

«Guten Abend, meine Damen und Narren, Lover und Lo-
ser, Verführer und Verschwörer. Ihr hört *Key West After Dark*
mit dem durch nichts aus der Ruhe zu bringenden Rooster
McCloud. Ich hoffe, Ihr bleibt cool in dieser heißen Nacht im
Paradies und habt keinen Ärger. Aber nur für den Fall, dass
ihr doch Ärger habt, weil ihr zum Beispiel was Blödes oder
Peinliches angestellt habt, von dem ihr niemandem erzählen
könnt – dann ruft euern Freund Rooster an und schüttet euer
Herz aus. Ich bin euer Leuchtturm im Sturm, ein helles Licht
des Trostes und der Hoffnung, das euch durch die wilden Gewässer des Lebens und der Liebe geleitet.» Angesichts dieser
kitschigen Metapher musste Rooster unwillkürlich schmun-
zeln. Er konnte nur hoffen, dass seine Zuhörer Humor hatten.

«Bevor ich den ersten Anruf entgegennehme, ist es mir heute ein Anliegen, ein wenig über Neuanfänge zu sprechen.»

Er ließ seinen vorbereiteten Monolog vom Stapel, darüber, dass man jeden neuen Tag als Möglichkeit für einen Neustart sehen sollte – mal was riskieren und Neues ausprobieren, neue Orte entdecken, neue Menschen kennenlernen sollte, *bla, bla, bla*. Er war kaum zur Hälfte damit durch, als ihm aufging, dass dieses Geschwafel genauso kitschig war wie vorher die Leuchtturmmetapher. Wahrscheinlich sogar noch kitschiger. Wie hoch war denn die Wahrscheinlichkeit, dass die junge Dame von heute früh seine Sendung hörte? Morgen hatte sie ihren ersten Arbeitstag, wahrscheinlich schlief sie längst.

Ein weißes Licht leuchtete am Telefon auf.

«Oh, liebe Hörerinnen und Hörer, wartet mal, sieht so aus, als würde jemand anrufen. Ich wette, da beschwert sich gleich jemand über mein Gesülze und verlangt nach dem guten Zeug.» Rooster drückte auf den Knopf. «Hallo, du bist live bei *Key West After Dark*, der Late Night Show, in der ganz normale Leute ihre dunkelsten Geheimnisse teilen. Nur keine Scheu, vertrau dich Rooster an.»

Ein Mann räusperte sich. «Ja, hallo, Rooster? Ich bin ein kürzlich geschiedener Gentleman mittleren Alters und hab ein Problem bezüglich einer entwaffnend attraktiven Witwe, deren Bekanntschaft zu machen ich kürzlich das Vergnügen haben durfte.»

Rooster hatte die Stimme sofort erkannt.

Der schleppende südliche Zungenschlag, die antiquierte Wortwahl, die gemarterte Syntax – das konnte nur Foster Lee Jackson sein, der aufgeblasene Präsident der Historischen Gesellschaft von Key West.

«Wissen Sie», ging das monotone Geleier weiter, «ich scheine durchaus engagiert zu sein, was die betreffende Dame angeht ... und zwar wider besseres Wissen, wie ich befürchten muss. Während ein Teil von mir nur zu gern alle Bedenken in den Wind schießen und ihr meine Gefühle offenbaren würde, ahnt ein anderer Teil, dass eine solch verwegene Annäherung nur zu Ablehnung und anschließender Zerknirschung führen kann. Zudem würden sich gewiss ganz und gar ungute Nebenwirkungen einstellen.»

«Nebenwirkungen?», fragte Rooster aufrichtig fasziniert nach. «Was denn für Nebenwirkungen?»

«Nebenwirkungen sozialer und beruflicher Natur», sagte der Anrufer mit heiligem Ernst. «Die Dame und ich sind beide mit kommunalen Belangen befasst. Von Zeit zu Zeit arbeiten wir zusammen. Zudem frequentieren wir die gleichen Kreise, sehen uns jede Woche in einer Gruppe von Freunden, die sich dem ... ähm ... die sich einer gemeinsamen Freizeitaktivität widmen. Es ist eine Freude, aber wenn ich einen Schritt wage und sie mich abweist, wird das zweifellos ...» Er hielt inne.

«Peinlich», sagte Rooster.

«Ja, peinlich.»

«Hm. Haben Sie schon mal daran gedacht, die Dame nach dieser ... Freizeitaktivität auf ein Glas Wein einzuladen?»

«Das wäre gegen jede Logik. Die Cocktailbar ist beim Tanzabend immer gut bestückt, und gegen Ende ist die betreffende Witwe immer ein wenig beschwipst und zudem erschöpft.»

Tanzabend? Beschwipste Witwe? Konnte das sein?

Weder konnte noch wollte Rooster das glauben, aber die Beweislast war erdrückend. Foster Lee Jackson war scharf auf Margarita Bouffet!

Leicht zittrig beugte sich Rooster über sein Mikro, um seinen Ratschlag zu erteilen.

«Da haben Sie sich ja ein Ei gelegt, würde ich sagen. Normalerweise würde ich jedem in Liebe Entbrannten unbedingt raten, der Angebeteten seine Gefühle offenzulegen. Man lebt schließlich nur einmal. Aber in Ihrem Fall liegen die Dinge ein wenig anders.»

«Tun sie das?»

«Ja. Ihr Leben ist bereits viel zu stark mit dem jener Frau verflochten. Sie arbeiten zusammen, Sie verbringen ihre Freizeit zusammen, und das jede Woche. Es wäre zu riskant...»

«Aber haben Sie nicht vorhin gesagt, man soll was riskieren? Neue Möglichkeiten erkunden, neue Menschen kennenlernen?»

«Die Frau ist ja nicht neu für Sie, überhaupt nicht. Das kann nicht gut gehen. Sie sollten sich anderweitig umsehen.»

«Anderweitig?»

«Ja, im Internet gibt es jede Menge Datingseiten, ich bin sicher, da kann man Ihnen helfen, die passende Partnerin zu finden.»

«Aber was ist mit...»

«Vielen Dank, lieber Anrufer. Viel Glück!»

Klick.

Rooster legte auf und fühlte sich sofort schuldig. Noch nie in seinem ganzen Leben hatte er etwas Vergleichbares getan. Keinem der Hunderten von Anrufern, mit denen er über die Jahre gesprochen hatte, hatte er einen solch entsetzlichen Rat gegeben – und das auch noch mit Absicht!

Aber warum?, fragte er sich. *Warum hab ich das gemacht?*

Rooster rieb sich die Augen und stierte auf die blinkenden

Lämpchen an seinem Telefon. Er wusste, was er zu tun hatte: Auf einen der Knöpfe drücken, den nächsten Anruf entgegennehmen und Radio machen, wie sich das gehörte. Aber er konnte nicht. Er konnte einfach nicht.

Warum nur?

Tief im Innersten seines Herzens wusste er ganz genau, warum. Im Laufe des Gesprächs mit Foster Lee Jackson war ihm etwas bewusst geworden, das ihn bis ins Mark erschütterte. Es kam vollkommen aus dem Nichts, war aufregend und auch ein wenig furchteinflößend, aber unbestreitbar wahr.

Rooster McCloud, der durch nichts aus der Ruhe zu bringende Moderator von *Key West After Dark* hatte selbst ein schockierendes Geheimnis.

Ich bin in Margarita Bouffet verliebt.

Zwei Stunden später im mondbeschienenen Garten eines kleinen pinkfarbenen Bungalows ...

Eine große Katze mit sechs Zehen und einem wunderbar buschigen Schwanz schlängelte sich behände über den aus Gartenzwergen, Meerjungfrauen und Vogeltränken bestehenden Hindernisparcours. Der Mond warf silbernes Licht über das wuchernde Grün ringsum, aber die Katze brauchte kein Licht. Mit ihrem scharfen Geruchssinn fand sie auch in der finstersten Nacht problemlos zur Hintertür des Hauses. Besonders wenn einer der weiblichen Menschen, die in dem Haus wohnten, ihr eine Schale neben die Haustür gestellt hatte. Die Katze sprang auf die Veranda und schnüffelte. Die Schale war leer. Vielleicht hatte eine Katze aus der Nachbarschaft sich bedient. Oder die Menschen hatten vergessen, sie zu füllen. So oder so war die Katze hungrig. Sie wusste, die netten weiblichen Menschen würden sie zweifellos füttern, wenn sie nur ins Innere des Hauses gelangen und sie aufwecken könnte. Sie wusste auch, dass sie in der oberen Etage schliefen und mit etwas Glück ein Fenster offen stand. Einen Versuch war es wert. Die Katze schaute nach oben, maß die Entfernung, duckte sich und schoss aus der Hocke in die Höhe – zuerst aufs hölzerne Geländer, dann auf einen großen Ast und von da aus mit bemerkenswerter Grazie und voller Selbstvertrauen auf das Blechdach des Wintergartens.

Rums!

Die Landung war nicht besonders grazil, aber das war der Katze gleichgültig. Falls sie die Menschinnen geweckt hatte, umso besser. Das war schließlich der Sinn der Sache. Sie hielt inne, um die Balance zurückzugewinnen, und erklomm das Dach in Richtung des kleinen Fensters ganz oben.

Krieee, kriee, kriee …

Wie Fingernägel auf der Tafel machten die Krallen der Katze Geräusche, die ihr in den Ohren wehtaten. Sie versuchte, behutsamer aufzutreten, aber das Dach war steil, und sie musste ihre Krallen gebrauchen, zumindest ein bisschen, um nicht abzurutschen.

Krieeee …

Noch zwei, drei Schritte, und sie erreichte das kleine Fenster ganz oben im Dach.

Es war zu.

Die Katze blickte hindurch. Sofort wurden ihre großen grünen Augen magisch von der leuchtenden Digitalanzeige des Weckers auf dem Nachttisch angezogen. Zwar hatte die Katze keine Ahnung, was das Leuchtding war und wozu man es normalerweise gebrauchte, aber es half ihr, einen schlafenden Menschen mit langen dunklen Haaren im Bett zu entdecken. Sie hob die Pfote und kratzte über das Fenster. Nichts. Das Tier versuchte es noch einmal und noch einmal, immer stärker, bis es unter sich ein Geräusch hörte. Es war die Hintertür. Jemand öffnete sie und trat auf die Veranda.

Langsam und vorsichtig kletterte die Katze die Dachschräge hinab und blickte über die Regenrinne, um zu sehen, wer da unten stand.

Es war ein weiblicher Mensch mit rotbraunen Locken. Keine der beiden, die hier wohnten und sie fütterten. Die hier war NEU. DIE NEUE stand auf dem Gartenweg und starrte zum Dach hoch. Ohne die leiseste Regung starrte die Katze zurück. Dann sagte DIE NEUE etwas.

«Nessie? Bist du das?»

Zwei Minuten zuvor im umgestalteten Wintergarten der Crabb-Zwillinge ...

Laura Lange, kurz darauf sollte sie als DIE NEUE bekannt werden, schrak aus dem Schlaf hoch. Todmüde nach einem turbulenten Flug in einer winzigen Maschine, nachdem sie von knabberwütigen Hühnern zerfleischt worden war und zwei Frozen Margaritas getrunken hatte, weil ihre neuen Mitbewohnerinnen darauf bestanden, war Laura von einem seltsamen Knall aus ihrem höchst verdienten und bitter nötigen Schlaf gerissen worden.

Was war das denn?

Sie war vorher schon zweimal geweckt worden: zuerst vom sehr un-shakespearehaften Gekreische der Turteltauben Romeo und Julia, die offensichtlich eine Beziehungskrise hatten, dann von Polly Parton, die mit einer gewöhnungsbedürftigen Interpretation von *I Will Always Love You*, die in keiner Sekunde an Dolly Parton oder Whitney Houston erinnerte, den Mond anheulte. Und jetzt war etwas auf dem Dach. Laura hörte das Kratzen auf dem Blech.

Krieee...

In der Dunkelheit tastete sie nach der Nachttischlampe, einem Piraten mit Degen, dessen Spitze ihr die Hand ritzte, als sie auf den Schalter drücken wollte. «Autsch.» Sie brauchte einen Moment, um sich an das Licht zu gewöhnen, von der Explosion tropischer Farben im Raum ganz zu schweigen. Für die Gestaltung des Wintergartens mussten die Zwillinge sämtliche von der Renovierung des Hauses übrig gebliebenen Farben aufgebraucht haben. Der kleine Schreibtisch in der Ecke war limettengrün, die Garderobe lila, der Kleiderschrank türkisfarben, der Nachttisch kanariengelb. Verschont geblieben waren einzig das alte Messingbett und die Bambusrollos, die den Raum nach drei Seiten hin umgaben. Ach ja, die kleine Klimaanlage im Fenster, die war seltsamerweise auch nicht farbig gestrichen.

Krieeee...

Laura schälte sich aus dem Bett, um dem Lärm auf den Grund zu gehen. Sie durchquerte den Raum und zog eines der Rollos hoch. Der Garten sah wie ein tropisches Paradies aus, ein wild wuchernder Dschungel, der im Mondlicht glitzerte, wie um sie herauszufordern, seine Geheimnisse zu ergründen. Sie zog ihre Flipflops an, öffnete die Hintertür und trat auf die Veranda.

Krieeee...

Laura schlich die Stufen hinunter auf die Wiese. In der Ferne hupte ein Auto, und sie war sich plötzlich sehr bewusst, dass sie nichts trug als ein übergroßes T-Shirt und einen Slip. Aber sie musste wissen, was das war, da auf dem Dach.

Sie schaute nach oben und sah es ...

Eine betörend schöne, zauberhaft flauschige Katze stand königlich am Rand des Daches, das Mondlicht ließ ihre Silhouette schimmern, sodass sie aussah wie die Katzenkönigin der Nacht. Aus durchdringenden grünen Augen, die in der Dunkelheit zu glühen schienen, blickte sie auf Laura hinab.

Träume ich? Habe ich Wahnvorstellungen?

Dann geriet ein Detail in ihren Blick, das ihr bekannt vorkam: Die Katze hatte einen riesigen buschigen Schwanz, der vor und zurück wischte wie ein Staubwedel.

«Nessie? Bist du das?»

Laura trat näher, und als nun das Mondlicht sie nicht mehr blendete, konnte sie sehen, dass das Fell der Katze nicht golden mit weißen Streifen war wie das von Nessie. Es war schwarz mit weißen Streifen. Aber die Ähnlichkeit war dennoch verblüffend. Die Katze da auf dem Dach hätte ein Negativ von Nessie sein können.

«Hallo, du Schöne», sagte sie zu der Katze hoch. «Ich freue mich, dich kennenzulernen. Ich hab eine Freundin, die genauso aussieht wie du.»

Ups. Offensichtlich brachen Lauras Worte den Zauber. Die Katze sprang auf, schoss über das Dach, hechtete in einen Baum, kraxelte den Stamm hinab und landete auf dem Boden – alles in unter zwei Sekunden. Wie ein Phantom verschwand sie in die Nacht. Laura war enttäuscht, aber wenigstens kannte sie jetzt den Ursprung der Kratzgeräusche. Sie ging zurück ins Haus, kuschelte sich ins Bett und machte die

Piratenlampe aus, vorsichtig, damit sie sich nicht an dem Degen aufspießte.

Laura versuchte, zurück in den Schlaf zu finden. Leider vergeblich. Irgendwann schaltete sie in ihrer Not das altmodische Radio auf dem Nachttisch an, es war aus Holz, vielleicht aus den 1920ern, aber es funktionierte. Und es war auch noch auf *Key West After Dark* mit Rooster McCloud eingestellt. Laura schloss die Augen und ließ sich von der tiefen Stimme des Leuchtturmwärters einlullen. Er beriet eine Frau, die vermutete, dass ihr Freund sie betrog. Der DJ war sehr mitfühlend und unterstützend. Laura mochte, was er sagte. Gegen Ende des Anrufs schlummerte sie schon fast, Roosters Stimme hatte wirklich eine beruhigende Wirkung.

«Die heutige Sendung möchte ich mit einem Zitat von Ernest Hemingway beschließen», sagte er. «Ich widme es all jenen unter euch da draußen, die gerade ein neues Leben anfangen, aber vielleicht einen etwas holprigen Start haben. Lasst euch nicht unterkriegen, einfach weitermachen. Alles so nehmen, wie es kommt. Wie Hemingway sagte: ‹Lebe das volle Leben des Geistes, hervorgehoben durch neue Ideen, berauscht von der Romantik des Ungewöhnlichen.›»

Das waren die letzten Worte, die Laura im Wegdämmern hörte. Und wie zuvor jene seltsame Katze im Mondlicht fanden sie ihren Weg in Lauras Träume.

Vor allem die Wörter *Romantik* und *ungewöhnlich*.

5

Working 9 to 5
(mit sechskralligen Katzen)

In einem Interview, das er 1958 dem *Paris Review* gab, enthüllte Ernest Hemingway etwas über sich, das noch verwunderlicher war als seine Liebe zu Katzen.

Er war ein Morgenmensch.

Ganz genau. Trotz seiner Reputation als trinkender Streithammel, der seine Nächte damit verbrachte, in beliebten Spelunken wie Sloppy Joe's Bar Runden zu ordern, brachte er es fertig, beim Morgengrauen aufzustehen und an seinen Erzählungen und Romanen zu arbeiten. Das erstaunte seine Leser, die davon ausgegangen waren, er müsste morgens zu verkatert zum Schreiben sein.

Am heutigen Morgen tat auch die Sonne etwas ganz und gar Verwunderliches: Statt wie sonst am Horizont rumzuhängen, im Dunst zu faulenzen und zu versuchen, sich hinter der Wolkendecke zu verstecken und noch ein wenig zu dösen, erhob sie sich rasch aus ihrem Bett, um sogleich ohne Zögern und Zaudern den neuen Tag zu begrüßen. Woher der plötzliche Sinneswandel? Na ja, sie hatte schlicht nichts, wohinter sie sich verstecken konnte.

Am Himmel war nicht ein Wölkchen.

In den späten Nachtstunden hatte ein sanfter Wind vom Golf her alle Wolken aufs Meer hinausgetrieben, und bis zum Morgen war die Temperatur um fünfzehn Grad gesunken. Die Luftfeuchtigkeit war fünfzig Prozent niedriger, und jeder in Key West war hundertmal zufriedener. Das war genau die Sorte Wetter, auf die jeder Tourist hoffte, der die Florida Keys besuchte. Nicht zu heiß, nicht zu schwül. Es war genau richtig.

In dem an der Whitehead Street gelegenen Leuchtturmhotel eilten die Frühaufsteher unter den Gästen unverzüglich in den von Palmen gesäumten Innenhof, um ein zum Wetter passendes kontinentales Frühstück einzunehmen – ergänzt von den kostenlosen Mimosas, die das Haus anbot. Sie schnappten sich ihre Teller und Tassen und machten es sich in den Clubsesseln am Pool bequem, schlürften und futterten und planten ihren Tag.

Sollen wir die Tour mit dem Boot mit diesem durchsichtigen Boden machen oder über den Korallenriffen schnorcheln? Und am Abend vielleicht eine Tour durch die Pubs, ein paar hiesige Bands hören? Oder wir spazieren einfach nur zum südlichsten Punkt der kontinentalen Vereinigten Staaten?

Für die Touristen war es ein weiterer Urlaubstag im Paradies.

Aber für die Ortsansässigen war es ein ganz normaler Arbeitstag.

Ladenbesitzer und Reinigungskräfte, Taxifahrer und Bootskapitäne, Tourguides und Kellner – die hart arbeitenden Insulaner waren seit dem ersten Morgengrauen wach, und zwar dank des lautesten Weckers von ganz Key West. Der verlässliche Hahn – auch bekannt als der alte Getreue oder das verdammte Vieh hatte den heutigen Sonnenaufgang mit einem besonders nervenzerfetzenden Kikerikiii eingekräht. Sein Ruf weckte eine Schar wilde Hühner auf, die sogleich über die Straße fegten und gackernd nach Futter pickten. Ihr Lärm rief Rooster McCloud auf den Plan. Er schnappte sich seine Tüte mit Vogelfutter und verließ sein Haus. Das Zuschlagen der Haustür weckte seine vierundneunzigjährige Nachbarin Shelly, die sich aus dem Bett wuchtete, nach ihrer Brille griff und ihren Computer hochfuhr, um das hiesige Wetter zu checken.

«Wusst ich's doch», sagte sie schmunzelnd. «Diese Großstadtjungs haben sich mal wieder geirrt.» Die kleine, agile alte Frau hob den Blick von den Wetterkarten auf dem Bildschirm und sah aus dem Fenster. «Ich hatte recht. Wir haben schönes Wetter.»

Das Wetter vorherzusagen war Shellys größte Leidenschaft.

Recht haben die zweitgrößte.

Währenddessen begannen überall auf der Insel die Menschen aufzustehen und sich zu recken und zu strecken.

Margarita Bouffet, eine der frühesten Frühaufsteherinnen, begann ihre Morgenroutine mit kraftvollen Dehnübungen, ein paar Kicks und einer langen heißen Dusche, unter der sie ABBA-Hits trällerte. *«You are the dancing queeeeen!»*

Jake Jacobs, Betreuer der Hemingway-Katzen, war eher als sonst aufgestanden, um im Fitnessstudio in der Altstadt ein Work-out zu absolvieren, und fragte sich hinterher, ob seine Oberarme zu muskulös für sein T-Shirt waren. *Hält das neue Mädchen mich dann für einen Angeber – jede Menge Muskeln, aber nichts in der Birne?*

Im Leuchtturmmuseum fing Mack McCloud ein bisschen früher mit der Arbeit an. Er musste mal wieder die Schaukästen abstauben, in denen alte Leuchtturm-Artefakte ausgestellt waren. Seinem Onkel gegenüber hatte er behauptet, das am Vorabend bereits erledigt zu haben, aber da hatte er ja mit seinen Steeldrums für die anstehende Hochzeit geübt. *Ohne* The Girl from Ipanema *ist es einfach keine richtige Hochzeit.*

Auf der anderen Seite der Insel lenkte Mama Marley ihr Taxi auf den Parkplatz des Key West International Airport. Sie hielt vor einem Paar wohlhabend wirkender Touristen, drehte den Reggae lauter, schaltete den Motor aus und ihren Charme an.

Welcome to the Conch Republic!

Manche Leute ließen sich mehr Zeit mit dem Aufwachen.

Manche Vögel auch.

So zum Beispiel der Papagei, der in einem schicken Käfig in einem kleinen pinken Bungalow wohnte. Anders als der Hahn, der beim Morgengrauen krähte, wartete dieses gefiederte Geschöpf – auch bekannt als Polly Parton – mit dem Aufstehen, bis im Obergeschoss einer der Wecker der Crabb-Schwestern loslärmte. Daraufhin beschallte er das Haus mit einer quäkigen, aber durchaus schwungvollen Melodie. Das wiederum weckte die Neue, die im Wintergarten geschlafen hatte. Erschrocken richtete sie sich mit einem Ruck im Bett auf und wunderte sich über ihre farbenfrohe Umgebung.

Wo bin ich?, fragte sie sich verschlafen. *Was mache ich hier?*

Polly Parton wusste die Antwort.

«*Working nine to fiiiiive . . .*»

Rings um das Hemingway-Haus waren die polydaktylen Katzen längst wach und verspielter denn je.

Dank der niedrigeren Temperaturen verbrachten sie nicht den gesamten Morgen mit der Suche nach irgendeinem schattigen Plätzchen, sondern aalten sich in der Sonne, machten auf dem Rasen allerlei Faxen, spazierten die Wege auf und ab und nutzten den Garten ausgiebig, bevor die ersten Touristen eintreffen würden. Boxer und Bullfighter waren in Nachfrühstückskampfhandlungen verwickelt. Chew-Chew stahl Larry, Curly und Moe ein kostbares Bonbonpapier, das diese neben dem Eingangstor gefunden hatten. Dann stahl Whiskey es von Chew-Chew, der versuchte, es zurückzustehlen. Spinderella schoss die Veranda hoch und runter, rutschte, glitt, und machte mehrere Rollen vorwärts. Einfach nur zum Spaß. Selbst der mürrische alte Pawpa Hemingway schien das kühlere Wetter zu genießen. Wie eine Großkatze schlich er geduckt die Gartenmauer entlang, einer grünen Eidechse auf der Spur, und fühlte sich noch einmal jung.

Und dann war da noch Nessie.

Still saß sie auf ihrem Lieblingsplatz in der Nähe der Haustür und sah zu, wie die anderen Katzen übers Gelände streiften. Gerade erhob sich die Sonne über die Bäume, aber dennoch wurde es nicht zu heiß. Das war sehr schön. Nessie mochte die heißen, feuchten Tage nicht. Sie zuckte mit den Ohren und streckte sich. Dann setzte sie sich aufrecht hin und heftete ihren Blick auf das Eingangstor.

Wird sie wiederkommen?

Ohne zu wissen, wieso, fühlte Nessie sich dem Mädchen verbunden, das sie im Arm gehalten und so liebevoll gestreichelt hatte. Es war, als wäre sie einer alten Freundin wiederbegegnet. Sie hoffte, es würde nicht wieder Jahre dauern, ehe das Mädchen zurückkam. Wie letztes Mal.

«Nessie, meine Liebe!»

Die goldene Katze sprang auf die Pfoten, als sie sah, wie das Eingangstor geöffnet wurde.

Ist sie das?

Doch es war natürlich Margarita Bouffet, die First Lady.

«Wie geht es dir an diesem wundervollen Tag, Nessie?», begrüßte sie Nessie.

Margarita schritt den Pfad zum Haus entlang, ihre Absätze klickten und klackten auf den Steinen. Sie trat zu Nessie und kraulte sie hinter den Ohren.

Das liebte Nessie besonders.

«Ich wünschte, ich könnte hierbleiben und dich den ganzen Tag lang streicheln, Nessie, aber ich muss an die Arbeit.» Margarita kraulte noch ein paarmal zum Abschied.

Nessie miaute, als das Streicheln aufhörte.

«Entschuldige, Süße.» Margarita hatte sich aufgerichtet und zog ein kleines Notizbuch aus der Seitentasche ihres pink-grünen Kleids. «Lass mich mal nachschauen. Der Pool-Mensch kommt um acht, die Filter wechseln. Der Klimaanlagen-Mensch überprüft um zehn die Lüftungskanäle. Das nette junge Paar aus Key Largo will eine Videokonferenz, auf der wir die Details für die Hochzeit durchgehen. Und – gute Güte – Foster Lee Jackson von der Historischen Gesellschaft kommt am Nachmittag vorbei, um unsere Pläne für das neue Kassenhäuschen anzuschauen. Was hältst du davon, Nessie?»

Nessie gähnte.

«Ja, ja, mir ist dabei auch nach Gähnen.» Noch einmal

schaute Margarita auf ihre To-do-Liste. «Und als wäre das noch nicht genug, kommen heute sechs Touristengruppen. Die Museumsführer werden am Limit sein. Und ausgerechnet heute hat die neue junge Frau ihren ersten Tag. Du erinnerst dich doch an Laura, oder, Nessie?»

Als sie den Namen hörte, blickte Nessie auf.

Laura?

«Natürlich kann sie noch nicht allein eine Führung leiten. Ich muss sie erst mal mit den anderen mitgehen lassen, sie soll zuhören, sich die Grundlagen aneignen und sich auf dem Gelände anschauen, was wo ist. Und wenn sie dann bereit ist, lasse ich sie eine Probestunde geben. Wie klingt das, Nessie?»

Nessie miaute.

«Ach, schau, da ist schon der Pool-Mensch, pünktlich wie ein Maurer. Wir plaudern später weiter, Nessie. Hab einen wundervollen Tag!»

Mit diesen Worten tänzelte Margarita die Treppe der Veranda hinab. Ihre goldenen Ohrringe schwangen gegen ihre Wangen, und sie klickte und klackte über den gepflasterten Weg.

«Buenos días, Señor!»

Nessie machte es sich wieder auf ihrem Lieblingsplatz gemütlich. Zu keinem anderen Zweck, als dem, eine Brise in ihrem Fell zu spüren, wischte sie langsam und gemächlich mit ihrem Schwanz vor und zurück. Das fühlte sich gut an. Als die Sonne höher stieg, sah sie von dort aus zu, wie die Menschen einer nach dem anderen eintrafen und ein neuer Arbeitstag im Hemingway-Haus begann.

«Morgen, Nessie.»

Jake Jacobs war der Erste, frisch und muskulös, nach seinem morgendlichen Work-out, einem Protein-Shake und etlichen T-Shirt-Wechseln.

Er winkte Margarita und dem Pool-Menschen zu und machte sich an die Arbeit, füllte Katzenfutter und Wasser nach und wappnete sich für die gefürchtete Aufgabe, die Katzenklos zu säubern.

Dann kam Millie, die Ticketverkäuferin. Sie hatte blond gefärbte, zu einem Pferdeschwanz gebundene Haare und trug das, was sie seit fünfundzwanzig Jahren jeden Tag trug: eine gestärkte weiße Bluse mit marineblauem Halstuch und eine akkuratest gebügelte Kakihose. Sie kam immer so früh, weil sie Angst hatte, ansonsten etwas zu verpassen.

Dann traf Lucky Leo Trout ein, der Tourenchef. Jeden Morgen ließ er sich gleich zu Beginn von Margarita informieren, wie viele Leute sich angemeldet hatten, dann stellten sie den Tagesplan zusammen. Leo war fast glatzköpfig, eher klein und ein bisschen moppelig, aber seinen Worten nach «der Mann mit dem meisten Glück auf Erden». Er liebte es, in aller Ausführlichkeit davon zu erzählen, was ihm wieder für Glück zuteilgeworden war und welche Abenteuer er bestanden hatte, aber Margarita lenkte das Gespräch beharrlich immer wieder auf die Planung der Rundgänge zurück. Auch heute gab es keine Ausnahme.

«Das ist ja wunderbar, Leo», sagte sie. «Keinen Dollar mehr auf der Bank, und dann hast du den Jackpot geknackt? Du hast wirklich sagenhaftes Glück. Apropos, ich glaube, mit unserer neuen Museumsführerin haben wir auch sagenhaftes Glück gehabt. Du hast ja ihr kleines Video gesehen. Meinst du nicht auch, sie hat Potenzial? So charmant und klug, wie sie wirkt.

Würdest du sie heute als Begleitung für ein paar Rundgänge einteilen? Schön, danke, Leo.»

Margarita eilte fort, bevor Leo zu einer weiteren Geschichte ansetzen konnte. Nessie sah von ihrem erhöhten Platz auf der Veranda zu und behielt die ganze Zeit mit einem Auge das Eingangstor im Blick.

Wo bleibt sie nur?

Inzwischen waren die meisten der Mitarbeiter eingetroffen. Die Angestellte vom Museumsshop, die Museumsführer, der Hausmeister, die Wächter – jeder von ihnen sagte auf dem Weg in den Personalraum guten Morgen zu Nessie. Nessie fand es seltsam, dass kaum einer von ihnen mit der Arbeit anfangen konnte, ohne diese dunkle, heiße Flüssigkeit getrunken zu haben, die sie alle so liebten. Nachdem jemand seine Tasse umgestoßen hatte, hatte Nessie mal gekostet. Es hatte grauenhaft geschmeckt.

Nessie blickte zum Himmel auf und seufzte. Sie war drauf und dran, die Warterei aufzugeben – und wie die übrigen Katzen den angenehmen Tag zu genießen –, als sie jemanden am Tor erblickte. Sie erhob sich, um die betreffende Person genauer in Augenschein zu nehmen, aber die Sonne blendete. Dann hörte sie die Stimme und wusste sofort, wer das war.

«Nessie! Ich bin wieder da!»

Auf keinen Fall hatte Laura Lange sich an ihrem ersten Arbeitstag verspäten wollen. Nach den zwei Frozen Margaritas – und nachdem eine Katze auf dem heißen Blechdach sie aus dem Tiefschlaf gerissen hatte – hatte sie befürchtet, versehentlich die Snooze-Taste auf ihrem Wecker zu drücken und bis Mittag zu schlafen. Ihre Angst erwies sich als unbegründet, wie sie feststellte.

Dank Polly Parton.

Das einzige Problem daran, von einer enthusiastischen Interpretation des Songs 9 to 5 geweckt zu werden, war, dass man ihn anschließend nicht mehr aus dem Kopf bekam. Während sie duschte, sang sie ihn, als sie sich abtrocknete und anzog, summte sie ihn. Dann machte sie den Fehler, den Refrain so laut zu schmettern, dass jeder im Haus sie hören konnte, Polly eingeschlossen, die sogleich einstimmte.

«Laura! Bitte!», schrie einer der Zwillinge von oben. «Ermutige sie nicht auch noch!»

Laura wurde rot.

Ich bin noch nicht mal eine Stunde wach und hab mich schon das erste Mal zum Affen gemacht.

Zum Glück lief es von da an glatter. Ihre Haare sahen dank der niedrigeren Luftfeuchtigkeit toll aus. Ihr aus einem einfachen grauen Rock und einer gelb-weiß gemusterten Bluse bestehendes Outfit kam professionell, aber auch süß rüber, und sie sandte einen stillen Dank an ihre Mutter, die darauf bestanden hatte, dass für die neue Arbeitsstelle neue Kleidung gekauft wurde. Und das aus von Jilly gekauften Blaubeermuffins und frisch gebrühtem Kaffee von Jolene bestehende Frühstück vertrieb den Kater im Nu. Während sie aßen, erzählte Laura von ihrem nächtlichen Gast.

«Oh, das ist Tallulah», sagte Jolene.

«Ich wusste nicht, dass ihr auch eine Katze habt.»

«Es ist mehr so, dass sie uns hat», erwiderte Jilly. «Sie kommt und geht, wie es ihr gefällt.»

«Ja, eines Tages war sie einfach da. Wir haben ihr Futter

gegeben, ein Bett und ein Katzenklo. Ich glaube, wir sind für sie so was wie ihr persönliches Airbnb.»

«Ich hab gesehen, sie ist polydaktyl. Meint ihr, sie gehört zu den Hemingway-Katzen?»

Die Zwillinge zuckten mit den Schultern. «Kann schon sein», sagte Jolene.

Laura sah auf die Uhr, bedankte sich fürs Frühstück, nahm ihre Tasche und ging los. Unterwegs öffnete sie eine Karte von Key West auf dem Handy, damit sie sich nicht verlief. Zum Glück war es nicht so heiß, und sie würde nicht wieder schweißgebadet am Hemingway-Haus eintreffen. Dem Routenplaner zufolge war sie 8.45 Uhr da.

Perfekt.

Laura lächelte und fing – gegen ihren Willen – 9 *to* 5 zu summen an, als sie ein von Palmen gesäumtes hübsches Sträßchen mit pastellfarbenen Häusern rechts und links entlangging. Mit jedem Schritt wuchs ihre Vorfreude.

Werden sie mich heute schon eine Gruppe durchs Haus führen lassen?

Ihre Gedanken wurden von einer Hupe unterbrochen, begleitet von sich näherndem Reggae. Sie wandte sich um und sah Mama Marleys pinkes Taxi das Sträßchen herunterkommen. Im Vorbeifahren kurbelte Mama das Fenster herunter, winkte und rief ein heiteres, jamaikanisch eingefärbtes «Guten Morgen, Miss Tour Guide»!

Lachend winkte Laura zurück. «Guten Morgen, Mama Marley!»

Zuerst hatte sie sich darüber gewundert, dass Mama Marley den Akzent so dick auftrug – schließlich war Laura fast schon eine Einheimische und wusste, dass er nur Show war –, doch dann hatte sie im Fond des Wagens ein Touristenpaar entdeckt, das ziemlich reich aussah und die Mama-Marley-Show zu genießen schien – inklusive lautem Reggae und allem Drum und Dran.

Auf jeden Fall weiß sie, wie man die Leute unterhält. Ob die Gerüchte stimmen, dass sie ein Playback singender Reggae-Star gewesen ist?

Laura schüttelte den Kopf. Nein, das war zu abgedreht.

Sie bog um die Ecke und sah Rooster McCloud ein Stück vor sich die Straße entlanggehen. Der Leuchtturmwärter mit dem Bandana auf dem Kopf warf den wilden Hühnern Vogelfutter hin und nickte und wippte zur Musik aus seinen Kopfhörern. Er sah außergewöhnlich fröhlich aus, glücklich geradezu. Laura jedoch war alles andere als glücklich, diese Hühner wiederzusehen. Ängstlich? Ja. Glücklich? Nein.

Obwohl sie ja heute keinen Knabberspaß dabeihatte, wollte sie eine Begegnung vermeiden und wechselte auf die andere Straßenseite.

Nur für alle Fälle.

«Guten Morgen, Miss!», rief Rooster, als er sie erblickte, und nahm seine Kopfhörer ab. «Toller Tag, was?»

«Ja, finde ich auch», sagte sie mit einem freundlichen Lächeln, hielt aber Abstand.

Als er ihre nervösen Blicke in Richtung der Hühner bemerkte, sagte er: «Keine Sorge, die tun Ihnen nichts. Ich bin Rooster McCloud, nur für den Fall, dass Sie es vergessen haben, Leuchtturmwärter und Radiomoderator von Key West.»

«Natürlich, das weiß ich doch», erwiderte Laura. «Tatsächlich habe ich gestern ein Stückchen von Ihrer Sendung *Key West After Dark* gehört.»

«Wirklich? Ach, du kriegst die Tür nicht zu.»

«Ja, wirklich. Ich mochte das Hemingway-Zitat. Besonders den Teil, wo es heißt, man soll *berauscht von der Romantik des Ungewöhnlichen* sein. Ich weiß nicht genau, wieso, aber irgendwie hat das eine Saite in mir zum Klingen gebracht. Das war genau, was ich in dem Moment hören musste.»

«Sagen Sie bloß», sagte Rooster grinsend. «Wie groß ist denn die Wahrscheinlichkeit, ein Zitat zu finden, das direkt zu Ihnen spricht. Da wird wohl das Universum seine Hand im Spiel haben und Ihnen etwas mitteilen wollen.»

«Ganz sicher. Das Universum und Hemingway.»

«Und Hemingway natürlich, genau.»

Rooster und Laura verabschiedeten sich und gingen ihrer Wege. Während Laura unter den Palmen dahinschlenderte, dachte sie an den Satz von Hemingway und den listigen Ausdruck auf Roosters Gesicht, als sie ihn zur Sprache gebracht hatte. Sein Blick war so verschmitzt und gleichzeitig weise, dass Laura sich wunderte, ob er nicht vielleicht doch der Erfinder des iPads sein konnte.

Ach, du kriegst die Tür nicht zu.

Laura kicherte. In dieser Stadt machten ziemlich verrückte Gerüchte die Runde. Lustig – aber was, wenn ein Körnchen Wahrheit darin steckte? Key West war schon ein ungewöhnliches Fleckchen Erde: der südlichste Punkt der USA, am äußersten Ende einer Kette tropischer Inseln gelegen und damit wie geschaffen, um ungewöhnliche Menschen anzuziehen. Sie dachte noch darüber nach, als sie auf die Whitehead Street einbog – und wäre fast mit zwei Männern mittleren Alters zusammengestoßen. Es waren Rick und Ricardo, die schnauzbärtigen Inhaber des Leuchtturmhotels.

Und natürlich hatten sie ihre kleinen Hunde dabei.

«Lucy! Desi! Nein!»

Doch die zwei Chihuahuas stürzten sich schwanzwedelnd auf Laura, sodass die Leinen sich verhedderten und Rick und Ricardo gegeneinanderstießen wie zwei Clowns. Wortreich entschuldigten sie sich und versuchten unterdessen, die Leinen zu entwirren, was Lucy und Desi dazu nutzten, an Laura hochzuspringen und um Streicheleinheiten zu betteln, die sie ihnen nur zu gern gab.

«Hallo Lucy, hallo Desi! Macht ihr euern Morgenspaziergang?», fragte sie und streichelte die kleinen Köpfe.

«Es tut mir wahnsinnig leid», entschuldigte Rick sich inzwischen zum dritten Mal. «Normalerweise machen sie das nicht, die sind eigentlich gut erzogen.»

«Sind sie nicht!», widersprach Ricardo. «Das denkst du nur, weil du sie liebst wie verrückt.» Er neigte sich zu Laura vor und sagte mit gesenkter Stimme: «In Wahrheit hat Rick die beiden so verwöhnt, dass sie jetzt meinen, sie könnten sich alles erlauben.»

«Hör auf, über meine kleinen Engel zu lästern», protestierte Rick.

«Engel? Die zwei sind Satansbraten, und das weißt du ganz genau. Gib's nur zu, du hast dir da zwei echte Halunken herangezüchtet. Wir hätten sie besser Bonnie und Clyde nennen sollen.»

Lachend streichelte Laura weiter die Hunde. «Nein, nein, so unschuldig, wie die zwei dreinblicken, sind das echte Schätzchen, das sehe ich doch.»

«Gangster sind sie, nichts anderes», sagte Ricardo, offensichtlich nur halb im Scherz.

Das Wort Gangster ließ Laura an das Gerücht denken, Rick und Ricardo hätten das Leuchtturmhotel beim Spiel mit irgendwelchen Unterweltgrößen gewonnen. Sie blickte hoch zu den lächelnden Männern mit den Schnurrbärten und den Hawaiihemden, die so süße Hunde hatten, und konnte sich nicht vorstellen, dass an den Geschichten etwas dran war. Niemals! Das war schlichtweg absurd. *Wer lässt sich nur solchen Unsinn einfallen?*

Laura richtete sich auf und verabschiedete sich von Rick und Ricardo und Lucy und Desi. Dann ging sie die Whitehead Street hinunter, an deren Ende der Leuchtturm zwischen den Bäumen aufragte. Zu ihrer Linken war jetzt die rote Backsteinmauer, die den prächtigen Garten des Hemingway-Hauses umgab. Es sah aus, als hielte sie mit Mühe das aus dem Garten drängende üppige, wild wuchernde Grün davon ab, sich über die Straße zu ergießen und irgendwann die ganze Insel in Besitz zu nehmen. Irgendwo hinter den Palmwedeln, Mangrovenbäumen und in leuchtenden Farben blühenden Blumen musste das herrschaftliche Gebäude verborgen sein. Erst als Laura die eiserne Pforte erreichte, erblickte sie es.

Mein neuer Arbeitsplatz, sinnierte sie und blickte zu den altmodischen grünen Fensterläden, der schattigen Veranda und dem Metallgeländer hin. Garantiert besser als irgendein tristes, muffiges Büro.

Sie riss sich zusammen, um nicht schon wieder 9 to 5 zu singen.

Laura trat durch das Tor und ging in Richtung des Hauses. Als sie am Springbrunnen vorbeikam, der die Form eines Bootes hatte, bemerkte sie, dass bestimmt ein Dutzend Katzen durch die Anlagen spazierte. Zwei von ihnen erkannte sie. Boxer und Bullfighter – die rauflustigen Brüder, die wieder einmal in einen ihrer mörderischen Kämpfe verstrickt waren. Wie Weltklasseboxer tänzelten sie umeinander und teilten mit ihren überdimensionierten Pfoten spielerisch Hiebe aus. Laura kicherte bei dem Anblick. Und wie freute sie sich erst, als sie ihre Freundin auf der Veranda sitzen sah.

«Nessie! Ich bin wieder da!»

Um neun Uhr hatte sich bereits eine Schlange auf dem Bürgersteig vor dem Hemingway-Haus gebildet. Familien, die ihren Urlaub auf der Insel verbrachten, Rucksackreisende, glückliche Paare – darunter Frischverliebte in den Flitterwochen und Eheleute, die gerade Goldene Hochzeit gefeiert hatten –, sogar eine wilde Schar aus dem örtlichen Kindergarten wartete darauf, dass die Ticketkasse öffnete, damit sie auf einer geführten Besichtigung die vielen Schätze des sagenumwobenen Hauses von Ernest Hemingway bewundern konnten – und die ebenso sagenumwobenen Katzen des Schriftstellers.

Laura war auch bereit für ihre erste Führung.

Als Touristin.

«Heute ist Ihr Glückstag», sagte Leo Trout zu seiner kleinen Gruppe, der sich Laura angeschlossen hatte. «Ich bin Lucky Leo Trout und heute Ihr Tour Guide.»

Laura blickte hinab zu Nessie, die die Veranda überquert hatte und nun neben ihr saß. Augenscheinlich war sie ziemlich verärgert, weil einer der Touristen ihr Lieblingsplätzchen auf der Veranda okkupiert hatte.

Leo fuhr mit seiner Einleitung fort. «Man nennt mich Lucky Leo, weil ich schon alles Mögliche überlebt habe, ange-

fangen von Tornados über Feuersbrünste und Überschwemmungen bis hin zu Verkehrsunfällen und einer schmutzigen
Scheidung. Sagen wir so: Ich hab mächtig Glück, dass ich
noch unter Ihnen weile.»

Er hielt inne, damit die Leute Zeit hatten, über seinen
Scherz zu lachen. Laura schloss sich höflich den wenigen an,
die die Gelegenheit nutzten.

«Außerdem fühle ich mich natürlich geehrt, tollen Menschen wie Ihnen ein bisschen was über dieses herrschaftliche
Haus erzählen zu dürfen. Es wurde 1851 vom Schiffsarchi-
tekten Asa Tift entworfen, der für den Bau im Spanischen
Kolonialstil Kalkstein verwendete, der exakt an dieser Stelle
gewonnen wurde, an der jetzt das Haus steht. Das Loch war
schließlich tief genug für einen Keller mit fast drei Metern De-
ckenhöhe. Das Gebäude ist eines der ganz wenigen hier, die
überhaupt einen Keller haben, zumal so einen verdammt guten. Der Kalkstein hält die Räume trocken und lässt das Haus
Regen, Wind, Hitze, tropische Stürme und auch Hurrikane
überstehen. Sogar den allerschlimmsten, damals, von 1919.»

Ein Kitzeln an ihrem Knöchel ließ Laura nach unten blicken.
Sie sah, wie Nessie neben ihren Füßen mit ihrem Schwanz
vor und zurück wischte und gelangweilt dreinblickte.

Armes Kätzchen, dachte Laura. *Du hast Leos Vortrag bestimmt schon eine Million Mal mitgemacht.*

Sie selbst fand seine Führung durchs Haus faszinierend.
Gut, seine Witze waren ein bisschen abgedroschen, aber
irgendwie war er trotzdem ziemlich unterhaltsam, und man
konnte viel bei ihm lernen. Als er die Gruppe durch die Eingangstür und in die weitläufige Eingangshalle bugsierte,
hatte er immerhin schon einige Jahrzehnte abgehandelt und

war bei 1931 angekommen. In dem Jahr hatten Hemingway und seine zweite Frau Pauline Pfeiffer das Anwesen gekauft, nachdem sie sich bei zahlreichen Besuchen unsterblich in die Insel verliebt hatten.

«Das Haus war eine Müllkippe und vollkommen renovierungsbedürftig», erklärte Leo seiner Gruppe. «Deshalb schossen die Frischverheirateten es für schlappe achttausend Dollar. Beziehungsweise schenkte Paulines Onkel Gus es ihnen zur Hochzeit.»

Leo führte die Touristen durch die erste Tür, die vom Foyer abging. Sie führte in einen überraschend kühlen, luftigen Raum, angefüllt mit Gemälden von Schiffen und Seestücken, dazwischen gerahmte Fotos von Hemingway mit Freunden, Familie und berühmten Persönlichkeiten, farbenfrohe Kunstwerke und Mitbringsel von den großen Reisen des Paares.

«Pauline war eine Sammlerin», erklärte Leo. «Sie hatte definitiv ein Händchen für Innengestaltung. Achten Sie unterwegs unbedingt auf die einzigartigen Kronleuchter in den Räumen.»

Laura hielt sich etwas hinter der Gruppe. Sie versuchte, sich einige der Fakten aus Leos unerschöpflichem Wissensschatz zu merken und sich etwas davon abzuschauen, wie professionell und souverän er den Rundgang leitete.

Nessie folgte Laura auf dem Fuße, während es von Raum zu Raum ging. Leo deutete auf Fotos von Hemingways Fischkutter samt Crew, auf Paulines französisch inspirierte Badezimmerfliesen, auf Werke berühmter und weniger berühmter Künstler. Als die Gruppe zur Besichtigung der Schlafzimmer im ersten Stock schritt, drohte die Katze auf der engen Treppe niedergetreten zu werden, doch sie blieb dennoch hartnäckig in Lauras Nähe.

«Wer ist das denn?», fragte ein kleiner Junge im Overall und zeigte auf eine mehrfarbige Katze, die auf einem der Betten lümmelte und schlief.

Leo lachte. «Das ist Lady Brett Ashley, benannt nach der Lady Brett Ashley aus dem Roman *Fiesta*.»

«Und wer ist das?» Der kleine Junge zeigte auf eine schneeweiße Katze, die sich ganz oben auf dem höchsten Schrank niedergelassen hatte.

«Das ist Kilimandscharo.»

«Wie aus *Schnee auf dem Kilimandscharo*?», fragte der Vater des Jungen. «Das haben wir in der Schule gelesen. Ich fand es toll.»

«Eins seiner besten, finde ich auch», stimmte Leo zu.

Der Junge sah verwirrt drein. «Was ist Ki...la...mam...a...», fragte er.

«Der Kilimandscharo ist der höchste Berg Afrikas», erklärte Leo ihm. «Da oben liegt sogar Schnee. Hemingways Geschichte handelt von zwei Eheleuten, die eine Expedition dort hoch machten. Die Katze haben wir nach dem Berg benannt, weil sie weiß ist und überall hochklettert und hinunterschaut.»

«Ich klettere auch gern», sagte der kleine Junge.

Leo grinste zu Laura hinüber und wandte sich dann wieder an die Gruppe.

«So, liebe Leute, weiter im Text. Bitte gehen Sie hinaus auf die umlaufende Veranda. Von da aus nehmen wir die Stufen zum Pool hinunter.»

Als die Touristen nach und nach auf die Veranda traten,

flüsterte Leo Laura zu: «Manchmal stellen die Leute Fragen, die das gesamte Timing über den Haufen werfen. Sie müssen immer die Zeit im Auge behalten. Lieber zwei, drei Infos weglassen, aber den Zeitplan einhalten. Sie besitzen doch eine Armbanduhr, oder?»

«Ich, na ja, ich hab ein Handy», stammelte Laura.

«Schaffen Sie sich 'ne Armbanduhr an. Da kann man unauffälliger draufschielen, während man redet.» Er wandte sich ab und ging zu den anderen auf den Balkon.

Laura blickte auf Nessie, die besorgt zu ihr hochblickte.

«Ich fürchte, ich muss mir eine Armbanduhr kaufen. Die letzte hatte ich in der vierten Klasse. Das ist schon sehr oldschool, findest du nicht?»

Als sie gemeinsam auf die Veranda des ersten Stocks hinaustraten, blickte Laura zurück und sah einen grauen Schatten an der Tür zum Schlafzimmer – die Augen, Ohren und Schnurrhaare eines alten grauen Katers, der um den Türstock linste wie ein Spion.

Es war Pawpa Hemingway.

Und er hatte sie im Blick.

Foster Lee Jackson kam fünf Stunden zu früh beim Hemingway-Haus an, piekfein angezogen und einen Strauß langstieliger rosa Rosen in der Hand haltend. Bekannt unter anderem für seinen Sinn für Mode und Körperpflege war Fosters Erscheinung in dem hellen Leinenanzug, kombiniert mit Fliege und Hosenträgern, ganz die eines Südstaaten-Gentlemans. Auf dem Kopf trug er einen Panamahut, und sein stets makellos gepflegter grauer Schnauz- und Kinnbart war heute sogar noch makelloser gepflegt als sonst. So kam es zumindest Ticketverkäuferin Millie vor, die einen gewissen Schwung in seiner Bewegung zu sehen meinte, als er zu ihrem Verkaufsfenster stolziert kam.

«Einen wunderschönen guten Morgen, Miss...»

«Millie», sagte sie mit einem Lächeln. «Millie Graham.»

«Natürlich! Miss Millie Graham! Wie konnte ich den einzigartigen Namen einer so bezaubernden Dame vergessen!»

Millie wurde rot und strich ihr blond gefärbtes Haar zurück, obwohl es zum Pferdeschwanz gebunden war und sich niemals auch nur einen Zentimeter bewegte. «Mensch, danke schön. Was kann ich für Sie tun?»

«Ich habe einen Termin bei Ms. Bouffet», sagte er. «Wären Sie so freundlich, sie davon in Kenntnis zu setzen, dass Foster Lee Jackson, Präsident der Historischen Gesellschaft von Key West, eingetroffen ist?»

«Ich weiß, wer Sie sind, Foster», erwiderte Millie mit einem mädchenhaften Lächeln. «Jeder weiß das. Sie sind auch schwer zu übersehen mit Ihrem Aussehen und allem.»

Foster hob eine akribisch gezupfte Augenbraue. «Ich hoffe doch sehr, das war nett gemeint, Miss Millie.»

«Und wie! Sie sind wahnsinnig stylish, meinte ich. Stylish und...liebenswürdig.»

Jetzt war es an Foster, rot zu werden. «Das ist sehr gütig von Ihnen, Miss Millie. Meine liebe Mutter, Gott hab sie selig, war der Ansicht, ein Gentleman sollte Wert auf seine Erscheinung legen, und ich tue diesbezüglich mein Bestes. Obwohl ich damit mittlerweile einer aussterbenden Gattung anzugehören scheine. Ich habe schon Männer meines Alters ein Speiselokal in Flipflops und Shorts betreten sehen. Es ist ein Trauerspiel.»

«Sie haben ja so recht», stimmte Millie zu, die mit dieser Art Mann ganz gern ausging.

Foster lächelte höflich und warf dann einen Blick aufs Haus. «Also ... Ist Ms. Bouffet jetzt zu sprechen?»

«Oh! Lassen Sie mich nachsehen.» Millie schaute in den Terminkalender. «Margarita hat Sie für drei Uhr heute Nachmittag eingetragen. Hm, na gut, ich ruf sie mal an.» Sie drückte auf eine Taste ihres Telefons und wartete. «Hallo, Margarita? ... Foster Lee Jackson ist hier, um mit Ihnen zu sprechen ... Ja, ich weiß ... Für drei Uhr ...»

«Ich war in der Gegend und dachte, ich komme rasch vorbei», sagte er und lehnte sich in das Fenster des Kassenhäuschens.

«Er war in der Gegend und dachte, er kommt vorbei.» Millie lauschte in den Hörer. «Ja ... gut.» Dann legte sie auf. «Sie kommt gleich raus und bringt die Baupläne mit.»

«Ach, sehr gut. Ich wusste, es ist riskant, auf gut Glück herzukommen, aber sie wissen ja, was man sagt: Das Glück ist dem Mutigen hold.»

«Wer hat das gesagt? Hemingway?»

«Nein, das ist eine alte lateinische Redewendung. Manche schreiben sie Virgil und seinem epischen Gedicht, *Aeneis*, zu, doch die Mehrheit der Gelehrten geht davon aus, es war Plinius der Ältere, der ... Oh, Ms. Margarita Bouffet!»

Foster wandte sich von Millie ab und tippte sich an den Hut. «Sie sehen strahlend aus heute Morgen.»

Millie lehnte sich aus ihrem Kassenhäuschen, um zuzusehen, wie Margarita, einen Packen Baupläne in den Händen, den Weg entlangkam. Im Morgenlicht sah sie wirklich strahlend aus.

Und leicht genervt.

«Guten Morgen, Foster», sagte sie mit einem gezwungenen Lächeln. «Ich dachte, wir wären für drei verabredet.»

«In der Tat. Bitte verzeihen Sie. Ich war in der Nachbarschaft, Blumen für das Büro erwerben, und als ich diese bezaubernden Rosen gesehen habe, musste ich unweigerlich an Sie denken», erklärte er.

Margarita schaute ihn verblüfft an. «Mussten Sie das.»

Foster schluckte. Ja. Also. An die prächtigen Gärten hier – und da wollte ich vorbeischauen, wo ich schon einmal da war. Obwohl ich gewiss hätte in Betracht ziehen müssen, dass ich Sie bei wichtigen Aufgaben unterbreche ... Ich kann mich gar nicht genug entschuldigen.

«Alles in Ordnung, Foster. Hier sind die Pläne der Baufirma.» Sie reichte die Zeichnungen Foster, der seine Blumen auf den Weg neben sich legte und die Pläne genau inspizierte. «Ich muss mich schon wieder entschuldigen, aber es ist meine Pflicht als Vorsitzender der Historischen Gesellschaft, achtzugeben, dass die historische Integrität eines der wertvollsten Gebäude und Anwesen der Insel gewahrt bleibt.»

«Die Baupläne orientieren sich am originalen Kassenhäuschen. Es ist genau gleich, nur das Dach wird dann hoffentlich dicht sein.»

Foster blickte zwischen der Zeichnung und dem Gebäude hin und her. «Alles scheint korrekt zu sein», sagte er. «Aber wie sieht es mit den Materialien aus, die zum Einsatz kommen sollen? Heute wird ja häufig Kunststoff verwendet. Das wäre Blasphemie.» Foster erschauderte.

«Nein», sagte Margarita. «Nur gutes, altes Holz.»

«Und wie ist es mit dem Dach?»

«Mhm, das weiß ich nicht so genau. Da muss ich nach-
fragen.»

Foster sah verärgert aus. «Ja, das müssen Sie. Das ist wirklich wichtig. Das Hemingway-Haus ist eine der bedeutend-
sten historischen Stätten der Insel. Tausende Touristen besuchen es Tag für Tag.»

«Ja, ich weiß, Foster. Ich arbeite hier, falls Sie sich erinnern.»

«Natürlich, natürlich. Vergeben Sie mir, Margarita», sagte
Foster errötend, gab ihr die Bauzeichnungen zurück und
nahm linkisch seinen Blumenstrauß wieder auf, auch wenn
er nicht so recht wusste, was er damit machen sollte. «Bitte
besprechen Sie sich mit ihrer Baufirma und lassen Sie sich
eine detaillierte Liste aller Materialien geben, die Verwen-
dung finden sollen, und ich bin sicher, Sie und ich werden
uns einig und erledigen das ... gemeinsam. Apropos: Ich hoffe, bei der morgigen Soiree werden wir das ein oder andere
Tänzchen zusammen wagen?»

Margarita lächelte durch zusammengebissene Zähne hindurch. «Es wird mir ein Vergnügen sein, Mr. Jackson.»

«Nun denn ... bis dahin, Ms. Bouffet.» Er zog eine langstie-
lige Rose aus seinem Strauß und reichte sie ihr.

«Oh, danke.» Sie musste sich sehr zusammenreißen, um
nicht mit den Augen zu rollen.

«Wie bezaubernd!», stieß Millie hervor. «Ich liebe Rosen.
Die sind so irre romantisch.» Daraufhin reichte Foster auch
ihr eine Rose.

«Und eine für Sie, Miss Millie Graham. Ich hoffe auf ein
baldiges Wiedersehen.» Damit tippte er sich an den Panamahut, drehte sich um und ging zum Tor hinaus.

Margarita blickte auf ihre Rose und stöhnte.

Millie roch an ihrer Rose und lächelte. «Was für ein Gentleman. Er ist so, ich weiß nicht … kultiviert. Der Mann hat einfach Klasse.»

Margarita hatte nicht übel Lust, Millie zu sagen, dass Foster Lee Jackson ein aufgeblasener Kasper war und eine Nervensäge und dass er sie zwingen würde, allerlei Kunststückchen zu machen, ehe er das neue Kassenhäuschen genehmigte.

Aber dann hatte sie eine bessere Idee.

«Millie», sagte sie. «Wie wäre es, haben Sie nicht Lust, morgen auch zu unserem Tanzabend zu kommen?»

Lucky Leo Trout sah auf die Uhr und wartete, dass die Gruppe das Fotografieren einstellte. «Die setzen sich hier gerne mal fest», sagte er leise zu Laura. «Treiben Sie sie ein bisschen an. Wir müssen im Zeitplan bleiben.»

Er deutete auf seine Armbanduhr. Laura konnte verstehen, warum die Touristen hier nicht wegwollten. Der umlaufende Balkon im Obergeschoss des Hauses bot eine hübsche Aussicht auf die Gärten und den Pool. Sogar den Leuchtturm von Key West konnte man sehen, und das hieß natürlich, dass hier jede Menge Fotos geschossen werden mussten.

«Darf ich ein Bild von Ihnen und Ihrer Katze machen?», fragte eine grauhaarige Frau mit Sonnenbrille Laura. «Sie sehen wirklich süß gemeinsam aus. Sogar Ihre Outfits passen zusammen.»

Laura blickte zu Nessie hinunter. «Eigentlich ist sie gar nicht meine Katze.»

«Ach wirklich? Sie war die ganze Tour über an Ihrer Seite.»

Laura lachte. «Wir sind alte Freundinnen.»

Nachdem die Frau ihr Foto bekommen hatte, rief Lucky Leo die Gruppe zusammen und führte sie die Treppe hinunter und in den Außenbereich. Da Nessie zu zögern schien, ließ Laura erst alle vorbei, ehe sie ihnen folgte. Als sie die Gruppe erreichte, beschrieb Leo gerade die Dimensionen des Pools (7,3 mal 1,8 Meter), die viele Arbeit, die es gekostet hatte, ihn auszuschachten, und seine architektonische Bedeutung (der erste in den Boden eingelassene Pool in einem Umkreis von 160 Kilometern). Diesen Teil seiner Tour liebte Leo ganz offensichtlich.

«Sehen Sie den Penny?», fragte er und wies auf eine verwitterte Münze, die am Fuß des Pools in den Zement eingegossen war. «Dazu gibt es eine tolle Geschichte: Wir schreiben das Jahr 1937, als Hemingways Frau Pauline beschließt, dass sie einen Swimmingpool brauchen. Obwohl sie dafür genau die Stelle vorsah, an der Hemingway gern einen Boxring wollte, stimmte er zu. Gewiss, er liebte hin und wieder einen Kampf mit den Männern aus der Gegend, aber ein Pool wäre auch nicht schlecht. Also sagte er ja, reiste jedoch vor Beginn der Baumaßnahmen ab, da er im Spanischen Bürgerkrieg als Berichterstatter fungieren sollte. Pauline, die allein mit dem Poolprojekt zurückblieb, musste feststellen, dass der ein Groschengrab war. Raten Sie mal, was er am Ende gekostet hat.»

«Eine Million Dollar», schlug der kleine Junge vor, der vorher nach Kilimandscharo gefragt hatte.

«Nicht ganz so viel», erwiderte Leo. «Aber immerhin zwanzigtausend Dollar, was heute vielleicht einer halben Million entspricht. Das ist eine ganze Stange Geld! Als Hemingway nach seiner Rückkehr davon erfuhr, flippte er aus. ‹So viel Geld!›, schimpfte er. ‹Da bleibt mir von meinen Ersparnissen gerade mal ein Penny! Aber den kannst du jetzt auch noch haben.› Er fischte einen Penny aus seiner Brieftasche und warf ihn ins Gras. Pauline hob ihn auf und ließ ihn gleich hier einzementieren. Hemingways letzter Cent.»

Alle kicherten, auch Laura, obwohl sie die Geschichte auswendig kannte. Sie blickte nach unten und erwartete, Nessie zu sehen, wie sie mit ihrem Schwanz vor und zurück wischte.

Doch Nessie war weg.

Laura schaute sich um. Kätzchen spielten Fangen unter einem blühenden Busch. Hinter dem Poolhaus jagte Whiskey Chew-Chew, und unter der Treppe zur Veranda hockte Pawpa Hemingway und starrte Laura aus seinen stechenden, blauen Augen an.

Nessie war nirgends zu sehen.

Wo bist du hingegangen, liebe Freundin?

Zu gern wäre Nessie ihrer alten Freundin die ganze Tour hindurch gefolgt, aber sie hasste den Pool. Wie die meisten Katzen wurde sie nicht gern nass. Doch das war nicht der Grund, aus dem sie den Pool hasste. Sie hasste ihn, weil irgendwo in ihrem kleinen Katzenhirn die Bruchstücke einer Erinnerung steckten, wie sie einmal hineingefallen war. An Details dieses entsetzlichen Ereignisses erinnerte sie sich nicht. Katzen sind keine Elefanten, ihr Gedächtnis taugt nicht viel. Aber wann immer sie sich dem Pool näherte, stiegen blanke Panik und Hilflosigkeit in ihr auf. Es war mehr eine körperliche Reaktion als eine richtige Erinnerung, aber diesen Teil der Führung musste sie auslassen. Da sie jedoch von Kindesbeinen an jeden Tag diese Führungen verfolgte, wusste sie genau, was die nächste Station sein würde.

Das Zimmer mit den Tieren an den Wänden.

«In diesem Raum hat Hemingway siebzig Prozent seiner Romane und Erzählungen geschrieben», sagte der Lucky Leo.

Er sah auf seine Uhr und wartete, dass die letzten Nachzügler die Treppe zur umgebauten Remise neben dem Pool heraufkamen. Laura stand ganz hinten und konnte nicht viel sehen von dem rot gefliesten Boden, den blassblauen Wänden, den Bücherregalen, den Andenken darin – und natürlich von Hemingways Jagdtrophäen.

«Was ist das da? Eine dünne Kuh?», fragte der Junge und zeigte auf einen großen Kopf mit Hörnern.

«Das ist eine Antilope aus Afrika», erklärte Leo. «Hemingway war Großwildjäger, er fuhr oft auf Safaris und kehrte mit allen möglichen Pelzen, Häuten und Trophäen zurück.»

Die Mutter des Jungen schrak zurück. «Das ist ja grauenvoll.»

«Ich weiß, was Sie meinen», sagte Leo. «Aber Sie müssen sich vergegenwärtigen, dass zu Hemingways Zeiten die Großwildjagd als höchste Herausforderung für Jäger galt und sehr populär war. Dementsprechend stellte man die erbeuteten Trophäen stolz in seinen Wohnräumen aus. Heute sieht man das natürlich anders.»

Als Leo daranging, die anderen Ausstellungsstücke zu erläutern, erhaschte Laura einen Blick auf Hemingways runden, hölzernen Schreibtisch.

Eine Katze saß darauf.

Nessie!

Direkt neben Hemingways Schreibmaschine.

Beim Anblick der Schreibmaschine schlug Lauras Herz schneller. Sie erinnerte sich, sie bei dem Familienausflug nach Key West gesehen und sich Hals über Kopf verliebt zu haben – nachdem sie sich vorher schon in Hemingways Haus und Hemingways polydaktyle Katzen verliebt hatte. Und als sie nun von all den großartigen Büchern hörte, die Hemingway in diesem Dachzimmer geschrieben hatte – auf der altmodischen Schreibmaschine mit den Tasten zum Runterdrücken –, beschloss die vierzehnjährige Laura, in ihrem Leben wenigstens drei Sachen zu erreichen.

1. Sie wollte alles lesen, was Hemingway je geschrieben hatte.

2. Sie wollte Schriftstellerin werden.

3. Sie wollte auch auf so einer Schreibmaschine schreiben.

Sobald ihre Familie nach Syracuse zurückgekehrt war, ging Laura in die Schulbücherei und schaute nach Büchern von Hemingway. Zu Weihnachten bekam sie eine alte Schreibmaschine von 1930, die ihre Eltern im Trödelladen gefunden hatten. Ziel Nummer 1 war nach sechs Monaten hingebungsvoller Lektüre bewältigt. Für Ziel Nummer 3 hatte sie nur ein wenig bitten und betteln müssen. Aber Ziel Nummer 2? Schriftstellerin werden?

Das war eine ganz andere Nummer.

Laura seufzte. Hier im Arbeitszimmer von Hemingway zu stehen und auf seine Schreibmaschine zu blicken, ließ die Erinnerung aufleben, wie sehr sie sich seinerzeit angestrengt hatte – wie sie ihre ersten Erzählungen in die Tasten der Schreibmaschine gehämmert hatte, die ihre Eltern ihr geschenkt hatten. Sie erinnerte sich auch noch an den höflich-distanzierten Ausdruck auf dem Gesicht ihres Lehrers, als der ihr sagte, ihre Erzählungen seien sehr gut, aber am Stil müsse sie arbeiten. Er sagte, sie klinge wie Hemingway und solle ihren eigenen Ton finden.

Laura war am Boden zerstört gewesen. Zwar wollte sie immer noch Schriftstellerin werden, aber als es darum ging, sich für die Uni einzuschreiben, überzeugten ihre Eltern sie, dass es «praktisch» wäre, in Syracuse zu studieren, wo ihr Vater Biologie unterrichtete und das Studium für sie deshalb umsonst wäre. Eigentlich hatte sie zu einer Uni mit einem guten Lehrprogramm für angehende Autoren gehen wollen, Iowa zum Beispiel, entschied aber schließlich, dass ihre Eltern recht hatten. Sie musste praktisch denken und schrieb sich für Literatur auf Lehramt ein.

Nessie sah ihr von Hemingways Schreibtisch aus zu, wie sie so in ihre Gedanken versunken dastand. Die Katze schien spüren zu können, wie es Laura ging. Sie sprang vom Schreibtisch, huschte an Lauras Seite und rieb den Kopf an ihrem Bein.

Lächelnd beugte Laura sich zu ihr hinunter und streichelte Nessie hinter den Ohren. Dann richtete sie sich wieder auf und blickte auf den Schreibtisch. Unvermittelt fiel ihr einer der berühmtesten Aussprüche von Hemingway ein. «Schreiben ist nicht schwer. Man muss sich nur an eine Schreibmaschine setzen und bluten.»

Vier Reisegruppen und vier Museumsführer später genehmigte ihr Vorgesetzter, der zeitplanbesessene Leo, eine einstündige Mittagspause.

«Die meisten Angestellten bringen sich was mit, aber einige gehen auch in eines der Restaurants in der Nähe. Für mich geht das in Ordnung, solange Sie pünktlich zurück sind.» Er sagte ihr, wo der Personalraum war, schaute auf seine Uhr und eilte weg.

Laura blickte zu Nessie. «Hast du das gehört, Süße? Die Zeit läuft, also kommen wir besser mal in die Gänge.» Während sie über den Gartenweg gingen, fragte Laura sich, ob Katzen so etwas wie Zeitgefühl hatten.

Wahrscheinlich nicht, dachte sie. *Zumindest machen sie den Eindruck, ganz im Hier und Jetzt zu leben.* Was ihr ziemlich schlau vorkam angesichts dessen, wie viele Stunden ihres Lebens sie damit vergeudet hatte, sich Sorgen wegen der Zukunft zu machen. Nessie schien es jedenfalls vollauf zu genügen, einfach neben Laura herzugehen. Den ganzen Morgen über war sie, abgesehen vom Pool-Teil, bei ihr geblieben. Was *hat sie nur mit dem Pool?*, fragte Laura sich. Ein Stück den Weg hinunter musste sie anhalten und ihr Lieblingsexponat anschauen: eine anderthalb Meter hohe perfekte Nachbildung des Hemingway-Hauses. Es hatte kleine grüne Fensterläden und einen winzigen umlaufenden Balkon wie das Original, nur eben für Katzen. Eine orange-schwarz Getigerte döste auf der Veranda vor der Eingangstür.

«Schau, Nessie, die schläft auf deinem Lieblingsplätzchen.»

Nessie zwinkerte und gähnte.

«So eins hätte ich auch gern. Es ist wie ein Barbie-Puppenhaus für Katzen.»

«Ich hoffe, Barbie hält ihr Haus sauberer.»

Laura erstarrte. «Sagt wer?»

«Ich, Jake.» Jake Jacobs' Kopf lugte seitlich des Hauses hervor.

«Oh. Ich, Laura.»

Jake lachte und kam hinter dem Haus hervor. In der Hand

hielt er einen komplett mit Katzenhaaren bedeckten Lappen. «Wie läuft's an deinem ersten Tag, Laura?»

«Gut. Ich hab gerade Mittagspause.»

«Isst du im Personalraum? Wenn du magst, leiste ich dir Gesellschaft. Ich muss nur noch das hier fertigmachen.»

«Klingt gut, dann bis gleich. Komm, Nessie.»

Als sie den Personalraum erreichten, ging Laura auf, dass sie vergessen hatte, sich etwas zu essen einzupacken. Aber eigentlich war das nicht schlimm, sie war noch satt von den Blaubeermuffins, die sie mit den Zwillingen gefrühstückt hatte. Sie beschloss, sich nur eine Tasse Kaffee zu nehmen, als sie sah, dass eine akkurat gekleidete Blondine ihr von einem Tisch in der Ecke zuwinkte.

«Laura, Laura Lange, setzen Sie sich zu mir, meine Liebe.»

Laura lächelte irritiert und tat wie geheißen.

«Hallo, Laura, ich bin Millie, Millie Graham, die Ticketverkäuferin. Ich hab Ihnen ein Sandwich mitgebracht. An Ihrem ersten Tag vergessen Sie bestimmt, sich was einzupacken, dachte ich. Ich hoffe, Sie mögen Tomate, Mozzarella und Basilikum.»

«Mag ich sehr, danke, das ess ich am liebsten», sagte Laura und nahm Millies sorgsam eingepacktes Sandwich entgegen. «Woher wussten Sie . . .»

«Dass Sie nicht dran denken würden? Ich arbeite hier schon ewig und drei Tage und kenne mich aus. Wann immer Sie mal irgendwas wissen wollen, kommen Sie zu mir. Ich weiß alles über jeden.»

«Danke. Aber trotzdem. Wieso wussten Sie . . .»

«Dass Sie Tomate, Mozzarella und Basilikum mögen? Das war nur eine Vermutung. Ich hab gehört, Sie sind aus New

York, deshalb dachte ich, Sie mögen was Extravagantes, Vegetarisches.»

Laura lachte. «Syracuse ist bestimmt nicht extravagant.»

«Extravaganter als Florida allemal. Fragen Sie nur Jake. Er kommt gerade rein.»

Laura wandte sich um und sah Jake mit einer braunen Papiertüte in der Hand quer durch den Raum auf ihren Tisch zukommen.

«Was ist auf deinem Brot, Jake?», fragte Millie, als er sich zu ihnen setzte.

Verwirrt angesichts der Frage schaute Jake sie eine Weile an, antwortete dann aber doch. «Erdnussbutter und Marmelade.»

«Sehen Sie», sagte Millie. «Die Männer in Florida sind nicht unbedingt extravagant. Obwohl ich sagen muss, Jake sieht sehr gut aus in dem engen T-Shirt. Hast du heute Morgen trainiert?»

Jake wurde rot. «Ähm, ja, ich hab heute Morgen trainiert.»

«Das macht sich aber wirklich allmählich bemerkbar», lobte Millie. «Kennst du Laura schon?»

«Ja, wir haben uns gestern getroffen», sagte Jake, froh über den Themenwechsel. «Und, wie läuft's im Dienst?»

«Im Dienst?» Laura lächelte verschmitzt. «Also doch ein Soldat!»

Jake wandte sich Millie zu und erklärte: «Das macht der Haarschnitt, jeder zieht mich damit auf.»

«Steht dir super», sagte sie. «Aber los, Laura, erzählen Sie.»

Laura holte tief Luft. «Also, ich bin heute Morgen bei vier Rundgängen dabei gewesen. Zuerst bei Lucky Leo, dann bei Sasha, dann bei Carol und schließlich bei Bob. Es war wahnsinnig interessant. Alle vier liefern den Gästen dieselben Informationen, aber jeder von ihnen hat seinen ganz eigenen Stil.»

Millie lehnte sich vor und fragte mit gesenkter Stimme: «Und, welchen von Ihnen fanden Sie am besten? Und welcher war am schlechtesten? Mir können Sie es ruhig sagen. Ich schweige wie ein Grab.»

Laura zögerte und wand sich ein wenig, aber wurde dann glücklicherweise vom Klackern hoher Absätze gerettet.

Es war Margarita Bouffet in ihren nagelneuen roten Pumps.

«Jake, Laura, ich müsste Sie kurz sprechen», sagte sie und tänzelte durch den Raum auf den Tisch zu, an dem sie saßen. «Darf ich Sie um einen Gefallen bitten? Das Hemingway-Haus richtet morgen einen Tanzabend meines Clubs aus. Es ist unsere monatliche offene Soiree, und ich hab zu wenige Helfer. Wären Sie eventuell bereit, mit aufzubauen, während der Veranstaltung Getränke nachzufüllen und hinterher aufzuräumen?»

Laura blickte zu Jake. «Ich ... äh ...»

«Natürlich bezahlt. Es wird auch nicht viel zu tun sein. Sie werden jede Menge Zeit haben, sich zu amüsieren. Sie mögen doch Gesellschaftstanz, oder, Laura?»

«Äh ... ja.»

«Großartig! Laden Sie gern auch Ihre Mitbewohnerinnen ein. Ich weiß, die Crabb-Mädchen feiern gern.»

Jake schaute zu Laura und musste sich anstrengen, nicht zu lachen, so verdattert guckte sie. «Klar, Margarita. Ich bin dabei. Mack macht den DJ, oder?»

«Ja, er hat zugesagt», erwiderte Margarita, «das wird ein rauschendes Fest. Alle werden da sein.»

«Ich komme auch», sagte Millie.

«Das ist wirklich nett von Ihnen. Und stellen Sie sich vor, Mack hat versprochen, seinen Onkel Rooster zu überreden, dass er auch kommt.»

«Das wird sehenswert», sagte Jake grinsend.

«Darauf wette ich», erwiderte Margarita. «Kommen Sie doch um halb acht zum Aufbauen. Denken Sie daran, sich angemessen zu kleiden. Und Tanzschuhe nicht vergessen!» Auf klackernden Absätzen tänzelte Margarita aus dem Personalraum.

Laura wollte gerade gestehen, dass sie keine Ahnung von Gesellschaftstanz hatte, als ihr Handy piepste. Sie zog es aus der Rocktasche, blickte darauf und stöhnte.

Die Nachricht lautete: *Ich vermisse dich. Können wir reden?*
Sie war von Devin.
Ihrem Freund.

6

Der Abend vor dem Tanzabend

Es war der Abend vor dem Tanzabend, und niemand in ganz Key West dachte daran, sich schlafen zu legen.

Die Leute wussten nicht, was sie anziehen sollten.

Margarita Bouffet durchwanderte ihr Schlafzimmer und hielt verschiedene Accessoires – Halsketten, Ohrringe, Armreifen, Ringe – an ihre Lieblingstanzkleider. Immerhin hatte sie deren Auswahl inzwischen auf drei begrenzt. Die sinnliche spanische Señorita, die sexy griechische Göttin und die Unwiderstehliche aus *Dirty Dancing: Havana Nights.* Margarita fand, dass sie in allen dreien ziemlich heiß aussah. Unfassbar heiß sogar mit der passenden Frisur und dem richtigen Make-up. Aber dann verdarben Zweifel ihr den Spaß.

Will ich wirklich Foster Lee Jackson um den Verstand bringen?

Foster wusste längst, was er anziehen würde – eine mintgrüne Smokingjacke mit schwarzer Zierleiste – er konnte sich nur nicht entscheiden, ob er die dazu passende Hose und Weste tragen sollte oder lieber eine schwarze Hose mit schwarzem Kummerbund. Er probierte den Kummerbund an, zog ihn fest um seine Mitte und posierte wie ein original argentinischer Tangotänzer vor seinem Ganzkörperspiegel. Der Kummerbund ließ ihn glatt fünf Kilo leichter wirken.

Also der Kummerbund!

Millie Graham hatte keine Ahnung, was sie zu dem Gesell-schaftstanz-Abend tragen sollte. Aber wie sie so in ihren Kleiderschrank spähte, wusste sie, sie würde nichts Pas-sendes darin finden, bestand ihre Garderobe doch weit-gehend aus beigefarbenen Hosen, weißen Blusen und blauen Tüchern. Gut, ein paar andere Optionen gab es auch: zwei, drei geblümte Sommerkleider (zu schlicht), ein Mantelkleid mit perlenbesetztem Kragen (zu sehr Mutter der Braut), ein schwarzes Kleid mit weißen Spitzenapplikationen (zu sehr trauernde Witwe). Millie wusste, was sie zu tun hatte. Sie würde ihren Stolz herunterschlucken und ihre Nachbarin Connie um Hilfe bitten. Connie hatte einen erstklassigen Geschmack und einen unerschöpflichen Vorrat an Outfits für jeden Anlass. Nicht nur war sie eine regelrechte Modenärrin, deren Credo es zu sein schien, nichts zweimal zu tragen, son-dern sie war außerdem noch eine professionelle Hairstylistin und Make-up-Künstlerin, und sie brannte seit Jahren darauf, Millie mal in die Finger zu kriegen.

Nun, Connie, dachte Millie, als sie bei ihrer Nachbarin klopfte, *sieht so aus, als wäre das heute dein Glückstag.*

Jake Jacobs stand stocksteif im alten Smoking seines Vaters in der Mitte des Wohnzimmers, während seine Mutter ihm die Hosensäume und den Rücken des Jacketts absteckte.

«Ist das wirklich nötig?», fragte er. «Weißt du überhaupt, wie so was geht?»

Seine Mutter verdrehte die Augen und befahl ihm, die Klappe zu halten und stillzustehen.

«Sonst steche ich dir noch ins Bein», sagte sie. Als sie mit dem Abstecken fertig war, trat sie einen Schritt zurück und betrachtete ihn.

«Du siehst wirklich gut aus. Sogar noch besser als dein Vater. Ich wünschte, er könnte dich jetzt sehen.» Jake war überrascht zu sehen, dass sich ihre Augen mit Tränen füllten.

«Mom, nicht weinen.»

Sie atmete tief ein und blinzelte die Tränen weg. «Entschuldige. Ich weiß ja, es ist jetzt sieben Jahre her. Aber es vergeht kein einziger Tag, an dem ich nicht an ihn denke.»

Jake machte einen Schritt auf sie zu und zog sie in seine Arme. «Ich weiß, Mom, mir geht's genauso.»

Sie schob ihn von sich weg. «Nicht umarmen, du verlierst nur die Nadeln. Jetzt zieh mal das Jackett aus, aber vorsichtig!, und dann bring mir die Nähmaschine aus dem Flurschrank.»

Als Jake den Raum verließ, dachte er an seinen Vater und daran, wie sehr er ihn vermisste. Und er fragte sich unweigerlich, ob für seinen Freund Mack das Anziehen eines Anzugs auch jedes Mal eine solche Gefühlsachterbahn war.

Besitzt Mack überhaupt einen Anzug?

Mack McCloud besaß in der Tat einen Anzug. Es war sogar noch besser: Anders als die anderen Teilnehmenden musste er sich keinerlei Gedanken darüber machen, was er tragen würde. Als Margarita Bouffet ihn vor einiger Zeit gefragt hatte, ob er auf einigen ihrer Tanzveranstaltungen als DJ arbeiten wollte, war er in den Secondhandladen gegangen und hatte sich kurzerhand eine Smokingjacke aus violettem Samtdamast gekauft, zu der er gewöhnlich eine schwarze Hose, ein weißes Hemd und einen schmalen schwarzen Schlips trug. Dass die Jacke so gut passte, war ein kleines Wunder, und Margarita schwärmte, die samtenen Wirbel auf dem Damast spiegelten die wirbelnden Bewegungen der Tänzer, und das leuchtende Violett unterstrich Macks Persönlichkeit. Was immer das heißen sollte. Mack beschloss, es als Kompliment zu sehen. Als er ihre Musikwünsche für den Tanzabend durchging, dachte er unweigerlich an die neue Museumsführerin im Hemingway-Haus. Jake hatte gesagt, sie würde ebenfalls auf der Veranstaltung aushelfen.

Wird Laura den ganzen Abend mit Jake tanzen?, fragte er sich. *Und hätte Jake was dagegen, wenn ich sie mir auch mal schnappe?*

Rooster McCloud stellte sicher, dass die Schlafzimmertür abgeschlossen war, ehe er die graue Kleiderhülle ganz hinten aus seinem Schrank hervorzog.

Er wollte nicht, dass sein Neffe ihn dabei erwischte.

Behutsam und beinahe liebevoll legte er die Hülle auf das Bett und zog langsam den Reißverschluss auf. «Ach, hallo, du», flüsterte er. «Lange nicht gesehen.» Er langte in die Abdeckung und beförderte den darin verborgenen Schatz ans Tageslicht: den besten Anzug der Welt. *Mack wird ausflippen, wenn er mich darin sieht*, dachte er mit einem Kichern. Die Überraschung auf seinem Gesicht, als Rooster begeistert und ohne zu zögern zugesagt hatte, war schon ziemlich lustig gewesen. Aber das hier würde ihn aus den Socken hauen.

Das würde sie alle aus den Socken hauen. Mit einem erneuten Kichern nahm er die Teile des Anzugs von ihren gepolsterten Bügeln und probierte ihn an. *Passt immer noch, da brat mir doch einer einen Storch.* Er rückte den Kragen und die Krawatte zurecht und begutachtete sich im Spiegel an der Tür. «Schau dich nur an, Junge», sagte er zu seinem Spiegelbild. «Du alter Vogel hast es noch voll drauf.» Er warf sich in Positur. «Siehst gut aus.» Er drehte sich um und blickte über seine Schulter. «Sogar der Hintern sieht gut aus.» Dann machte er ein paar Schritte, um sich in Gänze zu sehen. «Mhm», knurrte er. «Ich weiß nicht recht.» Abgesehen von seinen nackten Füßen störte noch etwas das Bild ganz erheblich: seine langen grauen Haare und sein zotteliger Bart. Mit einer Hand nahm er seine Haare zusammen und verdeckte mit der anderen seinen Bart und musterte sich zweifelnd im Spiegel. Dann warf er einen Blick auf die Schere auf seinem Schreibtisch. *Soll ich?*, fragte er sich. *Kann ich das einfach so machen? Und wenn ich es mache, würde Margarita es mögen?*

Laura Lange kam in ihrem hübschesten Partykleid aus ihrem Zimmer und machte eine kleine Laufstegdrehung für die Zwillinge. «Was meint ihr? Passt das?»

Jilly und Jolene antworteten nicht gleich, was schon mal kein gutes Zeichen war. Aber zumindest Polly Parton pfiff ihr hinterher.

«Sieht niedlich aus», sagte Jilly schließlich. «Also wirklich, total süß und alles, ich mag es ...»

«Aber?»

«Doch für Gesellschaftstanz ist es nicht geeignet.»

«Es ist wirklich süß», sagte nun auch Jolene. «Aber die

Frauen, die da morgen aufschlagen, die geben alles, das kannst du dir nicht vorstellen, es ist komplett irre.»

«Wir reden hier von echten Roben», sagte Jilly.

Laura seufzte. «Also wirklich, jetzt hab ich doch tatsächlich vergessen, meine Robe einzupacken. Eine andere Möglichkeit wäre mein kleines Schwarzes, vielleicht könnte ich das mit ein paar Accessoires aufwerten ...?»

Jilly und Jolene sagte nichts, und Laura verstand.

«Was soll ich denn machen? Margarita hat Jake und mir gesagt, wir sollen ‹angemessene Kleidung› tragen. Ich weiß noch nicht mal, was das eigentlich heißen soll.» Sie stöhnte. «Was zieht ihr zwei an?»

«Wir haben ein paar geeignete Kleider. Schließlich gehen wir schon seit Jahren zu den öffentlichen Tanzabenden», sagte Jilly.

«Genau», sagte Jolene. «Wir würden dir ja eins von unseren leihen, aber ich glaube nicht, dass die passen.»

Laura lachte. «Ja, ja, nett, dass du es noch mal sagst. Als wäre es nicht so schon demütigend genug, Mitbewohnerinnen zu haben, die wie Models für Bademode aussehen.»

«Also bitte, du bist sehr hübsch, Laura», sagte Jolene.

«Ganz bezaubernd», stimmte Jilly zu. Sie wandte sich an ihre Schwester. «Vielleicht könnte sie eins von Moms Kleidern tragen? Sie scheinen ungefähr die gleiche Größe zu haben.»

Jolene musterte Laura von oben bis unten. «Ja, vielleicht.»

«Lebt eure Mutter auch hier in Key West?», fragte Laura.

«Nein, sie ist mit Dad in Guam», erwiderte Jilly.

«Guam?», fragte Jolene irritiert. «Ich dachte, sie wären in Japan.»

«Da sind sie letzte Woche abgereist. Jetzt sind sie in Guam.» Jilly drehte sich zu Laura um. «Unsere Eltern sind seit letztem Jahr im Ruhestand und bereisen seitdem die Welt. Wir haben ihr Haus bekommen.»

«Und das Segelboot.»

«Und das Schnorchelbusiness.»

«Oh», sagte Laura ein bisschen überrascht. Das erklärte, wie sich zwei so junge Frauen ein eigenes Haus und ein Segelboot in Key West leisten konnten. Seit Laura bei ihnen eingezogen war, hatte sie das wissen wollen, aber unhöflich gefunden zu fragen. «Also sind die Kleider eurer Mutter hier im Haus?»

«Ja! Oben, komm mit!»

Anderthalb Stunden später trug Laura glücklich und zufrieden ein anmutiges blaues Kleid und atemberaubende paillettenbesetzte Tanzschuhe in ihr Zimmer. Zumindest konnte sie jetzt aufhören, sich wegen der Kleiderfrage Sorgen zu machen, dachte sie erleichtert, als sie im Bett lag, und anfangen, sich wegen ihrer ersten Tour am kommenden Morgen zu ängstigen.

Reg dich ab, Laura, du kannst das, redete sie sich gut zu.

In allen acht Führungen, an denen sie teilgenommen hatte, war nicht ein einziges Detail über das Hemingway-Haus zur Sprache gekommen, das sie nicht bereits gewusst hatte. Wochenlang hatte sie alles auswendig gelernt und ihre Präsentation geübt. Sie war perfekt vorbereitet. Sogar Jillys Micky-Maus-Uhr hatte sie sich ausgeliehen, damit sie die Zeit im Auge behalten konnte.

Lucky Leo würde das gutheißen.

Mit diesem beruhigenden Gedanken schaltete Laura die

Piratenlampe aus, gab dabei auf den Degen acht und schloss die Augen. Diesmal würde sie nicht Rooster McClouds Radiosendung brauchen, um einzuschlafen. Sie war sehr müde. Und im Haus war es ungewöhnlich und wunderbar still. Polly Parton sang nicht, und Romeo und Julia stritten sich nicht. Schon nach wenigen Minuten driftete Laura weg, auf ihre eigene kleine Insel in der endlosen See der Träume.

Es war die Nacht vor dem Tanzabend, und nicht ein Geschöpf in ganz Key West rührte sich mehr ...

Abgesehen von einer sechskralligen Katze auf einem heißen Blechdach. Auf Lauras Blechdach.

Tallulah war zurück.

Am nächsten Morgen nahm eine andere sechskrallige Katze Lauras Platz als Beobachterin ein, während Laura die Führung über das Anwesen leitete.

«Das Haus stand lange leer und war halb verfallen, als Hemingway und seine zweite Frau Pauline 1928 das erste Mal auf die Insel kamen. Zwei Jahre später erfuhren sie, dass sie es erwerben könnten, wenn sie die ausstehenden Steuern beglichen.»

Nessie hatte keine Ahnung, wovon Laura redete, mochte aber die Stimme des weiblichen Menschen. Sie war ein bisschen kratzig und sehr wohltuend.

Beinahe wie ein Schnurren.

Als die Gruppe in die Eingangshalle des Hauses trat, bemerkte Nessie, dass Lucky Leo sich ihnen angeschlossen hatte. Vom Wohnzimmer aus ging es ins Esszimmer, dann in die Küche, und die ganze Zeit beobachtete er Laura, wie eine Katze eine Maus beobachtet.

Das machte Laura nervös.

Und dass Laura nervös war, machte Nessie nervös.

Einmal unterbrach Leo Laura sogar. «Was Laura sagt, stimmt, die Küche hatte bis 1940 keinen Wasseranschluss», mischte er sich ein. «Aber bis dahin nutzte man das Regenwasser, das hier auf dem Gelände in zwei Zisternen gesammelt wurde. Eine ist neben der Remise, die andere auf dem Dach.»

«Äh, danke, Leo», sagte Laura mit dünner Stimme.

Nessie hatte keine Ahnung, worum es ging. Aber sie hatte kein gutes Gefühl. Nachdem Leo gesprochen hatte, wirkte Laura sogar noch nervöser als vorher. Ihre Anspannung löste sich erst im Obergeschoss. Sobald Laura anfing, über das auf einem der Kleiderschränke befindliche seltsam geformte Objekt zu sprechen, wurde sie zusehends sicherer, das entging Nessie nicht.

«Diese entzückende Katzenskulptur aus Keramik wurde von Pablo Picasso entworfen», sagte sie mit einem Lächeln zu der Gruppe. «Aber sie ist nicht das Original. Das Ganze ist eine verrückte Geschichte. Hemingway und Picasso lernten sich 1922 über ihre gemeinsame Freundin Gertrude Stein kennen. Als Hemingway Picassos verrückte geometrische Katzenskulptur in dessen Atelier in Paris sah, verliebte er sich unsterblich und wollte sie unbedingt besitzen. Sie sollte ein Geschenk des Katzenliebhabers für seine Frau werden. Picasso schlug einen Tausch vor: die Statue gegen eine Kiste Granaten, die Hemingway noch aus dem Ersten Weltkrieg hatte. Hemingway schlug ein. Jahrzehntelang war Picassos Katze eines der Ausstellungsstücke hier im Hemingway-Haus. Bis dann eines Tages ...»

Laura hielt inne und hob, um den dramatischen Effekt zu erhöhen, den Zeigefinger.

«... im November 2000 ein Teilnehmer einer Führung wie unserer hier beschloss, die Katze zu stehlen. Verständlicherweise waren die Kuratoren des Museums wirklich aufgebracht, setzten sogar eine Belohnung von 10 000 Dollar aus, um die Katze zurückzukriegen. Als das FBI den Dieb schließlich festsetzte, war Picassos Statue so beschädigt, dass sie nicht mehr restauriert werden konnte.»

«Die hier ist also Fake?», fragte einer der Touristen.

«Sie ist eine erstklassige Nachbildung, geschaffen von Bob Orlin, einem begnadeten Bildhauer und Maler, der seltsamerweise auch noch Hemingway ausgesprochen ähnlich sieht.»

Nessie hatte keine Ahnung, worum es bei dem, was Laura erzählte, ging, aber sie war sicher, dass Leo sehr zufrieden damit war. Und beinahe noch zufriedener war er, als Laura jetzt auf das Ding an ihrem Handgelenk blickte.

«Wenn Sie nun bitte auf den Balkon hinaustreten. Von dort aus können Sie die Aussicht auf die Gärten und sogar den Leuchtturm von Key West genießen. Anschließend werden wir die Außentreppe hinunter zum Pool nehmen.» Laura sah zu, wie die Touristen mit gezückten Kameras und Telefonen nacheinander durch die Flügeltüren nach draußen auf den Balkon traten. Sie schaute zu Nessie hinab und sagte: «Den Teil der Führung willst du bestimmt auslassen. Wir sehen uns nachher wieder, einverstanden, meine Liebe?»

Diesmal verstand Nessie, was Laura gesagt hatte. Sie miaute und jagte aus dem Raum, ließ Laura allein mit Lucky Leo Trout.

Laura lächelte Leo an, und er lächelte zurück. Sie wusste

nicht, ob das Lächeln «gut gemacht» hieß oder «ach du liebe Güte». Sie scheute sich zu fragen, aber andererseits musste sie es unbedingt wissen.

«Wie mache ich mich, Boss?»

Leo lächelte wieder. «Wir reden später.»

Später...

... sah Millie Graham zu, wie die Letzten aus Lauras Touristengruppe in Richtung des Ausgangs spazierten. Einige hielten bei ein paar Katzen inne, die auf Bistrostühlen saßen wie extravagante Gäste in einem Pariser Café. Andere aus der Gruppe machten am Tor ein letztes Selfie mit dem Hemingway-Haus im Hintergrund. Alle bekamen zum Abschied ein warmes Lächeln und ein Winken von Millie, die jeden Besucher einzeln vom Fenster des Kassenhäuschens aus verabschiedete.

«Ich hoffe, es hat Ihnen bei uns gefallen», sagte sie ein ums andere Mal. «Beehren Sie uns bald wieder.»

Obwohl sie ihren Job wirklich mochte, war sie froh, dass der Arbeitstag vorüber war. Sie musste nämlich die ganze Zeit an das noble Kleid denken, das ihre Nachbarin Connie ihr geliehen hatte – und an die schicke Frisur, die Connie ihr machen würde, sobald sie von der Arbeit nach Hause käme.

Noch fünf Minuten und ein paar zerquetschte.

Auch Margarita Bouffet sah auf die Uhr. Sie saß in ihrem kleinen vollgestellten Büro hinter dem Museumsshop, überprüfte noch einmal ihre Termine und stellte sicher, dass alles für den heutigen Abend bereit war. Die Leute mit den Mietmöbeln würden in fünfzehn Minuten kommen und die Tische und Stühle rund um den hölzernen Tanzboden im Seitenhof aufstellen. Margarita betete, dass sie pünktlich waren und sie genug Zeit hatte, heimzufahren und sich zurechtzumachen. Danach musste sie rechtzeitig wieder da sein, um die Caterer in Empfang zu nehmen, die um halb acht kommen sollten, genau wie Jake und Laura.

«Oh, Nessie, du weißt, wie gern ich Partys mag, aber selbst eine zu geben, ist wirklich anstrengend», sagte sie, bevor ihr auffiel, dass die Katze nicht da war. Sie blickte unter ihren Schreibtisch. «Nessie?»

In der Annahme, dass die Katze vermutlich bei Laura war, ging sie nach draußen, um zu sehen, ob die Möbel schon eingetroffen waren. Als sie durch den Garten zum Tor ging, bemerkte sie auf einer der Bänke eine Katze und zwei Menschen.

Es war Nessie, und sie saß zwischen Laura und Lucky Leo.

Der Tourenchef und die neue Museumsführerin schienen in ein ernstes, aber freundliches Gespräch verstrickt zu sein, wobei Leo am meisten redete. Nessie blickte von einem zum anderen und versuchte zu verstehen, worum es ging.

«Ach, Nessie, du arme, süße, unschuldige Katze», murmelte Margarita. «Jetzt bist du doch tatsächlich in ein offizielles Mitarbeitergespräch geraten.»

Jake Jacobs hatte die Näpfe der Katzen aufgefüllt und wollte gerade abspülen, als er mitbekam, wie Laura sich von Lucky Leo verabschiedete. Er wartete, bis Leos Glatzkopf nicht mehr zu sehen war, dann wedelte er mit den Armen, um Lauras Aufmerksamkeit auf sich zu ziehen. Sie blickte herüber, schnitt eine Grimasse und kam zu ihm gewankt wie ein Soldat mit einer Verwundung.

«Und? Ist deine Show ein Hit? Hast du Standing Ovations bekommen?»

Laura seufzte. «Alles in allem lief es wohl ganz gut.»

«Was heißt das denn?»

«Na ja, Leo hat meine erste und meine letzte Führung des Tages mitgemacht und einen großen Unterschied zwischen beiden festgestellt. Bei der ersten sei ich sehr nervös gewesen, bei der letzten dagegen viel sicherer.»

«Das ist doch klar.»

«Er sagte auch, dass ich, ich zitiere, ‹außergewöhnlich gut vorbereitet› wirke, ‹fast schon mechanisch›. Ich muss ‹entspannter und spontaner› werden.»

«Was denkt der eigentlich, wer er ist?»

«Ja, oder?! Aber immerhin hat er mir ein paar gute Tipps gegeben, ein paar nützliche Details und so. Mein größtes Problem ist das Timing. Versehentlich hab ich zwischendrin einen Stau erzeugt. Auf dem Balkon im Obergeschoss drängten sich plötzlich zwei Gruppen. Leo nannte das ‹ein ernstes Sicherheitsrisiko›.»

«Was für ein Quatsch. Lass die Leute eine Klausel unterschreiben. Betreten auf eigene Gefahr.»

«Ich werd's Leo vorschlagen», sagte Laura und lachte.

Jake wollte gerade noch einen Witz machen, als er Margarita am Tor stehen und wild in Richtung eines Lasters winken sah, der auf der Straße hielt. Anscheinend etwas für die Veranstaltung.

Er wandte sich Laura zu. «Dann sehen wir uns später?»

«Ja, ganz sicher.»

«Lust, auf das eine oder andere Tänzchen?»

«Unbedingt.»

«Angemessen gekleidet?»

«Angemessen gekleidet.»

«Wunderbar. Dann haben wir ein Date.»

«Ein Date?»

«Nein, das sagt man nur so.»

«Also haben wir kein Date?»

«Sag Auf Wiedersehen, Laura.»

«Auf Wiedersehen, Laura.»

7

«What's New, Pussycat?»

Als die Sonne sich langsam senkte, begann die allgemeine Aufregung zu steigen. Jeder auf der Insel – oder zumindest die Mitglieder des Key-West-Tanzclubs und deren an Gesellschaftstanz interessierte Gäste – konnte die Magie spüren, die in der Luft lag.

Hemingways Katzen fühlten sie auch. Irgendetwas Besonderes würde am Abend stattfinden, das die Katzen auf gar keinen Fall verpassen wollten. Besonders die Kätzchen nicht.

Noch nie hatten Larry, Curly und Moe etwas Vergleichbares erlebt. Als diese männlichen Menschen kamen, um Tische und Stühle um die Tanzfläche herum aufzustellen, purzelten die Kätzchen in dem Versuch, einen Blick auf das Geschehen zu erhaschen, buchstäblich übereinander vor Neugier. Als sie aber die ganzen Tischbeine und Stuhlbeine und Menschenbeine in Bewegung sahen, beschlossen sie, doch lieber aus sicherer Entfernung zuzusehen. Die halbwegs erwachsenen Katzen – Boxer und Bullfighter zum Beispiel – waren um einiges wagemutiger. Als Sound und Licht installiert wurden, warfen sich die raubeinigen Brüder auf diese ganzen über den Boden gleitenden Schlangen, um sie fertigzumachen. Natürlich waren es keine Schlangen, sondern Kabel, aber das hielt die Brüder nicht davon ab, sich auf sie zu stürzen.

Die älteren Katzen wie Nessie und Pawpa Hemingway waren nicht halb so neugierig wie die jungen, hatten sie doch schon viele Feste erlebt – Hochzeiten und andere Events –, also war das hier für sie nichts Neues. Was Nessie und Pawpa aber nicht davon abhielt, die wichtigsten Aussichtspunkte im Garten zu besetzen. Obwohl sie vorgaben, maximal gelangweilt zu sein, wollten sie natürlich nichts verpassen. Kilimandscharo stand wie immer über allem. Auf dem Balkon im ersten Stock hatte sie ihren Hochsitz bezogen und beobachtete die Geschehnisse durch das schmiedeeiserne Geländer hindurch. An ihrer Seite hatte sich Lady Brett Ashley eingefunden, die ihren Stammplatz auf Hemingways Bett kurzzeitig verlassen hatte, um zu sehen, was vor sich ging. Unter ihnen auf der Tanzfläche hatte Spinderella bereits ihren Auftritt. Das schwarz-grau getigerte Kätzchen schlitterte, glitt und kreiselte über das Holz, dass es eine Freude war. Für einige von Hemingways Katzen, unter ihnen auch Whiskey und Chew-Chew, hatte das Fest längst begonnen. Diese talentierten Schurken hatten ihren neuesten Coup zu planen begonnen, sobald sie sahen, wie die Bartender und Caterer die Buffets eindeckten. Von vorangegangenen Partys wussten die Zwillinge, dass sie unter dem Radar bleiben mussten, bis die Menschen von ihren Tischen aufstanden, um zu tanzen, und Essen und Getränke unbeaufsichtigt ließen. Wegen ihrer smokingähnlichen Fellfärbung gelang es Whiskey und Chew-Chew mühelos, selbst bei den elitärsten Anlässen mit den elitärsten Horsd'œuvres und Cocktails nicht aufzufallen.

Sie mussten eigentlich nur geduldig sein. Und auf den richtigen Moment zum Zuschlagen warten.

«Wow! Ihr Jungs seht ja toll aus. Angemessen gekleidet, das kann man nicht anders sagen.» Jake und Mack hörten auf, am Soundsystem zu basteln, und blickten Laura entgegen, die den Tanzboden überquerte. Sie trug ein schimmerndes stahlblaues Kleid mit halbdurchsichtigem Oberteil, in den wadenlangen Rock, der beim Gehen schwang, waren Streifen aus Spitze eingearbeitet. Ihr goldbraunes Haar war hochgesteckt, und ihr Gesicht strahlte förmlich – dank der wunderbaren Make-up-Künste der Zwillinge.

«Hallo! Wer sind Sie denn, schöne Frau?»

«Das ist nicht das neue Girl aus Syracuse, oder?», sagte Mack. «Das letzte Mal warst du voller Hühnerfedern. Hattest du etwa dieses Kleid im Gepäck?»

«Das alte Ding hier?», scherzte Laura und drehte sich ein wenig. «Das gehört Mrs. Crabb. Die Zwillinge waren ganz aus dem Häuschen, weil sie mich stylen durften. Ein bisschen kam ich mir vor wie ihr Versuchskaninchen.»

«Ja, die Crabb-Schwestern kennen sich aus mit Tieren.»

«Jap, ist mir aufgefallen.»

«Tja, *Diamonds Are a Girl's Best Friend*», lenkte Jake das Gespräch weg von den Crabb-Schwestern. «In den Schuhen bist du aber nicht hergelaufen, oder? Die sind der Hammer.»

«Nein», sagte Laura und hielt eine Tüte hoch. «Ich bin in Sneakers gekommen. Das sind eh keine Diamanten, sondern Strass und Pailletten, aber ich bin trotzdem nervös. Jilly und Jolene haben darauf bestanden, dass ich die anziehe. Sonst taugt das ganze Outfit nichts, haben sie gesagt.»

«Den Crabb-Schwestern kann man nicht widerstehen», sagte Mack. «Oder, Jake?»

Jake warf ihm einen giftigen Blick zu.

Laura, die es bemerkt hatte, wechselte das Thema. «Aber nun zu euch, Jungs. Jake, du siehst aus wie ein Filmstar aus den Vierzigern. Oder wie James Bond, der sich gleich einen Martini bestellt.»

«Geschüttelt, nicht gerührt», sagte Jake weltmännisch.

«Und du erst, Mack, verdammte Axt, das ist die coolste Smokingjacke, die ich je gesehen habe. Du bist ein Traum in Violett. Hast du das Ding von Prince geklaut?»

«In der Tat. Heute Abend werde ich nämlich tanzen, als hätten wir *nineteen-ninety-nine*.» Zu seiner kleinen Gesangseinlage hob er beide Arme und drehte sich.

Laura lachte. «Ich finde, ihr seht beide umwerfend aus.»

«Da kann ich nur zustimmen.» Margarita Bouffet schritt in ihrem verführerischsten, heißesten feuerroten Salsakleid über die Tanzfläche auf sie zu. Der Stoff, dessen Farbe mit ihren neuen Tanzschuhen und ihrem Lippenstift harmonierte, schmiegte sich an ihre weiblichen Rundungen. Das schwarze Haar hatte sie zu einer Seite gebunden, sodass ihre Locken sich über ihre Schulter ergossen und sie kein bisschen mehr aussah wie die Frau mittleren Alters, die das Hemingway-Haus leitete.

Sie sah aus wie eine Naturgewalt.

«Holt den Feuerlöscher», murmelte Mack. Laura und Jake waren zu überwältigt von ihrer Erscheinung, um überhaupt etwas zu sagen, was kein Problem war, denn Margarita übernahm das Reden.

«Schauen Sie sich nur an! Ich muss sagen, ich bin wirklich

beeindruckt. Als ich sagte, Sie sollen angemessene Kleidung tragen, habe ich keinesfalls mit so etwas gerechnet. Sie haben sich ganz schön rausgemacht. Jake, in diesem Smoking sehen Sie so lässig aus wie der junge Cary Grant. Und Mack, attraktiver denn je. Wie haben Sie das gemacht? Ist es der fehlende Dreitagebart? Wie auch immer Sie das hingekriegt haben, ich finde, Sie haben noch nie so gut ausgesehen. Jungs, bei Ihrem Anblick werden die Damen reihenweise in Ohnmacht fallen.» Dann wandte sie sich Laura zu, musterte sie von oben bis unten und seufzte hingerissen. «Laura, Laura, Laura, ich hatte keine Ahnung, dass unsere neue Museumsführerin eine solche Schönheit ist. Das Kleid, die Schuhe, Ihr Haar ... ganz zauberhaft. Sie könnten glatt als Disney-Prinzessin durchgehen.»

Laura errötete. «In der Aufmachung komme ich mir wirklich ein bisschen wie Cinderella vor.»

«Oh, Sie sehen magisch aus. Wenn ich Ihre böse Stiefmutter wäre, würde ich Sie irgendwo verstecken, damit Sie mir nicht die Show stehlen. Sie werden unsere Ballkönigin sein, da bin ich sicher.»

Laura lachte. «Danke, aber der Platz ist schon vergeben. Margarita, Sie sehen – verzeihen Sie meine Direktheit – aber Sie sehen echt heiß aus. Oder, Jake, Mack?»

«Sie sehen umwerfend aus, Margarita», sagte Jake.

«Ihr bester Look bisher», fügte Mack hinzu. «Da sollte ein Schild dranhängen, *leicht entflammbar.*»

Margarita kicherte wie ein Schulmädchen und machte einen Salsa-Move. «Danke, meine Lieben, ich gebe mein Bestes. Nun zu unserem Abend: Mack, Sie haben die Playlist. Jake und Laura, Sie beide würde ich bitten, ein Auge auf das Buffet zu haben, bei Bedarf die kalten Platten aufzufüllen und hin und wieder benutzte Teller von den Gästetischen abzuräumen. Jetzt würde ich Sie bitten, die Tafelaufsätze aus dem Foyer zu holen und entsprechend anzuordnen. Ansonsten genießen Sie bitte den Abend und tanzen sich die Füße wund. Als Ihre Chefin ordne ich das an.» Sie zwinkerte, lächelte und entfernte sich mit ein paar Cha-Cha-Cha-Schritten, was Nessie erschreckte, die gerade über die Tanzfläche kam, um Laura zu begrüßen, sich nun aber an den äußersten Rand des Gartens zurückzog.

«O nein, ich hab Nessie verschreckt», sagte Margarita. «Entschuldige, Kätzchen. Aber dabei fällt mir ein: Bitte haben Sie ein Auge auf die Katzen. Besonders auf Chew-Chew und Whiskey. Wenn man sie lässt, stehlen sie Schnittchen und berauschen sich an den Cocktails.»

Mit einer gekonnten Drehung wandte sie sich ab und eilte mit wehendem Kleid und schwingenden Locken zurück zum Haus – die Katzen rechts und links ihres Weges stoben zur Seite.

Laura blickte zu Jake und Mack. «Das Ganze hier ist das Schrägste, was ich je erlebt habe.»

«Wart's ab», erwiderte Mack. «Die Nacht ist jung.»

Dreißig Minuten später ...

... wurde es noch wesentlich schräger.

Punkt acht legte Mack den ersten Song auf und spielte, während nach und nach die Gäste eintrudelten, lateinamerikanischen Salsa, Sambas, Rumbas und Big-Band-Standards, Walzer und Jive.

Die Mitglieder des Key-West-Tanzclubs waren genauso

wild gemischt wie die Musik – allesamt so sonderbare wie liebenswerte Spinner. Zu dem bunten Völkchen zählten kecke Senioren in glamourösen Roben und Smokings genauso wie extravagant gekleidete Leute in der Midlife-Crisis, die offenbar zu viel *Let's Dance* geschaut hatten, und ein lärmendes Grüppchen Millennials, die Retro-Swingkleider und offenherzige Latinokleidchen trugen. Laura wusste nicht, ob all das ironisch oder ernst gemeint war. Aber so oder so fand sie es sehr schräg und sehr toll.

«*Buona sera, bella donna.*»

Aus dem Nichts war plötzlich ein schlanker, junger Lothario mit zurückgegeltem Haar und in einem bis zur Taille aufgeknöpften seidigen schwarzen Hemd neben Laura aufgetaucht, und noch ehe sie auch nur in Erwägung ziehen konnte, etwas dagegen zu unternehmen, hatte er ihr bereits die Hand geküsst wie die Parodie eines italienischen Gigolos.

Sie linste zu Jake hinüber, dem das Ganze natürlich nicht entgangen war. Er spitzte die Lippen, riss die Augen auf und deutete an, sich dramatisch das Hemd aufzureißen. Sie gab sich alle Mühe, nicht zu lachen, denn noch stand ihr potenzieller Verführer direkt vor ihr und wartete wohl auf eine Erwiderung. Zum Glück wurde sie gerade noch rechtzeitig gerettet. Von einer Stimme mit einem jamaikanischen Akzent.

«Miss Tour Guide! Wie geht es Ihnen, Kindchen?!»

Es war Mama Marley in einer pinken, gerüschten Robe.

Unweigerlich musste Laura breit grinsen. «Mama! Was für eine wunderbare Überraschung! Ich hätte Sie fast nicht erkannt in dem Kleid. Sie sehen umwerfend aus.»

«Freut mich so, dass Sie das sagen, Kindchen», sagte Mama Marley, jetzt ohne Akzent. «In dem Teil stecken die Trinkgelder von zwei Wochen, aber von dem her, was man so hört, ist es das Investment wert. Ich brenne vor Neugier auf diesen Tanzabend.»

«Interessieren Sie sich für Gesellschaftstanz?»

«Ich interessiere mich dafür, einen Mann zu finden», erwiderte Mama und scannte schon mal die Menge.

«Aha», sagte Laura, «jetzt verstehe ich. Ich hätte geschworen, keine zehn Pferde kriegen Sie hierher zu all den gruseligen Katzen, die mehr Krallen haben, als gut ist.»

«Lassen Sie sich eins gesagt sein, Honey: Die Datingszene in dieser Stadt ist weitaus gruseliger, als eine Katze es je sein könnte.»

Laura kicherte und blickte hinüber zu Jake am Buffet. Er plauderte – und flirtete vielleicht auch? – mit zwei jungen Frauen mit Hammerlächeln, Hammerkleidern und Hammerkörpern ... Jilly und Jolene Crabb.

«Schauen Sie nur, Ihr halb nackter Freund mit dem fettigen Haar küsst einer anderen Frau die Hand», sagte Mama Marley und zog an Lauras Arm.

Laura wandte sich um und sah, wie der Aushilfs-Gigolo eine arme Frau in die Ecke beziehungsweise gegen einen Baum drängte.

«Oh, der», stöhnte sie. «Danke, Mama, für die Rettung in letzter Sekunde.»

«Immer gern, ich will doch nicht, dass Sie an so einen Ihre Unschuld verlieren.»

«Also bitte», Laura feixte. «Ich bin keine Jungfrau mehr.»

«Nicht, nachdem der Sie von oben bis unten abgeleckt hat. Machen Sie zur Sicherheit morgen einen Schwangerschaftstest.» Während sie redete, wanderten Mama Marleys

Blicke hin und her und musterten die anwesenden Männer. Schließlich blieben sie an einem hängen. «Kennen Sie den gutaussehenden Mann, der am anderen Ende der Tanzfläche mit Margarita redet?»

Laura sah Margarita am DJ-Pult die Hüften schwenken und an ihrem Cocktail nippen. Gerade sagte sie etwas zu Mack.

«Meinen Sie Mack McCloud? Roosters Neffen?»

Mama Marley verschluckte sich fast vor Lachen. «Nein, verdammt, der ist ja wohl ein bisschen jung für mich. Ich meine den Mann im schwarzen Anzug rechts von Margarita.»

Laura schaute genauer hin und sah einen Mann im schwarzen Anzug, aber er war verdeckt von Tanzenden. Als sie schließlich die Sicht freigaben, konnte sie ihn erkennen.

«Das ist mein Chef, Lucky Leo. Leo Trout. Kennen Sie ihn?»

Mama nahm Laura beim Arm. «Ach, stimmt ja, den kenne ich. Hab ihn nur noch nie so aufgebrezelt gesehen. Sonst trägt er immer irgendwelche blöden Golfshirts. Ich hasse das.»

«Golf oder die Shirts?»

«Beides.» Mama neigte den Kopf und kniff die Augen zusammen. «Hm, dass der mir früher nie aufgefallen ist … Er ist eigentlich ziemlich gutaussehend.»

«Lucky Leo? Echt jetzt?»

Mama Marley griff sich vom Buffet ein Glas Champagner und lächelte listig. «Wenn Leo noch das eine oder andere Ass im Ärmel hat, könnte das heute sein Glückstag sein.»

Als die Beats des *Mambo No. 5* verklungen waren, trat Margarita Bouffet auf die Tanzfläche und schlug mit einem Teelöffel gegen ihr Glas.

«Alle mal herhören», sagte sie in die Menge. «Ich möchte Sie hiermit ganz herzlich zum öffentlichen Tanzabend des Key-West-Tanzclubs begrüßen. Mein Name ist Margarita Bouffet, aber wenn wir tanzen, nennt mich jeder nur Margarita. Aus offensichtlichen Gründen.»

Sie hob ihr Glas und nahm einen Schluck. Die Menge lachte.

«Zu Beginn möchten wir Ihnen eine kleine Revue präsentieren, die wir für Sie choreografiert haben. Unsere Mitglieder werden die verschiedenen Standardtänze zeigen – angefangen beim klassischen Foxtrott und dem Wiener Walzer. Dann wird es heißer, mit Samba, Rumba und Cha-Cha-Cha. Nach der kleinen Vorführung sind Sie zu einem kurzen Tanzkurs eingeladen, bei dem Sie die Grundschritte lernen können. Und keine Sorge: Selbst wenn Sie zwei linke Füße haben sollten, können Sie mitmachen. Es geht darum, Spaß zu haben.»

Während der kleinen Rede hatten sechs wunderschön gekleidete Paare hinter ihr Aufstellung genommen. Margarita stellte ihr Glas aufs DJ-Pult und nickte Mack zu.

«Nun präsentiere ich Ihnen den Key-West-Tanzclub!», sagte Margarita feierlich.

Die Menge hielt den Atem an und schaute auf die Tänzer, die reglos ihre Position hielten wie Schaufensterpuppen. Es sah aus, als wären sie mitten im Tanz erstarrt. Nach einer langen erwartungsschwangeren Pause setzte die Musik ein – eine schwungvolle, fröhliche Interpretation des Klassikers

Dream a Little Dream of Me – und die Tänzer erwachten zum Leben. Sie tanzten auf Zehenspitzen und bewegten sich synchron über die Tanzfläche wie moderne Kopien von Fred Astaire und Ginger Rogers. Jubel brach aus.

«Sind Sie bereit für unsere Nummer?», flüsterte eine Stimme in Margaritas Ohr. Sie wandte sich um und erblickte Foster Lee Jackson, wie immer gepflegt bis zum Gehtnichtmehr und zugegebenermaßen prächtig in seinem mintgrünen Tuxedo mit dem schwarzen Kummerbund.

«Foster! Haben Sie es doch noch geschafft. Ich befürchtete schon, dass ich den Cha-Cha-Cha ganz allein vortanzen muss.»

«Keine Angst, Foster tanzt nur mit dir, jetzt und hier.»

Margarita lächelte höflich und wandte sich dann der Menge zu.

Wo nur Millie ist?, fragte sie sich. *Wenn ich den heutigen Abend überleben will, brauch ich weibliche Schützenhilfe.* Statt Millie sah sie drüben beim kalten Buffet Mama Marley, die beliebteste Taxifahrerin weit und breit. In ihrem Kleid, das so pink wie ihr Taxi war, sah sie fantastisch aus. Sie schien mit Leo Trout zu flirten.

Wirklich? Ausgerechnet Leo?

Margarita schüttelte den Kopf und schmunzelte. Als die Musik von Foxtrott zu Walzer überging, kamen andere Clubmitglieder auf die Tanzfläche – Junge und Alte drehten einander elegant zu Bryan Adams' Song *Have You Ever Really Loved a Woman*. Das Publikum klatschte hingerissen.

Da sah Margarita die Diebe.

Chew-Chew und Whiskey.

Chew-Chew stand auf einem der Stühle und kostete

Horsd'œuvres von einem verlassenen Teller. Whiskey war auf dem Tisch und genehmigte sich aus einem hohen Glas etwas, das aussah wie Seagram on the rocks.

«Zumindest kennt er sich mit Spirituosen aus», murmelte Margarita. «Hemingway wäre stolz auf ihn.» Sie winkte über die Tanzfläche Laura zu, die sich die Tanzvorführung anschaute, an ihrer Seite Jake, die Crabb-Schwestern und zwei große, blonde junge Männer – wahrscheinlich die Dates der Schwestern. Margarita winkte noch einmal, bis Laura sie endlich bemerkte, dann nickte sie in Richtung der Katzen.

Laura hob den Daumen, ging hinüber und scheuchte die Katzen vom Tisch.

«Ich muss sagen, Sie sehen heute Abend hinreißend aus.»

Ohne dass sie es mitbekommen hatte, war Foster Lee Jackson ihr unangenehm nahegekommen.

«Danke, Foster, das Kleid hab ich mir extra für die heutige Soiree aufgehoben.»

Foster lächelte verträumt. «Es steht Ihnen perfekt. Rot scheint mir definitiv Ihre Farbe zu sein. Entschuldigen Sie die etwas grobe Formulierung, aber Sie sind eine Wucht.»

«Danke, Foster.»

Er räusperte sich. «Ich wünschte nur, Sie hätten mich darüber informiert, dass Sie Rot tragen werden. Dann hätte ich mein Outfit darauf abstimmen können. Für die Cha-Cha-Cha-Nummer nachher.»

«Sie sehen sehr gut aus, Foster.»

«Tatsächlich? Sie sind sehr großzügig.»

Margarita hielt die Luft an. *Wo steckst du, Millie?*

Der Walzer endete. Die Gäste applaudierten, und die Tänzerinnen und Tänzer verneigten sich. Nun kam der feurige

Teil des Programms. Hell und leuchtend gekleidete Samba-tänzer nahmen ihre Positionen ein, und Mack drehte Gloria Estefans *Rhythm Is Gonna Get You* auf. Der Tanz war schnell und feurig, und die Menge drehte komplett durch.

Das machte den Hemingway-Kätzchen Angst.

Laura stieß Jake an und zeigte quer durch den Garten auf Larry, Curly, Moe und Spinderella, die gerade mit hocherhobenen Schwänzen die Flucht ergriffen.

«Die armen Kleinen», sagte Laura, dann bemerkte sie Nessie, die sie vom anderen Ende des Gartens aus beobachtete. Sie winkte ihrer alten Freundin, und Nessie wischte als Antwort gemächlich mit ihrem Schwanz vor und zurück. Hinter ihr saß Pawpa und schien sie beide zu beobachten.

«Das ist also die Hemingway-Hütte?»

Einer der beiden Begleiter der Crabb-Schwestern, Brad oder Chad oder irgendwie so, zeigte auf das Haus und sah Laura fragend an.

«Ja, das ist sie.»

«Er ist so ein Schriftsteller gewesen, stimmt's?», fragte sein Bruder. Hat er nicht *Von Mäusen und Menschen* geschrieben?

Laura warf Jake einen Blick zu, der sich sehr bemühte, nicht loszuprusten.

«Nein, das war John Steinbeck. Ernest Hemingway hat *Fiesta* geschrieben oder *Wem die Stunde schlägt*, *Der alte Mann und das Meer...*»

«Nie davon gehört.»

«Hey Chad, guck mal, die Katzen! Komm her, miez, miez, miez...» Die blonden Brüder stürmten auf Nessie und Pawpa zu, aber die hauten sofort ab, als sie sie kommen sahen. «Halt, wartet mal, Miezen, halt!»

Jilly und Jolene blickten zu Laura und zuckten mit den Schultern.

«Lasst mich raten, das sind die süßen College-Jungs aus Kansas?»

«Genau», sagte Jolene. «Sind nicht unbedingt Hirnchirurgen.»

«Nein», erwiderte Jilly, «sie studieren Jura und wollen Richter werden.»

Laura tauschte einen Blick mit Jake, dann wandte sie sich der Tanzfläche zu. Sexy Rumbatänzerinnen und -tänzer bewegten sich verführerisch zu Chris Isaacs *Wicked Game*. Die Schwestern schwenkten die Hüften sogar noch verführerischer, und die jungen Männer gaben die Katzensafari auf, traten hinter sie und legten die Arme um sie. Die Schwestern schienen nichts dagegen zu haben.

Laura fragte sich, ob die Männer die Zwillinge auseinanderhalten konnten – und ob es eine Rolle spielte. Das sinnliche An- und Abschwellen der Musik ließ eine Atmosphäre fiebriger Intensität entstehen. Laura blickte über die Tanzfläche, hin zum DJ-Pult.

Mack starrte zu ihr her.

Er wirkte verloren und gleichzeitig so ganz und gar auf sie konzentriert, dass sie beinahe erschrak. Sein Blick war voller Trauer, Neugier und ... Verlangen?

Laura wusste nicht, wie sie reagieren sollte. Sie lächelte und brach damit den Zauber.

«Schau», sagte Jake. «Gleich kommt Margarita.»

Und wirklich: Auf der Tanzfläche hatten sich fünf Paare aufgestellt, darunter auch Margarita und Foster.

Mack drehte an den Reglern der Anlage und fuhr den

nächsten Song hoch – eine kubanisch angehauchte Version von *Lady Marmalade*, die im Rhythmus von *eins, zwei, Cha-Cha-Cha* anfing. Der rau und unwiderstehlich pulsierende Song durchfuhr die Tänzer. Ihre Füße schoben sich übers Parkett, ihre Hüften wiegten sich. Die Menge war elektrisiert.

Und Margarita erst.

«Schau sich das einer an!», ächzte Jake hingerissen. «Sie ist fantastisch!»

«Das Mädel kann tanzen, so viel ist sicher», sagte Mama Marley und nahm Lucky Leo am Arm.

Fasziniert sah Laura zu, wie Margarita Bouffet, ihre Chefin, die Tanzfläche aufräumte. Ihr Partner Foster Lee Jackson tanzte ebenfalls erstaunlich gut, wenn man bedachte, wie steif und zugeknöpft er normalerweise war. Laura und die Crabb-Schwestern klatschten im Takt mit. «Margarita, Margarita!»

Nach einigen feurigen Minuten, in denen die Tänzerinnen und Tänzer alles gaben, erreichte der Song seinen fulminanten Höhepunkt, und jedes der Paare auf der Bühne erstarrte in einer mehrdeutigen sexy Pose. Die Menge flippte aus. «Margarita, du bist die Königin!»

Mama Marley und die Zwillinge stürmten auf die Tanzfläche und zogen Laura mit sich. Sie umarmten Margarita und lobten überschwänglich ihre Darbietung.

«Das war unglaublich! Ich kann gar nicht glauben, wie toll das war.»

«Würden Sie uns das beibringen? Ich will das auch können.»

Margarita lachte. «Natürlich kann ich Ihnen das beibringen. Genau darum geht's heute Abend ja.» Sie wandte sich der Menge zu. «Liebe Gäste, nun sind Sie an der Reihe. Keine Sorge, wir zeigen Ihnen die Grundschritte noch einmal. Alle Damen schnappen sich einen Herrn, und los geht's!» Bei diesen Worten schaute sie Jake und Lucky Leo an. «Meine Herren, auf zum Cha-Cha-Cha.»

Rooster McCloud stand vor dem Tor zum Hemingway-Haus und versuchte, ausreichend Mut zum Reingehen aufzubringen.

Was ist denn los mit dir, du Vogel, fragte er sich. *Du hast geduscht und dich rasiert. Du hast dich schick angezogen, um hierherzugehen. Was ist denn jetzt bitte schön das Problem?*

Er konnte die Lichterkette an der Bühne vom Bürgersteig aus sehen. Er konnte Musik und Gelächter durch den Garten schallen hören. Sogar die gute Stimmung konnte er fühlen. *The Rhythm of the Night.* Selbst die Palmwedel wippten zu diesem Rhythmus, so ansteckend war er.

Zum hundertsten Mal richtete Rooster seine Krawatte und fragte sich, ob es an dem schicken Anzug lag, dass er sich wie ein kleiner Junge vorkam – unsicher und voller Selbstzweifel.

Rooster hat recht, hast du das vergessen?

Er betrachtete die koloniale Pracht des Hauses, mit dem umlaufenden Balkon und den geschmiedeten Eisengeländern. Die polydaktylen Katzen streiften rastlos durch den Garten, offensichtlich aufgeputscht von der dröhnenden Musik und den Tanzenden und Feiernden, die in ihr Revier eingedrungen waren. Rooster konnte verstehen, dass sie sich auf die Pfote getreten fühlten. Manchmal braucht eine Katze einfach ihre Ruhe. Er beobachtete die Tiere noch eine Weile, und ein mürrischer alter Kater fiel ihm ins Auge, der auf der vorderen Veranda in der Ecke saß und schmollte.

Es war Pawpa Hemingway.

Er sah elend aus.

Sehe ich vielleicht genauso aus?, fragte sich Rooster. *Ein mürrischer alter, elender Kater, der mit gerunzelter Stirn außerhalb steht, während alle anderen Spaß haben?* Er dachte an Margarita. Ihr Lächeln. Ihre Augen. Ihre herzliche Begrüßung, wenn sie morgens auf dem Weg zur Arbeit an seinem Leuchtturm vorbeikam: *«What's New, Pussycat?»* Über die Jahre hatten sie oft zusammen gelacht und etliche der Cocktails getrunken, die wie diese tolle Frau hießen. Außerdem hatte sie ihm geholfen, Mack großzuziehen, nachdem dessen verrückte Mutter ihn bei ihm abgeladen hatte und auf Nimmerwiedersehen verschwunden war. Margarita war eine wahre Freundin. Aber könnte sie nach all den Jahren mehr als das werden? Er warf noch einen Blick zu Pawpa hinüber, wie er auf der Veranda schmollte.

Es gibt nur eine Möglichkeit, das herauszufinden.

Er holte noch einmal tief Luft und rückte ein letztes Mal seine Krawatte zurecht, dann trat Rooster durch das Tor auf das Anwesen des Hemingway-Hauses und gesellte sich zu den Partygästen.

«Eins, zwei, Cha-Cha-Cha. Eins, zwei, Cha-Cha-Cha.» Genau so! Jetzt haben Sie es. Margarita klatschte in die Hände und trat einen Schritt zurück, um ihren «Tanzschülern» zuzusehen. Ziemlich aufreizend und perfekt im Rhythmus schwenkten die Crabb-Schwestern ihre Hüften, und ließen die Rüschen an ihren engen gelben Kleidern schwingen. Sie waren nicht das erste Mal bei einer Tanzveranstaltung des Clubs. Ihre großen blonden Begleiter stellten sich weniger geschickt an. Aber das war ihnen egal. In Jungsmanier nutzten sie einfach die Gelegenheit, die Schwestern möglichst eng an sich zu drücken. Zu Margaritas Freude machten Laura und Jake ihre Sache überraschend gut. Na ja, Jake war Laura ein paarmal auf die Füße getreten, aber das schien die beiden nicht zu stören. Sie lachten darüber und tanzten weiter. Laura sagte manchmal zwischendurch leise: «Eins, zwei, Cha-Cha-Cha», damit Jake in den Rhythmus zurückfand. Es war wirklich allerliebst.

Aber wer Margarita wirklich überraschte, waren Mama Marley und Lucky Leo.

«Cha-Cha-Cha, *mamacita*!» Margarita konnte sich nicht verkneifen, die beiden anzufeuern. Lucky Leo war natürlich ein alter Hase. Er war schon oft auf ihren Veranstaltungen gewesen und konnte den Cha-Cha-Cha. Außerdem hatte er Rhythmusgefühl, was die halbe Miete war. Schon früher hatte sie ihn schwierige Schrittfolgen machen sehen. Aber heute übertraf er sich selbst. Und es war nicht schwer zu erraten, warum das so war.

Mama Marley war entflammt. Mit ihrem Wahnsinns-Charisma und den energetischen Tanzmoves beherrschte sie die Tanzfläche, als hätte sie ihren Lebtag nichts anderes gemacht, als zu tanzen. Gerade nahm sie Leo bei der Krawatte und zog ihn in die Mitte der Tanzfläche. Die anderen mussten ihnen Platz machen, denn Mama meinte es sehr offensichtlich ernst. Sie schwang ihre Hüften, spitzte die Lippen und presste sich spielerisch gegen Leo, nur um ihn sogleich mit einer Drehung wegzustoßen. Leo liebte es. Und die Menge genauso. Den gesamten Tanz über klatschten die Umstehenden und feuerten die beiden an.

«Du meine Güte, Ms. Marley ist wirklich ganz gut, nicht wahr?»

Es war Foster Lee Jackson, der Margarita in den Nacken atmete, während er das sagte.

«Kaum zu glauben, dass sie Taxifahrerin ist», fuhr er fort. «Ich könnte schwören, sie ist eine ausgebildete Tänzerin. Aber das kann ja eigentlich nicht sein. Sie ist aus Jamaika, oder?»

«Nein, aus Chicago.»

«Oh.» Foster räusperte sich. «Wie dem auch sei. Der DJ sagte mir, dass er als Nächstes einen Tango spielen wird. Ich wäre entzückt, wenn Sie mir diesen Tanz schenken würden.»

Zu ihrer großen Freude sah Margarita in diesem Moment eine gutaussehende blonde Frau hinter Foster stehen.

«Millie? Sind Sie das, Millie Graham?»

«Ja, ich kann es selbst kaum glauben.»

«Nein. Ich glaube es einfach nicht.»

Foster Lee Jackson drehte sich um, um zu sehen, mit wem Margarita redete, und fand sich dem entzückendsten Geschöpf gegenüber, das er je gesehen hatte. Ihr glänzendes blondes Haar war in einer eleganten Welle auf ihrem Kopf aufgetürmt, wie zufällig hingen einzelne Löckchen lose herab und rahmten ihre feinen Gesichtszüge ein. Sie leuchtete förmlich von innen heraus. Ihr Make-up war erstklassig, nicht übertrieben wie bei diesen «angemalten Frauen», vor denen seine Mutter ihn immer gewarnt hatte. Ihr blassrosa Lippenstift und das Rouge brachten das Blau ihrer Augen zur Geltung. Und ihr Kleid erst. Einfach perfekt. Eine mintgrüne

Kreation aus Taft und Spitze, betonte es sexy die weiblichen Formen der Trägerin, ohne jedoch zu viel zu enthüllen.

Foster war regelrecht hingerissen. Ihr Kleid passte zu seinem Smoking!

«Sie erinnern sich an Millie, Foster?»

«Millie Graham», sagte die Erscheinung in Mintgrün und streckte die Hand aus. «Eintrittskartenverkäuferin.»

Foster nahm ihre Hand – und küsste sie.

Margarita war begeistert. «Sieht Millie nicht umwerfend aus? Ich hab sie gar nicht erkannt!»

«Ich hab mich schon gewundert», erwiderte Millie. «Sie sind beide schon dreimal an mir vorbeigegangen, als wäre ich eine Fremde.»

«Oh, bitte, verzeihen Sie uns, Miss Millie», flehte Foster. «Ms. Bouffet und ich waren abgelenkt.» Margarita hob die Augenbrauen und nickte in Richtung der Tanzfläche.

Foster verstand. «Miss Millie, würden Sie mir einen Tanz schenken?», fragte er mit Schmelz in der Stimme. «Um in den unsterblichen Worten des großen Barden zu sprechen: ‹Der Himmel behüt Euch! Lasst uns so wenig zusammenkommen wie möglich.›»

«Hemingway?»

«Shakespeare. Wollen wir?»

Foster streckte die Hand aus. Millie ergriff sie – und Margarita seufzte erleichtert und sah dem seltsamen Paar in der zusammenpassenden mintgrünen Kleidung nach. Margarita war aus dem Rennen. Endlich. Sie war nicht sicher, wie viel Schwanzwedeln und anzügliches Gegrinse sie noch ertragen hätte.

Ich hoffe, daraus wird was, dachte sie und sah zu, wie das

Paar eine klassische Tangopose einnahm. *Ich würde es ver-abscheuen, ihm sagen zu müssen: Foster, Sie wissen, unsere Freundschaft ist mir teuer, daher …*

Die Musik setzte ein – eine lebendige Instrumentalversion von *Hernando's Hideaway*, und die Tänzer bewegten sich nun elegant und dynamisch über die Tanzfläche, Schritt für Schritt, Hand in Hand, Wange an Wange. Foster hielt Millie eng an seinem Körper und führte sie sicher durch jede verführerische Figur. Führen konnte er, das musste Margarita zugeben. Und Millie hatte zu ihrer Überraschung auch ein paar Tricks auf Lager.

Margarita fühlte Erleichterung … und noch etwas anderes. Sie spürte, dass jemand hinter ihr stand. Dann hörte sie eine tiefe, grollende Stimme. «*What's New, Pussycat?*»

Sie fuhr herum. Und keuchte auf.

Rooster McCloud – oder eine außergalaktische Version von Rooster McCloud – stand vor ihr und hatte einen maßgeschneiderten, unfassbar tollen, silbernen Smoking mit schwarzem Revers an, dazu Weste und Hose, auch in Silber, ein blütenweißes Hemd und eine schwarze Satinkrawatte. Er sah aus, als wäre er soeben aus der Torte gesprungen – oder aus einem Traum.

Noch verblüffender war, dass er weder lange Haare noch einen Zottelbart hatte.

«Rooster, bist das wirklich du?» Ungläubig starrte Margarita ihn an. Sein angenehmes, raues Gesicht war zum ersten Mal seit Jahrzehnten sichtbar, lediglich Schnäuzer und Bartschatten waren geblieben und unterstrichen Roosters robuste Attraktivität. Bei ihrem Gesichtsausdruck musste er breit grinsen.

«Ich glaub's nicht. Du siehst aus wie George Clooney.»

«Verdammt. Ich hatte gehofft, wie Sam Elliott.» Rooster warf sich in eine maskuline Pose und strich über seinen Schnäuzer. «Willst du tanzen?»

«Wirklich?»

«Wirklich. Ich tanze einen ziemlich bösartigen Paso doble.»

«Du tanzt?» Margarita war sprachlos. Sie hob den Zeigefinger. «Warte.» Dann eilte sie weg, zum DJ-Pult. Nachdem sie kurz mit Mack und ein paar Mitgliedern des Tanzclubs gesprochen hatte, wandte sie sich um und winkte Rooster heran. Lächelnd gesellte er sich zu ihnen.

Als der Tango schließlich endete, hielt Margarita eine kleine Rede. «Meine Damen und Herren, wir haben eine besondere Überraschung für Sie. Zu Ehren des großen Ernest Hemingway werden wir einen Paso doble tanzen. Wie Sie wissen, war Hemingway ein großer Anhänger des Stierkampfes, über den er unter anderem in *Fiesta* und *Gefährlicher Sommer* geschrieben hat. Nun, der Paso doble ist der Stierkampf in Form eines Tanzes. Ein Partner schlüpft in die Rolle des Stierkämpfers, der andere ist der Stier oder der Umhang des Matadors. Manchmal kann man schwer sagen, wer wer ist – oder auch, wer den Kampf gewinnt. Aber wenn, wie es so schön heißt, im Krieg und in der Liebe alles erlaubt ist, gilt das noch tausendmal mehr auf der Tanzfläche.»

Auf ein Fingerschnippen von ihr gingen die Tänzerinnen und Tänzer auf ihre Positionen. Margarita wandte sich Rooster mit funkelndem Blick zu. Sie hob die Arme mit dem imaginären roten Umhang und forderte ihn heraus, den nächsten Schritt zu tun. Die Menge versammelte sich dicht vor der

Tanzfläche. Stille lag über der Szenerie. Dann lösten die dramatischen Eröffnungsakkorde des kubanischen Songs *Malagueña* die Anspannung auf. Rooster stürmte auf die Tanzfläche wie ein wildes Tier und riss Margarita in seine Arme.

Die Menge tobte.

«Warte mal, ist das nicht Rooster McCloud?», flüsterte Laura Jake zu.

«Kann nicht sein», antwortete Jake und schaute fasziniert zu. «Kann eigentlich nicht sein, aber ist so.»

Laura sah sich um. Jolene und Jilly, Mama und Leo, Millie und Foster – jeder der Anwesenden hatte denselben verblüfften Ausdruck im Gesicht. Als Rooster Margarita zunächst kraftvoll drehte und sie dann fast bis zum Boden rückwärts bog, fiel allen die Kinnlade herunter.

Laura blickte zum DJ-Pult.

Macks Mund stand ebenfalls offen.

Sie wandte ihre Aufmerksamkeit wieder Margarita und Rooster zu. Mit der Musik gewann auch der Tanz der beiden an Intensität. Rooster zog sie zu sich her. Margarita stieß ihn von sich. So ging es hin und her – ein feuriger Kampf entspann sich. Es war leidenschaftlich. Es war kraftvoll. Es war wahnsinnig spannend.

Und außerdem war es irre sexy.

Begeistert sah Laura zu, da fühlte sie, wie etwas Pelziges ihr Bein entlangstrich. Sie blickte nach unten.

«Nessie, sieh dir das an!» Sie nahm die golden gestreifte Katze hoch und hielt sie im Arm. Mit großen Augen sah Nessie Margarita und Rooster zu, wie sie stampften und sprangen und sich drehten. Nessie miaute einmal, dann noch einmal und wischte mit ihrem Schwanz.

«Guck, was die da machen, Nessie. Wusstest du, dass die so was können?», flüsterte Laura ihr ins Ohr.

In der Tat wusste Nessie, dass Margarita tanzen konnte, und sie wusste, dass man besser das Weite suchte, wenn Margarita ihre Tanzschuhe anzog. Dass der andere Mensch, der alte männliche Mensch, so gut tanzen konnte, hatte sie dagegen nicht gewusst. Und dass er so aussehen konnte, auch nicht: bartlos und glänzend. Ohne ihren hervorragenden Geruchssinn hätte sie ihn wahrscheinlich gar nicht erkannt.

Plötzlich erreichte die Musik einen fiebrigen Höhepunkt, Margarita schwang dramatisch herum und griff die Seiten ihres Kleids. Sie blickte Rooster aus dunklen, glühenden Augen an, holte tief Luft – und sprang auf ihn zu wie ein Raubtier auf seine Beute. Rooster wollte zur Seite treten, aber sie war zu schnell. Sie griff ihn am Arm und zog ihn an ihren Körper, fuhr mit den Fingern seinen Nacken auf und ab, zog ihn noch näher. Hungrig blickten sie einander in die Augen, beinahe berührten sich ihre Lippen. Dann – die Musik erreichte ein furioses Finale, stieß sie ihn zu Boden und schwenkte ihr imaginäres rotes Tuch, erklärte sich zur Siegerin. Rooster ergab sich willig, blickte voller Feuer und Verlangen hoch zu seiner Eroberin. Dann kam der fulminante Schluss: Margarita setzte einen Tanzschuh auf Roosters Brust – die Geste eines Großwildjägers über seiner Beute – und hob triumphal den Arm.

Die Musik endete. Die Menge johlte.

Das Fest war ein voller Erfolg.

Sobald die ersten Gäste gingen, fing Laura mit dem Aufräumen an. Schon den ganzen Abend über hatte sie Teller und Gläser abgeräumt, also hatte sie jetzt nicht mehr viel zu tun. Das Schwierigste war noch, die Katzen von den Essensresten fernzuhalten – besonders Whiskey und Chew-Chew. Die zwei planten ihre Überfälle mit der Präzision der *Ocean's Eleven.* Sobald Laura Chew-Chew von einem Tisch wegscheuchte, sprang Whiskey auf einen anderen Tisch, ein Stück entfernt. Sie waren ein gutes Team. Während Laura die Teller in eine Kiste packte, behielt sie die Gäste im Auge, die das Grundstück verließen. Mama Marley ging mit Lucky Leo, Millie Graham an der Seite von Foster Lee Jackson, und die Crabb-Schwestern mit den beiden, mit denen sie gekommen waren. Am Tor stand Margarita Bouffet, um alle zu verabschieden – mit Rooster an ihrer Seite.

Das sind eine Menge Pärchen für einen Abend, dachte Laura, hob ein Glas an und blickte hinein. *Was haben die nur in die Getränke getan?*

Am DJ-Pult waren Mack und Jake damit beschäftigt, das Equipment einzupacken. Als Jake bemerkte, dass sie herübersah, kam er mit einem zerknirschten Gesicht auf sie zu. «Laura, tut mir wahnsinnig leid, aber ich habe Mack versprochen, mit ihm gemeinsam das Soundequipment zur Garage unseres Bandkumpels zu bringen, wo wir morgen proben wollen.»

Laura war verwirrt. «Aber wieso tut dir das leid?»

«Oh.» Jake wurde rot. «Ich hatte vor, dich nach Hause zu bringen.»

«Alles okay, ich bin ein großes Mädchen und finde den Weg.»

«Ich weiß, aber na ja, es ist dunkel, und du bist neu hier.»

«Wirklich, kein Problem.»

«Na gut.» Jake wandte sich ab und ging zurück zu Mack.

Laura packte den letzten Teller ein, ließ sich auf einen Stuhl fallen und sah den beiden Männern zu. Mack erwiderte ihren Blick. Sie lächelte. Er lächelte zurück. Dann piepte ihr Handy. Sie zog es aus der Handtasche und sah nach. Eine neue Nachricht von Devin: *Wir müssen wirklich reden.* BITTE?

Laura seufzte und schaltete das Telefon aus. Sie blickte wieder zu Jake und Mack und sah Nessie angetrottet kommen. Ohne zu zögern, sprang sie auf Lauras Schoß und machte einen Buckel, eine deutliche Aufforderung an Laura, sie zu streicheln. Laura tat wie geheißen.

«Sag mir eins, Nessie», sagte sie und streichelte Nessie sanft durchs Fell. «Nur so zwischen uns Frauen: Sind Katzenmänner auch so seltsam wie Menschenmänner?»

Falls Nessie sich diesbezüglich auskannte, tat sie es jedenfalls nicht kund.

Sie schnurrte nur.

8

Der alte Kater und das Meer

Inzwischen waren eine Woche und drei Tage vergangen ...

... und Pawpa Hemingway schmollte immer noch. Der mürrische alte Kater hatte die Neue jetzt jeden Tag ganz genau beobachtet, und Nessie mit ihr. Aber er konnte nach wie vor nicht verstehen, was Nessie zu diesem Menschen zog.

Je länger Pawpa die zwei beschattete, desto mürrischer wurde er.

Heute verbarg er sich wieder unter dem blühenden Strauch, als Nessie die Neue am Eingangstor empfing, und wurde Zeuge ihres gemeinsamen Morgenrituals: Nessie saß auf dem Schoß der Neuen, während diese auf der Gartenbank einen Becher bitteres braunes Wasser trank. Dann folgte er ihnen zum Haus, wo eine kleine Gruppe Menschen sich um sie versammelte. Er sah eine Weile zu, wie die Neue zu der Gruppe sprach. Dann – Nessie immer noch an ihrer Seite – führte sie die Menschengruppe ins Innere des Hauses, redete dort weiter und führte sie unterdessen von Zimmer zu Zimmer, zeigte auf Bilder an den Wänden und irgendwelche ausgestellten Objekte. Daran war nichts Ungewöhnliches. Pawpa hatte das über die Jahre viele Museumsführer machen sehen. Nessies Reaktion am Pool dagegen war seltsam. Wann immer die Neue die Gruppe die Stufen vom Balkon hinunter zum Pool führte, floh Nessie. Und zwar jeden Tag. So schnell sie konnte, rannte sie am Pool vorbei und schoss die Stufen zum oberen Raum des Poolhauses hoch, wo sie auf die Neue wartete.

Pawpa verstand das nicht. Plötzlich lauter Mysterien um ihn herum. Dass er neuerdings nicht wusste, was vor sich ging, machte ihn verrückt.

Der alte graue Kater duckte sich hinter einen Baum und sah zu, wie die Neue die Gruppe zur anderen Seite des Pools führte. Der weibliche Mensch lächelte und lachte, während sie sprach, und die Menschen lächelten und lachten mit ihr mit. Sie schienen die Neue zu mögen. *Jeder* schien sie zu mögen.

Jeder außer Pawpa.

Pawpa durfte nicht nachlassen, er musste weiter Informationen über sie sammeln. Sie tat so nett, wenn sie da war – plauderte mit den anderen Menschen, streichelte die anderen Katzen –, aber wo ging sie am Abend hin? Was machte sie, wenn sie das Anwesen verlassen hatte?

Pawpa war entschlossen, das herauszufinden. Auch wenn das bedeutete, dass er sie verfolgen musste. Außerhalb dieser Mauern.

Laura schlich sich im Raum mit dem Katzenfutter von hinten an Jake heran, hob die Hände wie Klauen und stieß einen fürchterlichen Katzenschrei aus.

Jake sprang vor Schreck in die Höhe und wirbelte herum.

«Hilfe, Laura, ich hätte fast einen Herzanfall gekriegt.»

«Hast du gedacht, ich bin eine Katze?»

«Nein, das klang nicht nach einer Katze. Ich dachte, irgendwie sei eine Möwe hier reingeraten.»

«Oh, dann muss ich meine Performance noch verfeinern.»

«Das sollte kein Problem sein, hier gibt's jede Menge Lehrer für dich.» Er nickte in Richtung eines miesepetrig dreinblickenden Katers, der sie von der Tür aus beobachtete.

«Nicht wahr, Jackie Chan?»

Der Kater fauchte Jake an und lief weg.

Laura lachte. «Jackie Chan, was für ein toller Name für einen Kater.»

«Find ich auch», sagte Jake und holte eine große Tüte Katzenfutter aus dem Regal. «Die meisten der Katzen hier sind nach Filmstars benannt. Hemingway hat damals damit angefangen.»

«Ich hab die Grabsteine auf dem Katzenfriedhof gefunden. Kim Novak, Liz Taylor, Willard Scott ...»

Sie nannte noch ein paar der berühmten Namen, während sie Jake aus dem Raum folgte.

«Aber warte mal», sagte sie dann. «Was ist mit Nessie und Pawpa, Boxer und Bullfighter, Kilimandscharo und Lady Brett Ashley?»

Jake stellte die Tüte neben den Futterschalen ab und wandte sich zu Laura um. «Die Mitarbeiter dürfen über die Namen abstimmen», erklärte er. «Vor ein paar Jahren haben sie beschlossen, dass es in Ordnung ist, ein paar Namen dabeizuhaben, die nicht von Berühmtheiten stammen, sondern sich stattdessen auf Hemingway beziehen. Angeblich soll das angefangen haben, als irgendwer Kim Kardashian vorgeschlagen hat, woraufhin alle auf die Barrikaden gingen. Ich weiß aber nicht, ob das stimmt. Da musst du Millie fragen.»

«Das werde ich machen. Millie weiß alles, hat sie mir mal gesagt.»

Jake schmunzelte und nickte, dann sah er auf die Uhr. «Ich will nicht unhöflich sein, aber müsstest du nicht arbeiten?»

«Meine Gruppe hat abgesagt, sie haben gehört, dass ein Sturm aufzieht, aber ...» Laura blickte zum wolkenlosen Himmel auf und zuckte mit den Schultern. «Jetzt habe ich eine Stunde frei, und Leo hat vorgeschlagen, ich soll das Wissen meiner Kollegen anzapfen und ein bisschen was übers Haus und die Katzen lernen. Deshalb bin ich hier.»

«Du willst mein Wissen anzapfen? Ich fühle mich geehrt, dass du denkst, ich hätte irgendwelches Wissen.»

«Noch bin ich nicht sicher. Wir testen das mal: Ein Besucher hat mich gefragt, ob alle Katzen hier polydaktyl sind. Ich konnte das nicht beantworten, einige der Katzen scheinen normale Pfoten zu haben.»

«Stimmt, ungefähr die Hälfte. Aber das polydaktyle Gen tragen sie in sich, weil sie alle von Hemingways erstem Kater Snow White abstammen», erklärte Jake. «Manche Leute sagen auch, dass die erste Katze Snowball hieß. Wusstest du das?»

«Vielleicht hat Hemingway den Namen geändert, als er mitkriegte, dass es ein Kater war. Oder er wollte seinen Kater nicht nach einer Disneyprinzessin benannt wissen.»

«Man weiß es nicht. Was Katzen anging, hatte er ein großes Herz.»

«Auch für solche Rabauken?» Laura zeigte auf eine braune und eine weiße Katze, die sich um den Futternapf prügelten.

Jake lachte. «Das sind Bette Davis und Joan Clawford. Sie kabbeln sich die ganze Zeit.»

«Erzähl mir mehr von dem polydaktylen Gen, das interessiert mich.» Sie setzten sich auf eine der Bänke.

«Es handelt sich um eine seltene Mutation, die im Grunde völlig harmlos ist, den betreffenden Katzen sogar Vorteile gegenüber ihren Artgenossen verschafft. Die zusätzlichen Krallen machen sie zu besseren Mäusejägern. Manche Leute sagen, die Katzen bringen Glück. Der Kapitän, von dem Hemingway den Kater bekam, hatte mehrere an Bord. Er sagte, mit den zusätzlichen Zehen stünden sie sicherer auf den Planken.»

«Auf Schiffen lebten Katzen?»

«Ja, um Ratten zu töten.»

«Igitt.»

«Wie dem auch sei, das polydaktyle Gen erzeugt nicht bei allen Katzen zusätzliche Zehen, und auch nicht an allen Pfoten. Die meisten haben nur an den Vorderpfoten je eine zusätzliche Kralle. Aber auf jeden Fall geben polydaktyle Katzen das Gen immer an ihre Nachkommen weiter.»

«Apropos Nachkommen: Wo kommen die alle her?»

«Wie Hemingway schon sagte: Eine Katze führt zur nächsten.»

«Ich meine den ersten Wurf. Mit wem hat Snow White Junge gezeugt?»

«Hemingways Nachbar hatte einen ganzen Haufen Katzen. Snow White wird wohl mit einigen von denen Spaß gehabt haben. Über die Jahre wechselten auch Katzen vom Nachbarn zu Hemingway und vermehrten sich untereinander. So wurde das Gen vererbt, und nun haben es alle. Selbst die mit normal aussehenden Zehen.»

«Faszinierend ... Oh Nessie, hallo!»

Nessie hatte die Futternäpfe inspiziert, aber beschlossen, zu warten, bis Bette Davis und Joan Clawford ihre Streitigkeiten beigelegt hatten. Sie sprang auf die Bank und setzte sich zwischen Laura und Jake. Laura streichelte sie und wollte Jake gerade die nächste Frage stellen, als ihr Handy klingelte.

«Oh, das ist Jolene. Entschuldige, da muss ich rangehen.» Laura stand auf und ließ Jake und Nessie auf der Bank zurück. Er blickte zu der Katze und lächelte. Die Katze blickte zurück und blinzelte. Dann wandten sie beide ihren Blick Laura zu.

«Nein, kein Problem. Ich frag ihn ... Sehr gut. Bis dann.»

Sie ging zur Bank zurück, und Jake bemerkte ein seltsames kleines Lächeln in ihrem Gesicht. «Und? Was wollte Jolene?»

«Sie und Jilly nehmen mich nach der Arbeit auf ihrem Boot mit raus, zum Schnorcheln. Ich bin ganz schön aufgeregt, hab das noch nie gemacht. Schnorcheln? Allein das Wort ist absurd. Na ja, jedenfalls haben sie gefragt, ob du mitwillst.»

Jake zögerte. «Hm ... Ich weiß nicht ... Ich bin schon manchmal ein bisschen seekrank gewesen.»

«Ach, komm doch mit. Das wird Spaß machen. Farbenprächtige Korallenriffe! Die Crabb-Schwestern! In Bikinis!»

«Ich hab keine Badehose dabei. Müsste erst heimgehen und eine holen.»

«Ach was, lass einfach die Shorts an, die du trägst.»

Jake seufzte und zuckte mit den Schultern. «Na gut, warum nicht.»

«Wunderbar», sagte Laura. «Dann haben wir ein Date.»

«Ein Date?» Jake sah sie seltsam an.

Später an diesem Tag ...

Im WKEY-Radiosender, auch bekannt als Roosters Garage, wurde der letzte Song eines Classic-Rock-Blocks ausgeblendet.

«Das war Jimmy Buffett, unser Star aus Key West», war Roosters vertraute Stimme zu hören. «Und zwar mit seinem Smash-Hit von 1978, *Cheeseburger in Paradise*. Ich bin Ihr bescheidener DJ Rooster McCloud am Ende von zwei Stunden Classic Rock. Ich hoffe, Sie genießen diesen schönen Tag. Sieht so aus, als würde der Tropensturm, den sie angesagt haben, lieber Texas heimsuchen als uns. Schlecht für Texas, aber gut für Key West. Mehr dazu nach ein paar Worten unserer Sponsoren. Dann, wie gesagt, das Wetter mit unserer zuverlässigen Freundin Shelly.»

Rooster schaltete das Mikro aus und ließ Werbung laufen. Dann stand er auf und öffnete die Tür der Moderatoren-Kabine. Davor saß die vierundneunzigjährige – nenn mich nicht Wetterfee – Shelly über ihr Laptop gebeugt und sah sehr besorgt aus.

«Shelly, was ist los?»

«Das sieht nicht gut aus, das sieht gar nicht gut aus», sagte sie ausdruckslos.

«Was denn?»

«Der Tropensturm Sally. Der ist nicht unterwegs nach Texas. Ganz und gar nicht. Die Meteorologen irren sich. Sally bewegt sich auf den nordwestlichen Zipfel Floridas zu, und das ziemlich schnell. So was hab ich noch nie gesehen.»

«Wird es uns treffen?»

«Nein, nicht direkt, aber merken werden wir schon was davon. Das wird ziemlich übel.»

Rooster seufzte und rieb sich die Augen. «Du bist in sechzig Sekunden auf Sendung. Dann kannst du die Leute warnen.»

Shelly stand auf und trat in die Moderatorenkabine. «Das kann ich, und das werde ich. Aber schau mal auf die Uhr, Rooster. Jetzt starten alle zu ihren Sonnenuntergangstouren. Wenn sie zu weit raussegeln und in eine Sturmböe geraten, dann ...» Sie griff nach dem Mikro, hielt inne und schaute Rooster in die Augen. «Könnte sein, dass sie es nicht zurückschaffen.»

Bis zum Sonnenuntergang waren es noch ein paar Stunden. Aber das hielt die Sonne nicht davon ab, noch mal eine pompöse Show hinzulegen. Sie hing über dem Golf wie ein feuerroter Kronleuchter über einem riesigen blauen Tanzsaal, dessen Decke mit pink- und orangefarbenen Wolken bemalt. Die Farben waren in breiten, welligen Streifen auf den Himmel getuscht und von Sonnenstrahlen durchsetzt und konturiert. In der Ferne zerteilte ein dunkelvioletter Riss aus wütenden Wolken den Himmel und fügte dem Bild eine dramatische Note und Kontraste hinzu.

Es war wirklich sehenswert.

Und alle kamen, um es sich anzusehen.

Touristen wie Anwohner pilgerten nach Nordwesten an die Küste, um das impressionistische Werk zu bestaunen. Sogar ein paar wilde Hühner versammelten sich an den Docks – obwohl Laura sie in Verdacht hatte, dass sie ihretwegen gekommen waren, nicht wegen des Farbenspiels am Himmel.

«Die verfolgen mich», sagte sie zu Jake, als sie auf dem Weg zur Anlegestelle an einer kleinen Hühnerschar vorbeikamen.

«Wer?», fragte er. «Die wilden Hühner?»

«Ja, ich könnte schwören, dass das hier dieselben sind, die mich angegriffen haben.»

«Vielleicht sollten wir die Cops bitten, die üblichen Verdächtigen einzubestellen, dann kannst du sie in einer Reihe aufstellen lassen und identifizieren.»

«Im Ernst, Jake, ich hab das Gefühl, jemand verfolgt uns», sagte sie und blickte über ihre Schulter.

«Hühner etwa?», fragte er lachend.

«Nein. Ich meine ja nur. Ich weiß auch nicht, wahrscheinlich bin ich paranoid.»

«Nur weil du paranoid bist, heißt das noch lange nicht, dass sie dich nicht verfolgen.» Plötzlich blieb Jake stehen und sah sich misstrauisch am Anlegesteg um. «Versprich mir eins», sagte er dann und sah Laura direkt in die Augen. «Wenn es hart auf hart kommt und die Schnäbel gewetzt werden, kümmere dich nicht um mich, bring dich in Sicherheit.»

«Halt die Klappe.»

«Lauf los, ohne dich umzusehen. Ich halte sie auf, solange ich kann.»

«Hör auf.»

«Warte am Treffpunkt auf mich. Wenn ich fünf Minuten später nicht da bin, reise ohne mich ab.»

«Okay, okay, ich hab's verstanden. Ich hab Unsinn erzählt.»

«Schau», erwiderte Jake und deutete auf das Ende des Stegs. «Da ist unser Fluchtfahrzeug.»

Laura schirmte die Augen mit einer Hand ab und blickte die Reihe der vertäuten Segelboote entlang.

«Wo?»

Dann sah sie Jolene und Jilly, die ihnen vom Deck der *Jolly Crabb* aus zuwinkten.

«Ahoi, ihr Leichtmatrosen!»

Beim Anblick ihrer Mitbewohnerinnen in gelben Bikinis stockte Laura der Atem. Das Sonnenlicht verlieh ihrer gebräunten Haut einen feinen Schimmer, die Brise fuhr durch ihr langes, dunkles Haar, hinter ihnen bauschten sich die Segel ... Sie sahen aus wie ein Kampagnenfoto des Tourismusverbandes von Key West.

«Ahoi, Mitbewohnerinnen!», rief Laura zurück. «Dürfen wir an Bord?»

«Na klar!», sagte Jilly. «Beweg deinen Hintern hier hoch.»

«Und zieh deine Arbeitssachen aus. Jetzt ist Party angesagt.»

Jilly hielt eine große silberne Thermoskanne hoch. «Ich hab uns Margaritas gemacht.»

Als Jolene das Unbehagen auf Lauras Gesicht sah, sagte sie: «Mach dir keine Sorgen. Ich bin eine erfahrene Seglerin. Und ich trinke heute nichts.»

Jake half Laura aufs Boot, dann sprang er selbst an Deck. Jolene gab Laura eine kurze Führung. «Das ist also die Jolly Crabb, eine Tartan 37, elf Meter lang, mit einem Cockpit aus Teakholz und zwei Kojen. Sie hat einen Dieselmotor, elektrische und manuelle Pumpen und ein Großsegel mit Rollgenua und Spinnaker.»

Laura grinste. «Ich hab keine Ahnung, was du gerade gesagt hast, aber das Boot liebe ich jetzt schon. Es ist wunderschön! Ich kann gar nicht glauben, dass ihr wirklich damit segeln könnt.»

«Glaub es ruhig», sagte eine männliche Stimme.

Laura drehte sich um und sah Mack McCloud aus der Kajüte heraufsteigen. Er trug Shorts mit tropischen Blumen darauf – und sonst nichts. Also nichts außer einer Menge farbiger Tattoos, die sich um seine muskulösen Arme und Beine wanden wie bedrohliche Meeresungeheuer. Einige waren tatsächlich Meeresungeheuer, stellte Laura fest. Riesige, bedrohliche Kalmare und Wale, Oktopusse und Quallen – und etwas, das wie der legendäre Krake aussah – schwammen zwischen kunstvoll gestalteten Schiffswracks, Fischernetzen und Schatzkisten herum.

«Mack?» Laura versuchte, nicht auf die Tattoos zu starren – und schon gar nicht auf seinen Körper. «Ich wusste gar nicht, dass du mitkommst.»

«Ja, Mack», sagte Jake. «Ich dachte, du übernimmst heute für Rooster den Leuchtturm.»

Mack zuckte mit den Schultern. «Er hat mir freigegeben.»

«Und ich hab ihn eingeladen», sagte Jilly und hielt die Thermoskanne hoch. «Will jemand schon mal eine Margarita?»

Während Jilly drei Plastikbecher für die Gäste füllte, lehnte Jolene sich über den Bootsrand und löste die Vertäuung, dann hielt sie inne.

«Hey, Leute … Ich glaube, euch ist jemand hierhergefolgt.»

Laura warf Jake einen unbehaglichen Blick zu. Sie überquerten das Deck und blieben bei Jolene stehen, die zum Steg zeigte. «Ist das nicht eine von Hemingways Katzen?»

Laura und Jake konnten es kaum glauben. Es war Pawpa Hemingway.

Der alte Kater hockte geduckt auf den Holzplanken des Stegs und starrte zu ihnen her.

«Das ist doch irre», murmelte Jake.

«Das ist Pawpa», fügte Laura hinzu. «Ich hab dir doch gesagt, wir werden verfolgt.»

Jake schüttelte den Kopf. «Unglaublich. Als er jünger war, ist er gerne mal abgehauen und hat im Goldfischteich von Rick und Ricardo geangelt. Die beiden sind schier durchgedreht. Aber das ist Jahre her. Ich glaube nicht, dass er sich je so weit von zu Hause entfernt hat.»

«Was sollen wir machen?»

Jake seufzte. «Ich denke, ich sollte ihn zurückbringen.» Er wandte sich zu Jolene um. «Wie viel Zeit ist noch? Könnt ihr auf mich warten?»

Jolene blickte in Richtung der Sonne. «Wir sollten nicht viel länger warten. Wenn wir vor Einbruch der Dunkelheit zum Riff und zurückwollen, müssen wir jetzt wirklich los.»

«Und was ist mit dem Tropensturm?», fragte Jilly.

«Ich hab mich vorhin informiert», erwiderte Jolene, «der zieht nach Westen, der erwischt uns nicht. Aber wir sollten trotzdem los.»

Laura blickte Jake an. «Können wir Pawpa nicht einfach mitnehmen?»

Jake seufzte. «Ich weiß nicht, scheint mir ziemlich riskant. Wenn das jemand vom Hemingway-Haus mitkriegt ...»

«Ich werd's keinem sagen.»

«Ich auch nicht», sagte Mack. «Mach schon, Jake, das schadet ihm nicht. Guck ihn dir an, ist den ganzen Weg bis hier raus getrabt. Er hat offensichtlich keine Angst vor dem Wasser. Wenn du mir nicht glaubst, dass er tough ist, frag die Goldfische von Rick und Ricardo.»

Jake stieß einen weiteren Seufzer aus. «Okay», sagte er

dann, nach einer langen Pause. «Ich kann nicht glauben, dass ich das mache.»

Während Jake an Land ging, um den Kater an Bord zu locken, führte Jolene Laura nach unten in die Kajüte, damit sie ihren Badeanzug anziehen konnte.

«Das ist aber gemütlich hier unten», sagte Laura und blickte sich um. «Mir gefällt das viele Holz.»

«Das ist Teak», sagte Jolene und fügte hinzu: «Hör mal, tut mir leid, falls das mit Mack für dich seltsam ist. Ihn einzuladen war Jillys Idee.»

«Nein, warum sollte das seltsam sein?»

Jolene warf ihr einen ungläubigen Blick zu. «Na, weil beide auf dich stehen.»

«Tun sie das? Beide?»

«Ja, klar, und wer könnte es ihnen verübeln. Du bist schlau und witzig, du bist hübsch, und du bist neu in der Stadt.»

«Ha!» Laura wandte sich ab und begann, sich umzuziehen.

«Ich verrate dir jetzt mal ein kleines Geheimnis über Key West: Hier Single zu sein, ist ein Albtraum. Hier gibt's nur eine Handvoll Einheimische, die das Jahr über dableiben. Die meisten sind Urlauber, die für ein paar Tage kommen, vielleicht für eine Woche oder zwei, dann reisen sie wieder ab. Für Leute wie Jilly, die von allem mal kosten, ohne gleich die ganze Portion essen zu wollen, passt das.»

Laura lachte und streifte ihren Badeanzug über.

«Wenn du aber eine Langzeitbeziehung suchst, dann viel Glück. Junge, qualifizierte Singles ziehen hier selten her. Du bist die absolute Ausnahme, Laura. Und heiße Ware noch dazu, würde ich sagen. Der Badeanzug steht dir.»

Laura wurde rot. «Danke. Den mag ich lieber als den rosa gerüschten, den meine Mutter mir ausgesucht hatte.»

«Das Blau ist perfekt. Die Jungs werden es lieben. Ich hoffe nur, sie fangen nicht an, sich um dich zu streiten.»

«Ach was, das glaub ich nicht.»

«Die beiden sind seit Urzeiten beste Freunde. Ich könnte mir vorstellen, bevor sie was unternehmen, wollen sie erst sehen, wen von ihnen du lieber magst. Du weißt, was das bedeutet, oder? Du hast die Kontrolle. Du kannst deine Wahl treffen. Oder auch nicht. Es liegt ganz bei dir.»

«Ich muss sie erst kennenlernen. Im Moment mag ich beide», sagte Laura.

Jolene grinste. Das ist natürlich auch eine Möglichkeit.

Das Boot schlingerte plötzlich, und Laura verlor das Gleichgewicht. Jolene nahm sie beim Arm, um sie zu stützen.

«Wir legen ab. Lass uns hoch zu den anderen gehen. Deine Sachen kannst du hierlassen, dann rollen sie nicht an Deck umher.» Sie führte Laura zur Treppe, die nach oben führte, und wiederholte: «Denk dran, Laura, du hast die Kontrolle.»

Laura lachte. «Gerade hab ich nicht das Gefühl, die Kontrolle zu haben. Eigentlich fühle ich mich nie so.»

«Das ist Unsinn, du hast die Kontrolle über dein Leben übernommen, als du hergezogen bist, oder?»

Laura dachte nach. «Ja, stimmt eigentlich.»

«Dann weiter so. Da oben sind zwei heiße Jungs und eine Thermoskanne Margaritas. Worauf wartest du?»

«Aber du und Jilly, ihr seid doch auch Singles, also muss es heißen: Worauf warten *wir*?»

«Wir?» Jolene kicherte. «Nein, nein, wir haben Jake und Mack schon vor Jahren gedatet. Viel zu viel Drama. Jetzt komm!» Sie sprang die Stufen hoch.

«Warte mal, was?!»

Pawpa Hemingway hatte die beste Zeit seines Lebens. Die Pfoten unter den Körper gezogen wie eine ägyptische Sphinx blickte er vom Bug der Jolly Crabb, die durch das Wasser schnitt und der Sonne entgegenraste, aufs Meer. Von seinem Thron aus konnte er alles sehen, hören und fühlen. Wie das Wasser auf ihn zuschoss, wie der Wind sein Gesicht streifte, wie die Wellen sich unter ihm brachen und die Segel über ihm knatterten.

Pawpa liebte jede einzelne Sekunde.

Natürlich würde er das den Menschen nicht auf die Nase binden. Er war auf einer Mission – herausfinden, was die Neue vorhatte –, aber das hieß schließlich nicht, dass er sich keinerlei Vergnügen gönnen durfte. Von Zeit zu Zeit blickte er nach hinten, zu den Menschen an Deck, die sich unterhielten und lachten, und einen glücklichen Eindruck machten. Besonders die männlichen Menschen schienen freudig mit der Neuen zu plaudern und zu scherzen – während die anderen beiden weiblichen Menschen die meiste Zeit damit beschäftigt waren, die Segel zu richten und das große Rad an der Rückseite des Bootes zu drehen. Jeder wirkte glücklich und zufrieden und entspannt.

Selbst Pawpa Hemingway, der mürrischste Kater von ganz Key West. Er wandte sich von den Menschen ab, um wieder aufs Meer zu blicken. Die Sonne stand jetzt niedriger am Himmel. Die Wolken am Horizont waren ein wenig dunkler ...

und das Boot schien geradewegs auf sie zuzurasen. Pawpa hatte kein Problem damit. Im Gegenteil, er fand es aufregend. Was als einfache Erkundungstour begonnen hatte, war inzwischen so viel mehr.

Ein echtes Abenteuer.

Laura konnte den Blick nicht von dem Seeungeheuer mit den vielen Tentakeln lösen, das auf Macks rechten Oberarm tätowiert war. Seit sie die Segel gesetzt hatten, mühte sie sich vergeblich, sich auf das wunderbare meergrüne Wasser um sie herum zu konzentrieren. Doch Macks aufregende Tattoos und Jakes beeindruckende Muskeln waren schwer zu ignorieren. Davon abgesehen, dass beide Männer unfassbar freundlich und unfassbar lustig waren, sahen sie auch noch unfassbar gut aus.

«Ist das ein Krake?», fragte sie und berührte Macks Arm. Wie in den Filmen über griechische Götter? *Lasst den Kraken frei* und so?

Er lachte. «Das stimmt tatsächlich. Das war mein allererstes Tattoo, und ich mag es immer noch am liebsten.»

«Sein Onkel Rooster war damals gar nicht begeistert», sagte Jake.

«Ja, ich war erst fünfzehn», erklärte Mack. «Aber das war gar nicht Roosters Sorge. Er hatte Angst, dass ich mein Geld verschleudern und mir immer neue Tattoos stechen lassen würde. Er behauptete, einer der anderen Roadies, mit denen er für Jimmy Buffett gearbeitet hatte, sei ab dem ersten Tattoo süchtig gewesen und habe ständig neue gebraucht. Er hat Tausende von Dollars dafür ausgegeben, seinen gesamten Körper tätowieren zu lassen. Es war wie eine Sucht.»

«Wie man sieht, war Roosters Sorge berechtigt», sagte Jake und nickte in Richtung von Macks Körper.

Grinsend sahen die beiden einander an und sagten dann im Chor: «Rooster hat recht.»

Laura wollte gerade nach der Geschichte hinter dem Spruch fragen, aber im selben Augenblick sprang Mack von seinem Badetuch auf und streckte seine langen Gliedmaßen.

«Ich hole mir noch eine Margarita und quatsche ein bisschen mit den Zwillingen», sagte er. «Wenn ihr über mich redet, und das werdet ihr, dann bitte nur Nettes.»

Mit diesen Worten schnappte er sich seinen Becher und ging zum Cockpit, sodass Laura ausreichend Gelegenheit hatte, das große Tattoo auf seinem Rücken zu bewundern. Es war der Leuchtturm von Key West, fein gearbeitet, erhob er sich über Palmen, während im Hintergrund ein altmodischer Schoner vorbeisegelte. Laura musste zugeben, dass sie Macks Tätowierungen beeindruckend fand. Sie rollte sich auf den Bauch und wandte sich Jake zu. Dabei fiel ihr auf, dass er ein wenig bleich und kränklich aussah.

«Geht's dir gut?», fragte sie. «Bist du seekrank?»

Jake zuckte mit den Schultern. «Alles okay, mir ist nur ein bisschen übel. Das geht vorbei ... hoffentlich.» Laura blickte ihn mitfühlend an und wandte sich dann in Richtung Bug.

«Schau dir nur Pawpa an», sagte sie. «Er sieht aus wie ein alter Meereskapitän.»

Jake schmunzelte. «Ja, er liebt das. Ich hatte schon so ein Gefühl, dass es ihm gefallen könnte. In seiner Jugend war er beinahe eine Wildkatze. Ein echter Draufgänger. Ist immer in alles Mögliche reingeraten: Schlägereien, Fischteiche, Hühnerhäuser und so weiter ...»

«Wie hast du ihn auf das Boot gelockt?»

Jake griff in die Tasche seiner Shorts und holte ein Katzenleckerli heraus. «Ich hab immer ein paar von denen dabei. Man kann nie wissen, ob man welche braucht.»

«Genial.» Laura nickte. «Ich mag Cargoshorts, die sind funktional *und* stylish.»

«Machst du dich eventuell gerade über meine Shorts lustig?»

«Niemals würde ich mich über die fragwürdigen Mode-Entscheidungen eines Mannes lustig machen. So eine bin ich nicht. Wäre ich jedoch so eine, müsste ich dir jetzt eine Frage stellen.»

«Und die lautet?»

«Ist das ein Katzenleckerli in deiner Tasche, oder freust du dich nur, mich zu sehen?»

Jake stöhnte auf. «Das ist böse. Du bist so ein böses Mädchen. Frag mich was anderes.»

Laura überlegte kurz. «Oh ja! Ich hab noch eine Katzenfrage.»

«Schieß los.»

«Okay, hier kommt sie. Alle polydaktylen Katzen in Key West stammen von Hemingways Kater ab, stimmt's?» Jake nickte, und Laura fuhr fort: «Das heißt also, dass Tallulah, die Katze auf meinem heißen Blechdach, aus dem Hemingway-Haus stammen muss. Richtig?»

«Warte mal, du hast eine Katze auf dem heißen Blechdach?» Er kicherte.

«Kennst du Tallulah nicht?»

«Wer ist Tallulah?»

Laura atmete tief ein und erzählte ihm, wie sie mitten in

der Nacht von Kratzgeräuschen geweckt worden war und die mitternächtliche Besucherin sich als von den Schwestern halb adoptierte Katze erwies, die wie Nessies Zwilling aussah.

«Ihr Name ist Tallulah, und sie hat den gleichen buschigen Schwanz und die sechskralligen Pfoten wie Nessie», erklärte Laura. «Nur dass ihr Fell schwarz ist und nicht golden. Was meinst du, Jake? Könnten die beiden verwandt sein?»

Jake dachte darüber nach. «Kann schon sein», sagte er. «Vielleicht ist sie eine entfernte Cousine, das ist schwer zu sagen. Aber apropos *Die Katze auf dem heißen Blechdach* – wusstest du, dass der Autor des Stücks, Tennessee Williams, dreißig Jahre lang in Key West gelebt hat?»

Laure wurde hellhörig. «Wirklich? Ich liebe Tennessee Williams. Wieso wusste ich nicht, dass er hier gelebt hat? Wo steht sein Haus?»

«Ich könnte es dir zeigen, es ist zwar kein Museum wie das Hemingway-Haus, aber wir könnten vorbeigehen und es uns ansehen.»

«Toll, vielleicht irgendwann diese Woche nach der Arbeit?»

«Klar.»

«Schön», sagte Laura und fügte spielerisch hinzu: «Dann haben wir ein Date.»

«Ein Date?», wollte Jake gerade antworten, als das Segelboot stark zu schwanken anfing und plötzlich gegen hohe Wellen anzukämpfen hatte. Pawpa sprang von seinem Platz auf und hetzte zu einem sichereren Ort…

Genau zwischen Laura und Jake.

«Na sieh mal einer an, wer hier kommt», sagte Laura. «Hallo, Pawpa.»

Sie war versucht, einen Arm um ihn zu legen und ihn ein bisschen zu streicheln, entschied sich aber dagegen. Pawpa würde das verabscheuen. Deshalb blickte sie dem alten, grauen Kater einfach nur in seine großen blauen Augen und lächelte. Er schien nichts dagegen zu haben. Sie war sogar der Meinung, dass er zurücklächelte.

«Ich glaube, Pawpa fängt an, mich zu mögen. Was meinst du?»

Sie schaute zu Jake, und ihr Lächeln erlosch.

«Jake, ist alles in Ordnung? Dein Gesicht ... Es ist grün!»

«Ich muss mich übergeben.» Jake bedeckte den Mund mit einer Hand, sprang auf die Füße und stürzte an die Reling. Laura schauderte, als sie sah, wie er sich über die Reling beugte, röchelte und schwankte. Mit einem Kopfschütteln blickte sie hinunter zu Pawpa. Er sah aus, als grauste es ihn genauso wie Laura.

Aber so sah er eigentlich immer aus.

«Alle festhalten, hier kommt eine Monsterwelle!», schrie Jolene vom Cockpit aus und griff das Steuerrad fest mit beiden Händen, während Jilly eine Leine stramm zog.

Mack duckte sich neben eine Kabinenwand und zeigte geradeaus. «Jetzt geht's los!», rief er.

Eine mächtige Welle erhob sich wie eine Kreatur des Meeres, hob den Bug des Bootes langsam, aber stetig an, bis Laura fühlte, wie sie übers Deck in Richtung Heck rutschte. Pawpa miaute und sprang auf ihren Schoß.

Dann gab es einen scharfen Ruck, und das Boot stürzte nach unten und knallte heftig aufs Wasser. Laura stieß einen kleinen Schrei aus, auch Pawpa schrie und duckte sich in ihre sicheren Arme. Nach ein paarmal Aufsteigen und Fallen, jedoch mit weitaus weniger Wucht als beim ersten Mal, beruhigte sich das Boot, und dreißig Sekunden später segelten sie gemächlich voran, als wäre nie etwas gewesen.

Laura und Jake waren noch damit beschäftigt, wieder zu sich zu kommen, als Jilly mit einem Armvoll Schwimmflossen und Taucherbrillen aus der Kajüte kam.

«So, Leute, wer geht mit schnorcheln?»

Das Florida Reef zieht jedes Jahr Millionen Menschen an.

Aus gutem Grund. Es ist nämlich das einzige in Nordamerika und das drittgrößte Korallenriff-System der Welt – mit nahezu tausendvierhundert Arten von Wasserpflanzen und -tieren, fünfhundert Fischarten und vierzig verschiedenen Steinkorallen. Die Korallen bilden sich aus Tausenden winziger Organismen oder Polypen, die in einer symbiotischen Beziehung zu den mikroskopischen Algen stehen, die in ihrem Gewebe leben und sie mit Sauerstoff versorgen. Sterben die Korallen, bieten ihre kalkhaltigen Skelette die Grundlage für weitere Schichten an Korallen und Algen – ein Prozess, der sich über lange Zeit so oft wiederholt hat, dass eine überwältigende Unterwasserlandschaft aus Riffen, Kanälen und anderen beeindruckenden Formationen entstanden ist. Dieser Prozess setzte vor über sechstausend Jahren ein.

«Denk dran, da unten nichts anzufassen», schärfte Jilly Laura ein. «Korallen sind sehr empfindlich. Eine einzige Berührung könnte sie umbringen.»

«Ach du Schande!» Laura blickte zu Mack hinüber, der neben ihr und Jilly im Wasser war und unter seiner Taucherbrille übertrieben erschrocken die Augen aufriss. Laura versuchte, nicht zu lachen. Ungefähr fünfzehn Meter neben ihnen schwappte die Jolly Crabb sachte auf und ab. Jolene war am Steuerrad und lächelte zu ihnen herunter. Pawpa saß am Bug und ließ sie nicht aus den Augen. Jake war nirgends zu sehen.

«Der arme Jake. Ich hab ihn zu dem Segeltörn überredet, dabei hat er mir gesagt, dass er seekrank werden könnte.»

Mack prustete in seinen Schnorchel.

«Ihm geht's bald besser, die Pillen, die ich ihm gegeben habe, müssten gleich anschlagen.», sagte Jilly.

Laura war beeindruckt, wie gelassen sie die Situation gemeistert hatte. Als sie mitbekommen hatte, dass er seekrank war, war sie zu ihm geeilt, hatte einen Arm um ihn gelegt, ihm auf den Rücken geklopft und ihm empfohlen, den Blick auf den Horizont zu richten. Sobald sein Magen sich beruhigt hatte, hatte sie ihn nach unten in die Kajüte geführt und in eine der Kojen gesteckt. Und jetzt war sie hier – die Ruhe selbst – und gab Mack und Laura eine kurze Einführung in die Kunst des Schnorchelns.

«Okay, wie man durch den Schnorchel atmet, wisst ihr jetzt, oder? Ihr wisst, wie ihr Luft in eure Maske blast, außerdem wisst ihr, dass ihr nichts anfassen dürft, stimmt's?» Jilly wartete, dass Laura und Mack nickten. Dann fragte sie: «Seid ihr sicher, dass ihr keine Rettungswesten tragen wollt? Das ist keine Schande.»

Mack wollte keine.

Laura sagte: «Ich bin eine ziemlich gute Schwimmerin. Und diese Taucherflossen sind großartig. Ich fühle mich damit wie die kleine Meerjungfrau.» Sie trat mit den Füßen und schwamm in einem schnellen Kreis um die anderen herum.

«Gut», sagte Jilly. «Noch irgendwelche Fragen?»

Laura blickte aufs offene Meer hinaus. «Ja. Wo sind die anderen Boote? Ich dachte, hier würde es ziemlich überlaufen sein.»

«Wir sind ein bisschen weiter rausgefahren als die anderen», erklärte Jilly. «Außerdem könnte es sein, dass sie aus Respekt vor den Wolken in Ufernähe bleiben.»

Laura wandte sich um und musterte die dunklen, dicken Wolken am Horizont, die in den letzten Minuten um einiges näher gerückt zu sein schienen und noch unheilschwangerer wirkten.

«Die sehen ganz schön gruselig aus», sagte Laura. «Müssen wir uns Sorgen machen?»

«Dem Wetterbericht nach sind wir sicher.» Jilly beschirmte ihre Augen mit der Hand und betrachtete die Wolken. Sie runzelte die Stirn. «Aber für alle Fälle kürzen wir das hier ab. Zwanzig Minuten schnorcheln, dann Abflug.»

Laura war die Besorgnis in Jillys Augen nicht entgangen. Aber sie beschwichtigte sich damit, dass, wenn jemand diese Gewässer wie seine Westentasche kannte, es ja wohl die Crabb-Schwestern waren.

Laura blickte zu Mack. «Bereit?»

«Bereiter geht's nicht», sagte er.

Das Korallenriff gehörte zum Schönsten, was Laura je gesehen hatte. So ein Reichtum an lebendigen Farben und seltsam amorphen Formen – wimmelnd vor maritimem Leben. Der Meeresboden unter ihr sah aus wie ein magisches Land auf einem fernen Planeten. Die scharfkantigen Lichtstrahlen der untergehenden Sonne ließen alles schimmern und glühen, als wäre es in flüssiges Gold getaucht. Hellgelbe Fische schwärmten in schnell wechselnden Formationen um ihre

Füße und kitzelten an ihren Beinen. Ehrfürchtig angesichts der unglaublichen Vielfalt an Korallen blickte sie durch ihre Taucherbrille nach unten. Da war ein grüner Miniaturberg mit kleinen, runden Gipfeln, dann eine violette lehmige Masse mit langen, knotigen Tentakeln, eine vielfarbige Ansammlung flacher pinker Blättchen, blauer Nadeln und gelber Federchen.

Mack schloss zu ihr auf. «Willst du runtertauchen und dir das genauer ansehen?»

Begeistert nickte Laura.

Beide holten sie tief Luft und tauchten mit kräftigen Schlägen ihrer Schwimmflossen nach unten in Richtung der farbenprächtigen Unterwasserwelt.

Drei, viereinhalb, fünf Meter unter der Oberfläche fanden sie sich von einer überwältigenden Flora und Fauna umgeben wieder. Mack tippte Laura gegen den Arm und zeigte auf etwas am sandigen Meeresboden: ein glänzender orangefarbener Seestern.

Laura machte große Augen, um ihre Begeisterung zu zeigen, und hielt den Daumen hoch. Dann legte sie eine Hand an ihren Hals und zeigte nach oben. Gemeinsam schwammen sie schnell an die Oberfläche.

Laura zog ihre Tauchmaske ab und versuchte keuchend, zu Atem zu kommen. «Das. Ist. So. Wunderbar.»

«Ja, oder», sagte Mack mit einem dicken Grinsen im Gesicht. «Ich kriege nie genug davon, da runterzutauchen, könnte jeden Tag hier rausfahren, einfach nur, um alles zu erforschen.»

Laura nickte beglückt.

«Lass uns das noch mal machen. Jetzt gleich!»

Mack wollte gerade begeistert zustimmen, als eine Stimme

laut nach ihnen rief. Sie drehten sich um und sahen Jilly an die zehn Meter entfernt im Wasser. Sie zeigte auf die *Jolly Crabb* hinter ihr.

«Jolene ruft mich zurück. Ich schau mal, was sie will.»

«Sollen wir mitkommen?», fragte Mack.

«Nein, aber schwimmt nicht zu weit weg, bleibt in Sichtweite zum Boot.»

«Alles klar.» Mack wandte sich Laura zu. «Also gut. Lass uns das noch mal machen.»

Bei ihrem zweiten Tauchgang sahen sie einen seltsamen roten Fisch mit langen blauen Flossen, die an Federn erinnerten. Er sah aus wie für Neptuns Hochzeit gekleidet. Auf ihrem dritten Tauchgang folgten sie einer Schildkröte, die sich langsam durchs Wasser bewegte – und bemerkten, dass das Licht sich leicht änderte. Beim Auftauchen sagte Mack, die Schildkröte sei sehr cool, die Wolken hingegen, die jetzt die Sonne verdeckten, fand er «sehr uncool». Bei ihrem vierten Tauchgang erforschten sie eine große, zerklüftete Formation moosgrüner Korallen, die an ein verfallenes gotisches Schloss in einem alten Horrorfilm erinnerte.

Und dann wurde das Meer schwarz.

Der Sturm traf die Crabb-Schwestern wie aus dem Nichts.

Gerade noch waren die unheilvoll dunklen Wolken weit entfernt gewesen – nach Jolenes Einschätzung mindestens eine Stunde. Und in der nächsten Minute rasten diese vermeintlich weit entfernten Wolken in alarmierender Geschwindigkeit auf das Boot zu und dehnten sich in alle Himmelsrichtungen aus wie ein riesiger Tintenfleck, der die Sonne verdunkelte.

Zunächst hatte Jolene sich nur um den kranken Passagier in der Kajüte Sorgen gemacht, nicht wegen des Wetters. Sein Stöhnen und Ächzen hatte zugenommen, deshalb hatte sie Jilly zum Boot zurückgerufen, damit diese sich um Jake kümmern konnte, während sie selbst den aktuellen Wetterbericht abrufen wollte.

Und genau in diesem Moment schlug der Sturm zu.

Es fing mit einer gewaltigen Windböe an, die die Segel aufblähte, das Boot anhob und die Pawpa veranlasste, das Deck zu verlassen und unten bei Jake Zuflucht zu suchen. Als Nächstes kam der Regen, sprühend und spritzend zunächst, dann schüttete es wie aus Kübeln. Jolene und Jilly machten sich bereit. Schnell, gekonnt – und ja, ruhig – refften sie die Segel und stabilisierten die Jolly Crabb.

Jetzt kam der schwierige Teil.

«Wo sind Mack und Laura? Kannst du sie sehen?», fragte Jolene und hielt das Steuerrad mit beiden Händen fest.

«Nein!», schrie Jilly zurück. «Vor einer Minute waren sie genau da, vielleicht dreißig Meter entfernt.»

Die Schwestern riefen «Mack!» und «Laura!», während der Regen weiter zunahm.

Jake eilte vom Unterdeck herauf. «Sind sie noch da draußen? Wo?» Er griff an die Reling und suchte mit seinen Blicken panisch das Meer ab.

«Ich weiß es nicht!», schrie Jilly. «Wir haben sie verloren!»

Als das Meer schwarz wurde, wussten Laura und Mack sofort, dass etwas ganz furchtbar schiefgelaufen war. Mack streckte die Hand aus und nahm Laura beim Arm. Gemeinsam traten sie mit ihren Taucherflossen, um so schnell wie möglich an die Oberfläche zu gelangen. Sie hatten keine Ahnung, was sie dort erwarten würde. Als sie mit brennenden Lungen die Oberfläche durchbrachen, war da nicht mehr das sonnengetränkte Meer, in das sie gerade erst eingetaucht waren. Über den jetzt schmutzig-schwarzen Himmel rollten eilig schwere Wolken dahin. Eine Sturzflut ging auf sie nieder und peitschte und schäumte das Meer auf, das sie beide hochhob und fallen ließ, als hätten sie keinerlei Gewicht.

Noch nie in ihrem ganzen Leben hatte Laura sich so hilflos und klein gefühlt. Nie hatte sie solche Angst gehabt. «Wo ist das Boot?», keuchte sie. «Ich sehe es nicht!»

Mack versuchte, sich zu orientieren. «Wir waren genau zwischen dem Boot und der Sonne.»

«Aber wo ist die Sonne?»

Mack blickte nach oben, doch die Wolken hatten die Sonne geschluckt. «Warte mal! Da! Da ist die Sonne! Siehst du das Lichtfleckchen hinter der Wolke da? Das ist die Sonne. Also müssen wir in die entgegengesetzte Richtung.»

Er blickte Laura in die Augen und sah ihre Angst.

«Alles wird gut. Hier, nimm meine Hand, lass uns in die Richtung schwimmen.»

Als sie ein paar Schwimmzüge gemacht hatten, wurde der Regen noch stärker. Die Wellen wurden noch höher und erschwerten es ihnen, die Richtung zu halten. Der Sturm peitschte inzwischen gnadenlos auf das Meer ein. Sie konnten kaum etwas sehen.

Das war der Moment, in dem auch Mack es mit der Angst zu tun bekam.

Nachdem eine riesige Welle sich über ihnen brach, kamen sie hustend und schnaufend wieder an die Oberfläche, und stabilisierten ihre Position. Mack zog Laura näher zu sich. Für einen Moment blickten sie einander an, ihre Lippen zitterten, das Wasser lief ihnen übers Gesicht.

«Hey, ich weiß, dass du Angst hast. Ich hab auch Angst, Laura. Es sieht nicht gut aus für uns, was? Na ja ... Wenn das hier unsere letzten Augenblicke sein sollten, dann will ich ...»

Und er küsste sie auf die Lippen. Langsam, behutsam und hingebungsvoll küsste er sie. Als wäre dies der erste Kuss, den er je einer Frau gegeben hätte. Der letzte Kuss, den er je geben würde.

Er zog sie an sich, hielt sie fest, als eine neue Welle sie beide anhob und mehr Wasser auf sie einströmte und neue Regengüsse auf sie einpeitschten.

Dann endete der Kuss.

Mack zog sich ein wenig zurück, aber er ließ Laura nicht los. Er hielt sie am Arm fest, als eine neue riesige Welle sie überspülte. Er sah ihr in die Augen und sagte: «Verzeih mir, ich hätte das nicht einfach tun dürfen. Ich hätte dich erst fragen müssen, bevor ich ...»

«Sei still.» Laura nahm Macks Gesicht in ihre Hände ... und küsste ihn leidenschaftlich.

Teil 2

Den Sturm überstehen

Eine Katze ist absolut ehrlich. Menschen mögen
aus verschiedenen Gründen ihre Gefühle
verbergen, aber eine Katze tut das nicht.

Ernest Hemingway

9

Tagebuch einer durchgeknallten Hauskatze

Nach allem, was passiert war, beschloss Laura, Tagebuch zu führen. Keinen schwärmerischen Teenie-Schmalz, à la *Liebes Tagebuch, denkst du, Brad will mit mir zum Abschlussball gehen?* Und definitiv nichts *Sex-and-the-City*-Mäßiges. Nein, Laura wollte es einfach halten.

In ihrem Tagebuch wollte sie ohne Geschwätz und ohne Schnörkel von Menschen, Orten und Veranstaltungen berichten. Vielleicht in der Manier einer Zeitungsreporterin. Oder Ernest Hemingways, der seinen direkten Schreibstil während seiner Zeit als Auslandskorrespondent geschliffen und zur Vollendung gebracht hatte. «Um über das Leben schreiben zu können, muss man es erst leben», hatte Hemingway einst gesagt.

Lauras Leben hatte in den letzten Wochen eine dramatische Wendung genommen. Key West war so voller faszinierender Menschen, geschichtsträchtiger Orte und Ereignisse, dass ihr Syracuse im Vergleich langweilig vorkam. Sie wollte das alles zu Papier bringen – oder aufs Handy oder Laptop –, um sich irgendwann aus diesem Fundus bedienen zu können. Nur für den Fall, dass sie wieder zu schreiben anfing. Vielleicht könnte sie, wenn sie sich an die reinen Fakten hielte, statt sich über «Stil» und «Handwerkszeug» Gedanken zu machen, diesen unerbittlichen Kritiker zum Schweigen bringen, der in ihrem Kopf hockte und die ganze Zeit herummäkelte.

Was weiß der denn schon?

Am Abend nach ihrem Beinahe-Tod in den Fluten machte sie die allererste Eintragung. Nachdem sie und die Schwestern in den Bungalow zurückgekehrt waren, gönnte sie sich eine lange, belebende Dusche, ging dann in ihr Zimmer und öffnete ein neues Dokument auf ihrem Handy. Darüber schrieb sie *Nur die Fakten*. Und von da an schaffte sie es, jeden Tag ein paar Einträge zu verfassen.

Selbst als dann der Hurrikan zuschlug.

27. August

Schnorcheln gewesen. Fast gestorben.

Jolene und Jilly haben Jake, Mack und mich zu einem Schnorcheltrip auf der Jolly Crabb *eingeladen. Wir hatten zwei Überraschungsgäste: Pawpa Hemingway und den Tropensturm Sally. Pawpa ist ein leidenschaftlicher Segler. Jake wurde seekrank. Mack und ich gerieten in einen kurzen Sturm, der im Nordwesten Floridas aufkam und durch einen Welleneffekt zu uns getragen wurde. Für einige Minuten hatten Mack und ich den Sichtkontakt zum Boot verloren. Das war sehr furchteinflößend. Zum Glück ebbte der Regen beinahe sofort wieder ab, und der Himmel klarte auf. Wir sind sicher in den Hafen zurückgekehrt. Niemand wurde verletzt.*

Außerdem hat Mack mich geküsst, und ich hab ihn zurückgeküsst.

Ich weiß nicht genau, was das jetzt bedeutet. Versuche, nicht darüber nachzudenken.

Zur Arbeit gegangen. Nass geworden. Mal wieder.

Der Tag fing sonnig an. Auf dem Weg zum Hemingway-Haus sah ich Rooster die Wildhühner füttern. Er fragte, ob ich mich von meinem Schiffbruch erholt habe. Mack habe ihm alles erzählt. Ich weiß, dass sie sich nahestehen, aber ich bezweifle, dass Mack ihm alles erzählt hat.

Fußnote: Rooster sieht heiß aus mit dem neuen Haarschnitt. Hab ihn erst gar nicht erkannt.

Traf Rick und Ricardo mit ihren Chihuahuas Lucy und Desi. Sie stritten über Geld. Ich hörte Rick sagen: «Hast du eine Ahnung, was Hundetrainer kosten?!» Ricardo hatte offensichtlich keine Ahnung, was Hundetrainer kosten. Oder wie man Lucy und Desi dazu bringen kann, mich nicht mehr anzubellen.

Kam früher als normalerweise beim Hemingway-Haus an. Erwischte Margarita dabei, wie sie mit Nessie auf der Veranda Cha-Cha-Cha tanzte. Ich schloss mich ihnen an. Eins, zwei, Cha-Cha-Cha.

Sah Millie ins Kassenhäuschen eilen. Sie trug noch die aufregende Frisur vom Tanzabend. Ade, Pferdeschwanz! Hab mit Jake im Personalraum Kaffee getrunken. Er schämt sich immer noch, weil er seekrank wurde, und ist erschüttert, weil Mack und ich auf hoher See verloren gingen. Sein Angebot, mir das Haus von Tennessee Williams zu zeigen, steht. Wir gehen morgen nach der Arbeit hin. Also haben wir ein Date?

Während meiner zweiten Führung fing es zu regnen an, und Chaos brach aus. Dutzende Katzen stürmten auf der Suche nach einem Unterschlupf das Haus. Larry, Curly und Moe spielten zwischen den Füßen der Besucher Fangen. Spinderella machte in der Eingangshalle Schleuder- und Purzelübungen und brachte die Besucher ins Straucheln. Lady Brett Ashley bekam einen Wutausbruch, als Jackie Chan sich in Hemingways Bett zu ihr gesellen wollte. Ich musste die Besichtigung unterbrechen, bis Ruhe eingekehrt war, etwas anderes blieb mir nicht übrig. Mit einem Haus voller Katzen konnte ich es nicht aufnehmen. Spätestens als Boxer und Bullfighter einen spontanen MMA-Kampf unter dem Tisch veranstalteten, verloren die Besucher vollständig das Interesse an mir und begaben sich ins Esszimmer, wo sie sich «rund um den Ring» aufstellten, um dem Kampf beizuwohnen. Die Leute feuerten Boxer an, als er einen linken Haken landen konnte, und keuchten auf, als Bullfighter wieder auf die Pfoten kam und auf eine Matadordrehung einen Bodyslam folgen ließ.

Ich glaube, ich sah zwei ältere Männer Wetten abschließen.

Zum Glück ließ der Regen bald nach. Der Nachmittag war dann sonnig. Blöderweise fing es wieder zu regnen an, als ich auf dem Heimweg war. Ich hatte keinen Schirm dabei. Aber wer hatte einen? Mama Marley! Sie hielt mit ihrem pinken Taxi direkt neben mir an, ließ die Scheibe herunter und reichte mir einen Knirps raus.

«Ich hab immer extra welche dabei. Für extra Trinkgeld.»

29. August

Das mit Jake war ein Date. Halbwegs.

Bin mit einer Katze auf meinem Brustkorb aufgewacht. Wegen des fluffigen Schwanzes, der mich am Arm kitzelte, dachte ich erst, es wäre Nessie. Aber es war Tallulah. Schließlich kam sie

doch noch herein, um sich vorzustellen. Tolle Katze. Hungrig
auch. Ich stand auf, um ihr ein bisschen was von dem Kat-
zenfutter zu besorgen, das die Schwestern immer im Küchen-
schrank vorrätig hatten. Generell haben die Schwestern mehr
Tiernahrung als Menschennahrung da. Nachdem Tallulah und
ich fertig gefrühstückt hatten, ließ sie sich von mir streicheln.
Aber nur kurz. Offensichtlich hatte sie anderes zu tun. Und ich
ja auch. Also gingen wir unserer Wege. Ich zur Arbeit und sie,
keine Ahnung, wohin.
Heute war ein herausfordernder Tag.
Meine erste Führung bestand aus einer Gruppe Kindergarten-
kinder. Da die meisten von ihnen nicht lesen konnten und He-
mingway nicht so von Interesse war, hatte ich mir etwas über-
legen müssen, um sie bei der Stange zu halten. Unterwegs war
ich abwechselnd ein Fischer, ein Stierkämpfer und ein Groß-
wildjäger auf Safari in Afrika. Die Kinder haben es geliebt. Als
ich so tat, als würde ich ein Gewehr anlegen, erntete ich finstere
Blicke von einem der Erzieher, also schwenkte ich um und sag-
te, mein Gewehr sei eine Kamera, und ich wolle Fotos von den
Tieren schießen. Eigentlich war ab einem bestimmten Zeitpunkt
total egal, was ich tat, denn die Kinder waren ausschließlich an
Hemingways Katzen interessiert und wandten keine Sekunde
den Blick von den Tieren, die über das Gelände und durchs Haus
streiften. Schließlich kürzte ich die Führung ab und geleitete
sie zu dem Miniatur-Hemingway-Haus für Katzen. Natürlich
fanden sie das großartig. Jake stieß extra zu uns, erzählte etwas
über polydaktyle Katzen und ließ sie ein paar Katzen streicheln.
Am Katzenfriedhof führte ich sie ohne ein Wort rasch vorbei.
Aber beim Katzenbrunnen hielten wir wieder an. Er ist aus
einem alten Keramikurinal gemacht, das Hemingway aus

Old Sloppy Joe's Bar mitgebracht hatte. Seine Frau hatte es ursprünglich wegwerfen wollen, sich dann aber entschieden, es mit Fliesen zu versehen, eine spanische Vase draufzusetzen und so einen Trinkbrunnen für die Katzen daraus zu machen.

«Urinal?», fragte ein kleiner Junge. «Das, wo man pullert?»

Ich bejahte, und die Kinder flippten aus, lachten und schrien durcheinander.

«Igitt!!!»

Es war eine erfolgreiche Führung.

Nach der Arbeit bin ich zu Jake gegangen und hab mich für seine Hilfe bedankt. Er sagte, dass er Kinder mag. «Die sind so offen und ehrlich», sagte er, «verbergen ihre Gefühle nicht.» Ich gab mir Mühe, nichts in seine Worte hineinzuinterpretieren.

Wir gingen die Whitehead Street entlang, bogen in die Truman Avenue ein und kamen zu einem hübschen gelben Bungalow mit einem Schild: Tennessee Williams Key West Ausstellung. Jake erklärte, dass das Haus ein Museum und eine Kunstgalerie beherberge, die sich dem Werk des Autors und Dramatikers widmeten. Dies sei jedoch nicht sein Wohnhaus gewesen, wenn ich wolle, könnten wir das noch besichtigen, schlug er vor.

Ich wollte.

Auf dem Weg nannte Jake noch einige andere Berühmtheiten, die in Key West gelebt hatten: Kinderbuchautor Shel Silverstein, Jugendbuchautorin Judy Blume, der Dichter Wallace Stevens und Präsident Harry S. Truman, dessen Winterdomizil allgemein als «das kleine Weiße Haus» bekannt war. Jake wies mich auf malerische Orte hin, wie Duffy's Steak & Lobster House und die Basilika St. Mary of the Sea. Als wir schließlich das Haus erreichten, in dem Tennessee Williams einst gelebt hatte, erzählte ich Jake von meinem Kindheitstraum, Schriftstellerin zu werden – und dass ich mich dem Einwand meiner Eltern gebeugt und «praktisch gedacht» hatte.

Jake hingegen erzählte mir, dass er nicht Tiermedizin studieren konnte, weil die Krankenhausrechnungen seines Vaters die Ersparnisse der Familie aufgefressen hatten. Sein Vater starb, als Jake siebzehn war. Zu dem Zeitpunkt hatte er kein Geld und keine Pläne. Zum Glück bot Margarita, die ihn über Mack und Rooster bereits kannte, ihm einen Job im Hemingway-Haus an, und so konnte Jake seine Mutter unterstützen und gleichzeitig doch mit Tieren arbeiten. Er sagte, der Job sei ein Geschenk Gottes gewesen, es war, wie ein neues Zuhause finden. Und eine neue Familie, in der er sich wohlfühlte.

Ich habe inzwischen ein ganz ähnliches Gefühl.

Hinterher spazierten wir noch ziellos weiter, redeten über unsere Lieblingsbücher und Lieblingsfilme und so. Am Ende landeten wir in der Schooner Wharf Bar, aßen Austern, Shrimps in Kokosdip und Key West Conch Fritters, das ist frittiertes Muschelfleisch. Dazu tranken wir Key Lime Coladas. Nachdem wir uns die Rechnung geteilt hatten (ich hatte darauf bestanden), sahen wir uns am Sunset Pier den Sonnenuntergang an.

Dann machte ich etwas Dummes – und auch Gefährliches, weil Jake mein Kollege ist: Ich küsste ihn zum Abschied.

30. August

FaceTime mit Mom. Ich kann nicht mehr.

Mom bestand darauf, dass wir FaceTime ausprobieren. Sie wollte unbedingt sehen, wo ich wohne.

Die ersten paar Minuten redete ich mit ihrem Ohr und musste ihr erklären, wie sie das Telefon halten muss, damit ich sie sehe. Ich gab ihr eine kleine Führung durch das Crabb-Häuschen, machte sie mit Polly Parton bekannt, mit Romeo und Julia, Iggy Popstar und den anderen Tieren. Sie war in Schockstarre. Besonders Antonius und Kleopatra (die Vogelspinnen) und Sammy und Delilah (die Boa Constrictors) waren zu viel für sie. Mein Zimmer im umgebauten Wintergarten mochte sie immerhin. «Es ist klein, aber schön hell», fand sie. «Sehr tropisch.»

Dann ließ meine Mutter die Bombe platzen.

«Es gibt da eine freie Stelle als Lehrassistenz an der Syracuse University. Dein ehemaliger Betreuer hat dich empfohlen, also hab ich deine Unterlagen da hingeschickt.»

Ich war sprachlos. Aber nicht lange.

Nachdem ich mich halbwegs von dem Schock erholt hatte, erklärte ich ihr so ruhig wie möglich, dass ich war, wo ich sein wollte, und tat, was mir Freude bereitete. Außerdem wies ich sie darauf hin, dass sie meine Unterlagen nicht ohne meine Zustimmung hätte einreichen dürfen.

Sie entschuldigte sich wortreich, aber dann fügte sie fröhlich hinzu: «Aber nun ist es sowieso zu spät. Ich hab's ja abgeschickt. Lass uns einfach abwarten, was passiert.»

Ich versuchte, die Ruhe zu bewahren. Wollte nicht streiten. Sagte Tschüss und legte auf.

Doch der Tag wurde noch schlimmer.

Zehn Minuten später kam eine Nachricht von Devin. Deine Mom sagt, du kommst eventuell zurück nach Syracuse. Stimmt das? Ruf mich an, BITTE!

Mein Ex-Freund scheint nicht zu verstehen, was das Präfix Ex bedeutet. Das könnte eventuell daran liegen, dass ich nie richtig mit ihm Schluss gemacht habe. Stattdessen hab ich für ihn völlig überraschend verkündet, dass ich eine Stelle in Key West angenommen habe und in sechs Tagen abreisen werde. Ja, ich weiß, *ich weiß. Das war mies von mir. Wir waren seit Studienbeginn zusammen. Aber ich hatte meine Gründe.*

1. Ich hasse Drama.

2. Ich hatte keine Ahnung, was ich mit meinem Leben anfangen wollte.

3. Langsam, aber sicher drehte ich durch – wie Devins arme Katze.

Devin hatte eine Katze namens Veronica, eine verspielte kleine Manx-Katze, die gerne Möbel zerkratzte oder Gardinen zerriss, sie wetzte ihre Krallen an allem, was sie in die Pfoten bekam. Eines Tages hatte Devins Mutter beschlossen, umzudekorieren. Sie kaufte ein teures neues Ledersofa, neue Sessel, neue Vorhänge, alles Mögliche. Von da an war für die Katze das Wohnzimmer tabu. Devin musste sie in seinem Zimmer einsperren. Die arme Mieze. Zuerst wurde sie depressiv und träge, dann begann sie, sich seltsam zu verhalten. Sie jagte unsichtbare Mäuse, fraß nicht mehr, schlug nach Devin, wenn er sie hochnehmen wollte. Schließlich, eines Nachts, befreite sich Veronica aus ihrem Gefängnis. Sie kratzte ein Loch in die Jalousie und machte, dass sie wegkam. Einmal, ungefähr ein Jahr später, hab ich sie im Park unweit von Devins Elternhaus eine Taube jagen sehen. Sie sah gesünder und glücklicher aus als je zuvor.

Die kleine Veronica – endlich frei.

Wie sehr ich sie doch beneidete.

31. August

Mehr von Mack. Mehr Probleme.

Der Tag fing eigentlich ganz unschuldig an. Von Polly Parton geweckt worden und von den Zwillingen zu einer Suchaktion

herangezogen, da Leguan Iggy Popstar irgendwie aus seinem
Terrarium entkommen war. Fand ihn unter meinem Bett. Ge-
duscht, angezogen, zur Arbeit gegangen. Hab sogar an einen
Schirm gedacht, ihn aber diesmal nicht gebraucht. Aber die
Wolken sahen den ganzen Tag lang unheilverkündend aus.

Zwei Führungen am Vormittag, drei am Nachmittag. Überfragt
gewesen, als eine Frau wissen wollte: «Können Sie mir sagen,
wie die Farbe heißt, in der die Fensterläden gestrichen sind? Für
Olivgrün ist sie zu hell», sagte sie. «Und für Limettengrün zu ge-
deckt.» Ich musste Lucky Leo fragen. Er sagte, die Farbe sei eine
extra fürs Hemingway-Haus angefertigte Spezialmischung.

Interessante Beobachtung: Leo trug keins seiner üblichen Golf-
shirts, sondern ein dezent gemustertes Hemd, das mir gut gefiel.
Bekommt er Modetipps von Mama Marley?

Margarita bat mich, nach der Arbeit noch ein paar Stunden
länger zu bleiben, um Millie und ihr mit den Tafelaufsätzen für
die morgige Hochzeit zu helfen. Das Paar hat sich karibisch in-
spirierte Deko gewünscht, aber die Braut verabscheut die klei-
nen Plastikbananen, die der Florist in seine Gestecke eingefügt
hat. Die Hochzeitsplanerin, ganz offensichtlich am Rande des
Nervenzusammenbruchs, hat Margarita auf Knien angefleht,
die Bananen von den Tafelaufsätzen zu entfernen. Margarita
hat zugesagt, schließlich konnte das ja nicht so schwer sein. War
es aber doch, da die Bananen mit Drähten angebracht waren
und das Arrangement neu geordnet werden musste, damit keine
Löcher entstanden.

Außerdem fragte Margarita, ob ich mir was dazuverdienen
und auf der Hochzeit aushelfen wolle. «Nur für den Fall der
Fälle», sagte sie. Ums Essen und die Getränke kümmern sich
diesmal Caterer. Aber Sie könnten mir ein wenig bei der Koor-

dination unter die Arme greifen. «Jakes und Macks Band spielt. Das sollten Sie auf keinen Fall verpassen.»

Nein, das wollte ich tatsächlich auf keinen Fall verpassen, also sagte ich zu.

Jake fragte, ob wir nach der Arbeit etwas trinken gehen wollten. Ich musste absagen, denn ich traf mich um fünf mit Millie und Margarita in der Eingangshalle. Die Tische waren bedeckt von Tafelaufsätzen, die überquollen von prächtigen tropischen Blumen – und billigen Plastikbananen. Wir machten uns an die Arbeit. Die Katzen, angezogen von der Dekoration, taten es uns nach. Einige stritten um zur Seite gelegte Bananen und kickten sie profimäßig mit ihren Pfoten durch den gesamten Raum. Als es zu wild wurde, schickten wir die Stürmer Bette Davis und Joan Clawford in den Strafraum – zu den anderen Katzen in den Garten.

Wurde rechtzeitig fertig, um einen zauberhaften Sonnenuntergang anzuschauen.

Die unheilschwangeren Wolken am Himmel schienen in Flammen zu stehen. Ich konnte den Blick nicht abwenden und lief auf der Whitehead Street, vor dem Leuchtturm, beinahe in Mack McCloud. Er stand neben einer winzigen älteren Frau mit Drahtgestell-Omabrille, in geblümter Hose und Greenpeace-T-Shirt. Mack stellte sie vor als: «Shelly, die Wetterfee von WKEY Radio.»

Shelly lachte. «Ich hab ihm schon tausendmal gesagt, er soll mich nicht so nennen. Ich bevorzuge ‹Beobachterin›, aber Fee klingt ja irgendwie auch nett. Schön, Sie kennenzulernen, Laura.» Sie schüttelte mir die Hand und zeigte nach oben. «Der Himmel sieht fantastisch aus, oder? Dafür können Sie sich beim Tropensturm Sally bedanken.»

Mack erzählte ihr vom Blitzsturm auf unserem Schnorchel-Ausflug.

«Da habt ihr Glück gehabt. Sally ist eine launenhafte Dame. Die ganze Woche ist sie um den Golf herumgestürmt, hat täglich ihre Richtung geändert. Sie erinnert mich an diese jungen Frauen, die sich nicht auf einen Mann festlegen wollen, sondern die ganze Zeit das Feld sondieren. Ich weiß, wovon ich rede. Deshalb lebe ich wahrscheinlich allein.» Shelly prustete. «Aber zurück zu Sally. Ich glaube, in ein paar Tagen wird sie ermüden. Weitaus mehr Sorgen mache ich mir wegen Harry.»

«Wer ist Harry?», fragte Mack.

«Hurrikan Harry», erklärte Shelly. «Der ist gewieft. Vor ein paar Tagen war er noch Harry, der Tropensturm. Im Grunde ein Baby, geboren aus einer Welle im Atlantik. Als er gestern Puerto Rico erreicht hat, war er schon ein ausgewachsener Hurrikan der Stärke drei. Zum Glück bewegte er sich nördlich der Insel und hat kaum Schaden angerichtet. Glaubt man den Großstadtmeteorologen, verliert Harry bereits an Kraft. Aber mich führt er nicht hinters Licht. Seit heute hat er Stärke vier, und er ist immer noch ein Halbstarker im Wachstum, wenn ihr mich fragt. Haiti, die Dominikanische Republik, die Turks- und Caicosinseln – sie stehen derzeit alle unter strenger Hurrikanbeobachtung.» Als Shelly unsere erschrockenen Gesichter bemerkte, fragte sie mich: «Hören Sie meinen Wetterbericht etwa nicht?»

«Nein», gestand ich. «Aber von heute an werde ich das ganz sicher tun. Wenn Sie davon reden, klingt das Wetter plötzlich wahnsinnig interessant.»

«Das Wetter ist interessant.»

«Und furchteinflößend», fügte ich hinzu.

«Ja, das stimmt», sagte sie. «Mal sehen, was in den nächsten paar

Tagen passiert. Falls der furchteinflößende Harry vor Kuba noch an Kraft gewinnt, wird das eine echte Katastrophe für uns hier auf den Keys. Ein Hurrikan der Stärke fünf wäre verheerender als alles, was wir bisher hier gesehen haben. Dann müssten wir evakuieren, und zwar so schnell wie möglich.»

Nachdem sie mich damit zu Tode erschreckt hatte, wünschte Shelly uns einen schönen Abend und schlenderte von dannen. Mack und ich standen auf dem Fußweg und schauten uns ratlos an. Ich wusste gar nicht, was mich mehr verunsicherte, die Tatsache, dass ein Killerhurrikan auf uns zuraste oder dass Mack und ich geknutscht hatten, als wir dachten, wir müssten sterben. Schließlich brach Mack das Schweigen. «Willst du dir den Sonnenuntergang vom Leuchtturm aus ansehen?»

Und ob ich das wollte.

Als wir oben ankamen, war die Färbung des Himmels sogar noch dramatischer. Die Wolken waren dunkler und hingen tiefer. Die Sonne tauchte alles in ein sattes Orange. Und – vielleicht lag es am Licht oder der schwindelerregenden Höhe oder an dem wild-romantischen Leuchtturmsetting – irgendwie war mir so, als sähe Mack noch süßer, abgerissener und sexier aus als je zuvor.

Liebes Tagebuch, meinst du, er wird mich noch mal küssen?

Nein! Aufhören! Sofort aufhören!

Ich hatte mir geschworen, meine Aufzeichnungen würden keinesfalls das Tagebuch einer liebeskranken Teenagerin sein, die den ganzen Tag an Jungs dachte. Und schon ein paar Tage später bin ich dabei, diesen heiligen Schwur zu brechen. Reiß dich zusammen, Laura.

Nur die reinen Fakten.

Also, hierüber haben wir gesprochen: Macks Liebe zur Musik und sein Traum, Plattenproduzent zu werden. Macks Onkel

Rooster und dass er Mack aufgenommen hat, nachdem seine Mutter ihn verlassen hatte. Macks Freundschaft mit Jake und wie sie seit der Schule in ständigem Wettstreit stehen. Ich erzählte ihm meine Lebensgeschichte. (Na ja, einen Teil, nicht alles. Devin ließ ich weg.) Dann brachte ich zur Sprache, was beim Schnorcheln zwischen uns gewesen war.

Mack blickte über das Geländer des Leuchtturmbalkons und sagte lange Zeit nichts. Dann blickte er zu mir her, und seine Augen waren dunkel und glühend.

«Das war ... intensiv», sagte er leise und zögernd, mit sanfter Stimme. «Es war verrückt, ich weiß. Ich hätte dich nicht küssen sollen. Jake mag dich wirklich sehr gern, und er ist mein bester Freund. Aber seit dem Moment, als ich dich das erste Mal gesehen habe, wollte ich genau das tun. Ich musste es tun, wenn das unser letzter Moment auf Erden gewesen wäre.»

Ich wusste nicht, was ich sagen sollte. Die Gefühle in seinen Augen, die Zärtlichkeit in seiner Stimme ... Ich wollte ihn an mich ziehen und umarmen. Oder ihn küssen.

Oder beides.

«Was hältst du von einem Drink in Sloppy Joe's Bar?», fragte er. «Die erste Runde geht auf mich.»

«Äh ... okay.»

Ich wusste nicht genau, ob er das Thema wechseln wollte oder nur den Ort. So oder so war ich am Start. Hemingways Lieblingsbar hatte ich schon besuchen wollen, seit mein Flieger hier gelandet war. Sloppy Joe's Bar!

Eröffnet am 5. Dezember 1933, dem Tag, an dem die Prohibition aufgehoben wurde, konnte sich der berühmte Laden die Atmosphäre einer Spelunke über verschiedene Namenswechsel und sogar einige Ortswechsel hinweg bewahren. Ernest Heming-

way selbst hatte dem Besitzer Joe Russell, der für den Autor und dessen Gefolgsleute – unter ihnen der Autor John Dos Passos und der Künstler Aldo Peirce – reichlich ausschenkte, den Namen Sloppy Joe's Bar *empfohlen. Hier hatte Hemingway seine dritte Frau Martha Gellhorn kennengelernt und auch jenen Kapitän, der ihm schließlich den ersten polydaktylen Kater übergab. Die Literaturwissenschaft geht davon aus, dass Sloppy Joe's Bar als Vorbild für die Bar in* Haben und Nichthaben *diente.*

Und ich? Ich überlegte, ob ich mit Mack eine Frozen Margarita haben oder nicht haben wollte.

«Komm schon, nur eine», sagte er und rückte mir an der langen geschwungenen Bar einen Hocker zurecht.

«Ich sollte lieber nicht», erwiderte ich. «Seit ich hier bin, trinke ich ganz schön viel.»

Mack lachte und hob beide Hände. «Willkommen in Margarita-ville.»

Ich zuckte mit den Schultern. «Ach, was soll's. Wie schon Hemingway gesagt hat: ‹Wenn du einen Ort wirklich kennenlernen willst, verbring eine Nacht in seinen Bars.› Wer bin ich denn, einem Nobelpreisträger zu widersprechen.»

Während Mack unsere Getränke bestellte, sah ich mich in der Bar um. Die Holzwände und der blau gefliese Boden sahen aus, als wären sie seit Jahrzehnten nicht erneuert worden. Die Wände waren mit Memorabilien, Angeltrophäen und gerahmten Fotos gepflastert – auf manchen davon Papa Hemingway selbst –, und von der Decke hingen mehrere wackelige Ventilatoren. Ein Detail allerdings stammte garantiert nicht aus Hemingways Zeit: eine Souvenir-Ecke, in der man Shirts mit dem Aufdruck Sloppy Joe's Bar *und Key-West-Souvenirs kaufen konnte.*

Mack reichte mir eine Frozen Margarita.

«Worauf wollen wir trinken? Ein langes und glückliches Leben?
Unsere Traumkarrieren? Nie wieder schnorcheln?»
«Lass uns auf Hemingways Katzen anstoßen», sagte ich.
«Dann auf Hemingways Katzen!»
Als der eisige Cocktail auf meiner Zunge prickelte und sie ein
wenig betäubte, meinte ich, aus dem Augenwinkel jemanden
draußen auf der Straße stehen und hereinspähen zu sehen.
Dann schüttelte derjenige den Kopf und ging weg.
Ich bin mir ziemlich sicher, dass es Jake war. Außerdem bin ich
ziemlich sicher, dass er uns gesehen hat.

1. *September*

Roter Himmel am Morgen bringt dem Segler Sorgen.
Bin zu beunruhigenden Nachrichten aufgewacht. Es lief Shellys
Wetterbericht auf WKEY Radio. Wie sich zeigt, ist der Tropen-
sturm Sally wieder unterwegs. Und weht geradewegs auf Key
West zu.
«Sally hat ein Auge auf uns geworfen», so formuliert Shelly
das. «Aber ich glaube, sie flirtet nur. Da baut sich gerade ein
attraktives junges Drucksystem auf, das sie überwältigen und
hinaus aufs Meer treiben könnte. Im Moment sieht es jedoch
eher danach aus, als hielte sich Sally alle Optionen offen. In
den nächsten Tagen werden wir wohl ein paar starke Böen und
Regenschauer abkriegen, und zu allem Überfluss ist Hurrikan
Harry auf dem Weg zu uns. Über Kuba scheint er zum Glück
an Kraft zu verlieren und wurde runtergestuft auf Stärke drei.
Ich hoffe, bis er die Keys erreicht, ist er komplett erschöpft. Den-
noch: Wenn er kommt, ist Sally noch da, passen Sie also gut auf.
Es könnte ziemlich bald ziemlich stürmisch werden. Bleiben Sie
dran, wir informieren Sie, wenn sich was tut.»

Ich schaltete das Radio aus. Nahm mir vor, unbedingt einen Schirm zu der karibisch inspirierten Hochzeit am Nachmittag im Hemingway-Haus mitzunehmen.

Anmerkung: Hätte ich gewusst, wie stürmisch der Tag wird, wäre ich im Bett geblieben.

Da ich erst am Nachmittag losmusste, machte ich ein pompöses Frühstück für Jill, Jolene und mich. Pancakes, Eier, Schinken ... was das Herz begehrt. Dabei erzählte ich den Schwestern von Mack und Jake und unseren Beinahe-Dates oder So-was-wie-Dates. Von den Küssen erzählte ich ihnen auch. Sie hörten aufmerksam zu, sagten aber so gut wie nichts. Vielleicht wollen sie da nicht reingezogen werden. Oder sie wissen etwas, das ich nicht weiß. Besonders Jilly sah aus wie eine Katze, die den Kanarienvogel verschluckt hat. Apropos Vögel: Heute Morgen hab ich versucht, Polly Parton einen neuen Song beizubringen: Freebird von Lynyrd Skynyrd. Leider vergeblich. Sie ist wohl kein Skynyrd-Fan. Hab mit Tallulah im Garten hinter dem Haus abgehangen. Sie jagte eine Eidechse um den nautischen Schnickschnack, die Vogeltränken, Gipsstatuen und so weiter. Die Eidechse konnte sich unter die Statue einer Meerjungfrau retten, also gab Tallulah auf, kam zu mir und sprang auf meinen Schoß. Damit hatte ich nicht gerechnet. Und auch nicht mit ihrem Gewicht. Sie war ziemlich schwer. «Du wirst dick, Tallulah», sagte ich. «Lässt du dich auch von den Nachbarn füttern? Vielleicht solltest du eine Weile auf Kohlenhydrate verzichten.» Ich streichelte sie, wie ich Nessie immer streichelte, vom Kopf bis zur Schwanzspitze, und sie schnurrte, wie Nessie immer schnurrte. Das war schon seltsam, zwei Katzen zu treffen, die sich so stark ähnelten und doch so verschieden waren.

Außerdem seltsam: Zwei Typen küssen, die zufällig beste Freunde sind. Die gemeinsam eine Band haben. Die ich am Nachmittag sehen würde. Auf einer Hochzeit.

Für mich würden die Hochzeitsglocken wohl nicht so schnell läuten. Ich kann mir nicht vorstellen, mich für jemanden zu entscheiden und dann mein Leben mit demjenigen zu verbringen. Ja, ich kann mich kaum entscheiden, was ich zu der Hochzeit anziehen soll – und wie ich das mit Mack und Jake regeln soll.

«Hilf mir mal, Tallulah», sagte ich, setzte die Katze auf dem Boden ab und ging in mein Zimmer, Tallulah hinter mir her. Ich machte den Schrank auf, zog ein paar Kleider heraus, hielt sie mir an. Bei dem kleinen Schwarzen wischte Tallulah mit ihrem Schwanz vor und zurück, also würde ich das tragen.

Wenn nur alle Entscheidungen im Leben so einfach wären.

Später, auf dem Hemingway-Anwesen ...

Margarita, Millie und ich setzen die letzten Tafelaufsätze auf die rund um die Tanzfläche aufgebauten Tische und traten zurück, um unser Werk zu begutachten. Die Deko sah fantastisch aus – ohne die Plastikbananen außerdem überraschend geschmackvoll. Das mit dem karibischen Motto hätte auf so viele Arten schiefgehen können. Aber die Hochzeitsplanerin hatte für die Zeremonie einen wunderschönen Bogen aus tropischen Blumen kreieren lassen, unter dem das Paar stehen würde, und die Caterer trugen eine Bar und Serviertische herein, die mit Bambus und Palmwedeln versehen waren und trotzdem nicht nach einer bekloppten Hotel-Tiki-Bar aussahen. Die Tischtücher in leicht gedämpften karibischen Farben brachten die floralen Tafelaufsätze perfekt zur Geltung. Sogar die erschöpfte, übereifrige

Hochzeitsplanerin war begeistert, wie geschmackvoll alles aussah.

Die Katzen fanden es auch toll. Vielleicht ein bisschen zu toll. Larry, Curly und Moe knabberten die ganze Zeit an den Palmwedeln an der Bar. Chew-Chew und Whiskey hielten sich bereits in der Nähe der Serviertische auf. Kilimandscharo versuchte, den blumengeschmückten Bogen zu erklimmen, und musste mehrmals verjagt werden, wobei eine Blüte herabfiel, um die sich nun Joan Clawford und Bette Davis stritten. Boxer und Bullfighter lieferten sich unterdessen in dem Kabelwirrwarr der Hochzeitsband einen kleinen Kampf.

Stimmt ja, die Hochzeitsband.

Die ganze Zeit über, als ich Margarita half, blickte ich immer wieder zu Mack und Jake, die gemeinsam mit ihren Bandkollegen das Equipment aufbauten. Obwohl sie ihre Hemden noch nicht ganz zugeknöpft hatten und keine Krawatten trugen, sahen sie hervorragend aus in ihren Anzügen. Natürlich erwischten sie mich beim Glotzen. Beide schenkten mir ein breites Lächeln und winkten. Ich fragte Margarita, ob ich kurz rüberdürfe, hallo sagen.

«Klar doch», erwiderte sie. «Ich glaube, wir haben das Ganze jetzt so weit unter Kontrolle. Die Dekoration ist fertig, die Hochzeitsplanerin ist glücklich, sogar die Braut ist nun zuversichtlich, dass es ein schöner Tag wird. Aber behalten Sie die Katzen im Auge. Stellen Sie sicher, dass sie nicht zu viel Schaden anrichten oder – noch schlimmer – der Braut die Show stehlen.»

Ich blickte auf die Tanzfläche, wo Spinderella verspielt ihre Kreise zog. «Ich geb mein Bestes», versprach ich und ging zu den Jungs. «Also das ist die Band, von der ich schon so viel gehört habe», sagte ich und lächelte Mack und Jake an.

Jake spielte daraufhin ein kurzes Gitarrenriff. «Alles, was du gehört hast, entspricht der Wahrheit», sagte er. «Die Off Keys sind Rock-'n'-Roll-Legenden. Glauben sie zumindest.»

Mack warf einen seiner Drumsticks in die Luft, fing ihn auf und spielte etwas karibisch Klingendes auf der Steeldrum. «Warte, bis du unsere Calypso-Covers von AC/DC hörst. Das wird dich umhauen.»

Ich lachte. Sie stellten mich ihren Bandkollegen Lilly und Kane vor, die zwar nett und freundlich, aber auch ziemlich gestresst wirkten. Sie besprachen gerade letzte Änderungen an der Playlist. Mack ging zum Van, um eine weitere Trommel zu holen, und ließ mich und Jake alleine.

«Das ist nicht die Art Musik, die wir normalerweise spielen», sagte er. «Die Braut wollte was karibisch Klingendes, aber auch die typischen Hochzeitssongs. Just the Way You Are und The Girl From Ipanema. Mack sagt, er hasst The Girl From Ipanema. Aber ich glaube ihm nicht. Er spielt einfach nicht so gern auf Hochzeiten.»

«Aber das hier ist nicht irgendeine Hochzeit, sondern eine im Hemingway-Haus», sagte ich.

«Der Vater der Braut soll exakt aussehen wie Hemingway. Er hätte beim Doppelgänger-Contest mitmachen können, den wir jedes Jahr im Juli veranstalten.»

«Ich hab davon gehört. Ist das nicht Teil eines Festivals? Da gibt es doch Wettbewerbe im Fischen, und Stiere werden durch die Straßen getrieben und all so was, oder? Schade, dass ich das verpasst hab.»

«Vielleicht nächstes Jahr. Wenn du dann noch da bist.» Kurz lag ein seltsamer, beinahe trauriger Ausdruck auf Jakes Gesicht. Dann lächelte er wieder. «Der Doppelgänger-Contest findet in

Sloppy Joe's Bar statt, Hemingways alter Stammkneipe. Warst
du da schon?»

Äh. Ich wusste nicht, was ich darauf sagen sollte.

Ich kam nicht umhin, mich zu fragen ...

Oh nein! Nicht die Sex and the City-*Sprüche. Schon wieder eine*
Tagebuch-Regel, die ich gebrochen hatte. Aber ich kam nicht
umhin, mich zu fragen, ob Jake mich auf die Probe stellte, mich
und Mack gesehen hatte und wissen wollte, ob ich lügen würde
und ob da etwas war zwischen Mack und mir.

«Gestern Abend war ich dort», sagte ich. «Mit Mack. Wir haben
uns zufällig getroffen, nachdem ich Margarita mit den Tafeln
geholfen hatte, und sind was trinken gegangen. Cooler Laden.
Immer noch so heruntergekommen wie zu Hemingways Zei-
ten. Und wie viel Geschichte in diesem kleinen Raum steckt:
Ich mochte die Fotos und das ganze andere Zeug an den Wän-
den. Kurz war ich versucht, ein T-Shirt zu kaufen, aber ...» Ich
schweifte ab. Zum Glück kam Mack mit einer weiteren Steel-
drum, und Margarita winkte mich von der Seite des Hauses zu
sich her.

«Sieht so aus, als werde ich gebraucht», sagte ich. «Viel Spaß
nachher. Toi, toi, toi.»

Oje.

Zuerst Cocktails.

Die Band klang toll. Sie spielten karibisch angehauchte Lounge-
Musik – Jimmy Buffetts Margaritaville, *Bob Marleys* Stir It Up,
und währenddessen schlürften die Gäste mit langen pinken
Strohhalmen Cocktails aus ausgehöhlten Ananas. Besonders
beeindruckte mich Macks meisterhafte Interpretation von The
Girl from Ipanema *auf den Steeldrums. So lässig und sexy und*

cool, wie es klang, wäre man nie darauf gekommen, dass er den Song hasste. Und Jake? Wirkte wie ein gutaussehender Sänger aus einer anderen Zeit, wie er da verführerisch auf seiner Gitarre zupfte und sich sanft wiegte. Geradezu zum Ohnmächtigwerden elegant.

Irgendetwas strich mir am Bein entlang.

Nessie! Meine Begleitung für die Hochzeit war endlich da.

Dann die Zeremonie.

Als die Braut und der Bräutigam ihre feierlichen Versprechen aufsagten, hielt ich Nessie in meinen Armen.

Schluchzte ein bisschen, als sie die Ringe tauschten und sich küssten, dabei hatte ich sie noch nie gesehen. Aber ich war nicht die Einzige. Margarita hatte auch Tränen in den Augen. Millie heulte wie ein Schlosshund.

«So schön!», flüsterte sie.

Ich versuchte, nicht zu Mack und Jake zu blicken, konnte mich aber nicht beherrschen. Beide standen bei ihren Instrumenten und sahen alle paar Sekunden zu mir her. Ich fragte mich, wie ernst ihnen das mit mir war. Könnte ich «die Eine» für einen von ihnen sein? Und dann begriff ich: nein.

Sie sahen zu, wie Millie haltlos schluchzte.

Ha!

Schließlich der Empfang.

Braut und Bräutigam sagten «Ich will». Gäste jubelten. Erster Tanz der Frischvermählten, eine Calypso-Version von Elvis' Can't Help Falling in Love. *Jake sang die Leadstimme. Dann wurden ein paar Reden gehalten, das Essen kam, und unter den aufmerksamen Blicken von Whiskey und Chew-Chew, die das Fest umkreisten wie zwei hungrige Haie, setzten sich alle.*

Immer wieder schlugen Gäste mit dem Teelöffel gegen das Glas, und das Paar küsste sich andauernd. Mehr Champagnerflaschen wurden entkorkt, mehr Toasts wurden ausgebracht, und mehr Essen wurden verzehrt. Die leeren Teller wurden vom Personal sofort weggebracht.

Dann ging die Party richtig los.

Jake, Mack, Lilly und Kane, bekannt als die Off Keys, starteten den Abend mit einem Set an Dance-Hits für jedermann. Die Leute stürmten die Tanzfläche. Sängerin Lilly war großartig. Sie sah nicht nur aus wie die junge Whitney Houston, sie hatte auch deren beeindruckende Stimme. Kane, der mich mit seinen Locken an Prince erinnerte, war ein musikalisches Ausnahmetalent, das fünf verschiedene Instrumente spielte, darunter Keyboard, Gitarre und Saxofon. Aber Jake und Mack waren auch nicht schlecht. Die Band war hervorragend aufeinander abgestimmt und hatte eine irre Bühnenpräsenz.

Wer hätte das gedacht? Die größte Überraschung aber war, wie gekonnt die Band wirklich jeden Song karibisch klingen ließ – genau, wie die Braut sich das gewünscht hatte. Man sollte sich niemals eine Calypso-Version von Uptown Funk *und ein karibisches Riff in* Love Shack *entgehen lassen, wenn man jemals die Chance dazu hat. Von* The Electric Slide *als Reggae-Huldigung ganz zu schweigen.*

Hemingways Katzen wussten nicht, was sie davon halten sollten.

Einige hauten ab und suchten sich ein Versteck (Larry, Curly, und Moe), andere begutachteten das Ganze aus sicherer Entfernung (Nessie, Pawpa, Kilimandscharo), und einige versuchten, sich unter die Feiernden zu mischen (Spinderella, Boxer, Bull-fighter und natürlich Chew-Chew und Whiskey). Die kleinen Unruhestifter waren den Abend über meine Ausrede, wenn mich mal wieder ein betrunkener Gast zum Tanzen auffordern wollte. «Sorry, ich bin im Dienst», sagte ich dann. «Ich muss diese Katzen bändigen.»

Irgendwann stellten die Caterer Baldachine über der Bar und den Buffets auf. Erst verstand ich nicht, warum. Dann blickte ich hoch zum Himmel.

Ach du Schande!

Mächtige dunkelgraue Gewitterwolken donnerten über uns hinweg wie eine Viehherde. Wegen der Partybeleuchtung war mir das vorher nicht aufgefallen. Nun sah ich, dass die Palmen schwankten. Ihre Wedel raschelten im aufkommenden Wind. Es ließ wirklich nichts Gutes erahnen.

Was hatte die Wetterfee Shelly über den Tropensturm Sally gesagt? Sie kann uns richtig Ärger machen, aber eigentlich glaube ich, in ein paar Tagen wird sie ermüden.

«Mach uns keinen Ärger, Sally», flüsterte ich zum Himmel hoch. «Bitte ruiniere uns nicht die Hochzeit.»

Plötzlich hörte die Musik auf. Ich drehte mich nach der Band um und sah, wie Jake nach dem Mikrofon griff. «Und nun möchte ich einen besonderen Gast auf die Bühne bitten. Die einzigartige ... Margarita Bouffet wird für uns singen!»

Applaus brandete auf. Ich klatschte am lautesten, hatte ich doch keine Ahnung gehabt, dass Margarita auch noch singen konnte. Meine Chefin stieg auf die Bühne und nahm das Mikro. Mit funkelnden Augen blickte sie über die Menge. «Vielen Dank», sagte sie. «Im Namen des Hemingway-Hauses möchte ich den nächsten Song unserem wundervollen Brautpaar widmen – und all *jenen, die je einen Traum hatten, der schließlich in Erfüllung gegangen ist ... doch noch.»*

Sie blickte zu Boden, und die Band spielte die ersten Akkorde des Etta-James-Klassikers At Last. *Braut und Bräutigam betraten die Tanzfläche. Margarita wartete auf ihren Einsatz, blickte auf und begann zu singen.*

Sie war unglaublich.

Ihre Stimme war so kräftig und voller Gefühl, ich war hingerissen. Bald gesellten sich weitere Paare zu den Eheleuten und tanzten eng umschlungen. Andere, darunter ich, waren zu gebannt, um zu tanzen, standen nur da und hörten zu, ließen sich von der Musik verzaubern und von der Frau, die dem Song Leben einhauchte. Irgendwann kam ich zu mir und bemerkte, dass Margaritas Blick über die Menge hinweg auf irgendwen hinter mir gerichtet war. Ich drehte mich um.

Rooster McCloud stand an die Hauswand gelehnt da und hörte Margarita von dort aus zu – die Augen des robusten Leuchtturmwärters so blau und seelenvoll, dass mein Herz ein bisschen wehtat.

Dann fühlte ich etwas anderes: Pawpa Hemingway rieb sich an meinem Bein! Ach, du kriegst die Tür nicht zu, wie Rooster zu sagen pflegt. Seit unserem Segeltörn hatte Pawpa aufgehört, mich misstrauisch zu verfolgen, aber noch nie hatte er sich mir genähert. Das war eindeutig ein Wendepunkt in unserer Beziehung.

Ich beugte mich hinab, um ihn zu streicheln, und er erlaubte es.

Das war mein Lieblingsmoment auf der Hochzeit: Während Margarita für Rooster McCloud sang, streichelte ich Pawpa Hemingway.

Was war der unangenehmste Moment?

Alles, was danach passierte.

Es fing mit einem lauten Donnerschlag an. Dann peitschte eine kräftige Windböe durch den Garten und schleuderte Tischtücher, Blumen und sogar ein paar Stühle über den Rasen. Dann fing es aus dem Nichts an zu schütten wie aus Kübeln, und alle drängten zum Haus, um dort Unterschlupf zu suchen.

Und nun wurde es noch schlimmer.

Hinterher . . .

Alle waren durchnässt und kläglich – die Hochzeitsgäste, die Caterer, sogar die Katzen. Während draußen der Sturm heulte, heulte in der Eingangshalle die Braut noch lauter. Sie hob den Saum ihres durchweichten Kleides an und bahnte sich einen Weg durch die Gästeschar hindurch bis zur Treppe. Dort ließ sie sich auf eine Stufe sinken und begann zu weinen, zu fluchen und zu jammern. «Warum?! Warum ich?! Warum ausgerechnet jetzt?!» Der Bräutigam gab sein Bestes, um sie zu beruhigen, aber vergeblich.

Währenddessen verzogen sich die Katzen, die vor dem Sturm ins Haus geflohen waren, in die von Seilen abgetrennten Museumsbereiche und trockneten sich. Zur Freude der tropfnassen Gäste sprinteten und tobten und kreiselten sie über den Fußboden. Wieder starteten Boxer und Bullfighter unter dem Tisch im Esszimmer einen Schaukampf, und wieder feuerte die Menge sie an. «Der hat aber einen fiesen linken Haken», sagte der Vater der Braut.

Ich überprüfte die anderen Räume und sah Margarita und Millie mit der Hochzeitsplanerin im Gespräch. Rooster stand ein wenig abseits und hörte zu. Nicht zu sehen waren Jake und Mack und der Rest der Band. Ich drängelte mich durch die Menge an eines der Fenster. Draußen auf der Bühne eilten Leute hin und her in dem verzweifelten Versuch, eine große Plastikplane über das Equipment zu breiten, die jedoch vom Wind immer wieder fortgerissen wurde. Es waren Jake und Mack, und es sah aus, als würden sie sich gegenseitig anschreien.

Margarita trat hinter mich. «Laura, könnten Sie ein paar Wischmopps aus dem Hauswirtschaftsraum holen? Ich bin in Sorge, dass das viele Wasser, das wir hereingetragen haben, die Böden beschädigt. Oder schlimmer, dass jemand ausrutscht und stürzt.»

Bevor ich mich auf den Weg machte, blickte ich noch einmal aus dem Fenster. Der Regen schien ein wenig nachzulassen, und die Bühne war jetzt deutlicher zu sehen, die Plastikplane schien nun sicher befestigt zu sein.

Aber Jake und Mack waren nirgends zu sehen.

An der schluchzenden Braut, tropfenden Gästen und umherspringenden Katzen vorbei ging ich zur Hintertür, als etwas mein Bein streifte.

«Nessie! Da bist du ja! Ich wusste, du bist schlau und schaffst es ins Trockene.» Kurz streichelte ich über ihren noch leicht feuchten Kopf. «Ich fürchte, ich muss noch mal da raus. Wünsch mir Glück!»

Ich holte tief Luft und wünschte, ich hätte Mama Marleys Regenschirm bei mir. Dann zog ich den Kopf ein und rannte aus der Tür. Unterwegs zum Gebäude auf der Rückseite sah ich Jake und Mack beim Pool stehen.

Sie stritten. Mitten im Regen.

Meinetwegen.

«Du hast sie geküsst?», schrie Jake. «Du hast sie geküsst!»

«Du hast sie doch auch geküsst!», schrie Mack zurück.

«Wir hatten eine Vereinbarung!»

«Die du gebrochen hast!»

«Du hast sie genauso gebrochen!»

Ich konnte nicht glauben, was ich da hörte. Die hatten eine Vereinbarung? Ich hatte kaum Zeit, das Gehörte zu verarbeiten, da gingen die beiden Freunde schon aufeinander los. Jake gab Mack einen Stoß. Mack stieß Jake zurück. Nach ein paar solcher kraftvollen Schubser rangen sie miteinander wie Boxer und Bullfighter, nur nicht halb so niedlich. Es war schrecklich mitanzusehen.

«Hört auf!», schrie ich. «Was ist nur los mit euch?!»

Sie ignorierten mich, kämpften und rangen weiter.

Dann fielen sie in den Pool.

Jetzt reichte es mir. Ich hatte genug gesehen. Schockiert und ein wenig angewidert ließ ich die Männer zurück. Sollten sie doch ihre dumme Macho-Rivalität unter sich ausmachen. Ich hatte für Margarita Wischmopps zu besorgen.

10

Rendezvous zwischen Hurrikan Harry und Tropensturm Sally

Jedes Jahr zur Hurrikan-Saison passiert mit den Menschen tief im Süden Floridas etwas Seltsames.

Wetterexperten nennen das Phänomen Hurrikan-Amnesie.

Leute, die es wirklich besser wissen sollten, werden von dieser Amnesie befallen – Einheimische, die schon etliche furchtbare Stürme erlebt haben, jedoch nichts mehr davon wissen wollen. Andere Symptome sind: ein übertrieben starkes Gefühl von Sicherheit, das Leugnen jeglicher Gefahr und die unangemessen optimistische Vorstellung, dass schon nichts passieren wird.

Mit anderen Worten: Man nimmt Hurrikane nicht ernst.

Die Florida Keys sind ganz besonders von der Amnesie betroffen. Zum Beispiel waren viele Anwohner von Key West mittlerweile so gewöhnt an die ständigen Sturmwarnungen, Hurrikanbeobachtungen und Flut-Gutachter, dass sie nicht mehr darauf achtgaben und sich auf jedes Szenario vorbereitet wähnten. Und meistens war der ganze Zirkus ja eh übertrieben gewesen.

Gewiss konnte man den reißerischen Nachrichtensprechern die Schuld an diesem Überdruss geben, die während milder Stürmchen im Designerregenmantel am Strand standen und die Einschaltquote hochtrieben, indem sie aus der sprichwörtlichen Mücke einen Elefanten machten und Panik verbreiteten. Natürlich hörten sich die Leute den Quatsch nach einer Weile nicht mehr an.

In diesem Jahr war es besonders aufdringlich. Abhängig davon, welchen Sender man hörte, war die Gefahr, dass ein Sturm das Festland erreichte, entweder stark ansteigend, leicht sinkend oder von Stunde zu Stunde verschieden. *Bleiben Sie dran für die neuesten Nachrichten.* Selbst der eigentlich verlässliche nationale Wetterdienst änderte über den Tag mehrfach seine Warnungen, Beobachtungen und Anweisungen. Mittlerweile gab es so viele widersprüchliche Meldungen, dass die Leute nicht wussten, wem sie glauben oder was sie erwarten sollten.

Harry und Sally waren das Problem.

Die beiden waren – Zitat WKEY Radio – «schrecklich sprunghaft».

Erst am Vortag hatte das U.S. National Hurricane Center (NHC) Hurrikan Harry, als der gerade an den Turks- und Caicos-Inseln vorbeipustete und sich nach Nordosten dem Atlantik zuwandte, nur um sogleich wieder die Richtung zu wechseln, zunächst auf Stärke zwei heruntergestuft. Den Tropensturm Sally stufte das NHC gar zu einem tropischen Tiefdruckgebiet herab, das westwärts zum Golf von Mexiko zog. Aber auch Sally änderte ihre Richtung, wurde wieder hochgestuft und machte sich auf den Weg zu einem erneuten Besuch in Florida.

Die Wetterexperten taten ihr Bestes, um auf dem Laufenden zu bleiben. Sie stuften die Stürme hoch, gaben Warnungen heraus, und forderten schließlich den Gouverneur von Florida auf, eine Evakuierung der Bevölkerung anzuordnen. Für manche Bewohner von Key West – besonders die berühmten Hemingway-Katzen – war das jedoch keine Option.

Als Hurrikan Harry und der Tropensturm Sally aufeinandertrafen, hatten die Bewohner und die Katzen keine Wahl, als sich wegzuducken und auszusitzen, was auch kommen mochte.

Als Mama Marley und Leo Trout sich *fünf Tage vor dem Rendezvous zwischen Harry und Sally* in der Green Parrot Bar trafen, dachten sie, das Schlimmste wäre vorbei.

«Du musst dir keine Sorgen wegen Harry und Sally machen», sagte Leo und rückte Mama den Stuhl zurecht. «Die kommen nicht hierher. Glaub mir, ich weiß eine Menge über Stürme. Ich hab zwei Hurrikane der Stärke fünf überstanden und so viele Tornados, dass ich aufgehört habe zu zählen. Als ich noch in Kansas gewohnt habe, hat ein Tornado mein Haus hochgehoben, es ein paarmal rumgedreht und dann fallen lassen wie eine heiße Kartoffel. Jede einzelne Scheibe war kaputt.»

Mama lächelte. «Dann hast du ja Glück, dass du überlebt hast.»

«Das stimmt.» Er lächelte zurück. «Ich bin ein glücklicher Mann. Glücklich, am Leben zu sein und hier mit dir zusammen.»

Immer noch lächelnd bestellte Mama den Happy Hour Cocktail, ein Gebräu aus Rum und Ananassaft, das Parrot

Punch genannt wurde. Mama versuchte, sich nicht an Leos stark übertriebenen Geschichten zu stören. Ja, amüsant waren die durchaus. Und nein, sie glaubte ihm kein Wort. Warum nur meinte er, solche Märchen erzählen zu müssen? Darüber wollte Mama lieber nicht nachdenken. Noch nicht. Nicht beim dritten Date.

«Dein neues Hemd gefällt mir», sagte sie stattdessen. «Es betont das Grün deiner Augen. Du siehst sehr gut aus damit.»

Leo wurde rot. «Nie im Leben hätte ich mir das gekauft, wenn du mich nicht auf die Idee gebracht hättest», sagte er. «Du hast einen exquisiten Geschmack.»

«Was Hemden angeht oder Männer?»

Jetzt wurde Leo noch röter.

Mama fand wahnsinnig süß, dass Leo tatsächlich ihren Rat befolgt hatte. Nach der Ukulele-Nacht im Green Parrot, ihrem zweiten Date, waren sie auf dem Heimweg an einem Bekleidungsgeschäft vorbeigekommen, und Mama hatte die Gelegenheit genutzt und von einigen der Hemden im Schaufenster geschwärmt. Schon am nächsten Tag hatte sie ihn in einem dieser Hemden auf der Straße gesehen. Das beeindruckte Mama. Sogar sehr. Die meisten Männer, die sie in letzter Zeit kennengelernt hatte, waren festgefahren, trugen stets dieselben Sachen, gingen in die immer gleichen Restaurants, bestellten sogar stets das Gleiche. Neues war ihnen ein Gräuel.

Leo war anders.

«Ähm ... Mama ... Kann ich dich was fragen?»

«Na klar, Leo. Schieß los.»

«Es geht ... ähm ... um deinen Namen. Ich komm mir blöd

vor, dich Mama zu nennen. Schließlich hab ich meine Mutter so genannt.»

«Ach du liebes bisschen.»

«Na ja, jedenfalls hab ich mich gefragt, ob ich … Ob du eventuell einen Vorschlag hast, wie ich dich nennen könnte.»

«Du meinst, so was wie meinen richtigen Namen?» Mama lächelte listig. «Mein richtiger Name ist ein Geheimnis. Den sage ich niemandem. Aber für dich mache ich eine Ausnahme. Mein richtiger Name ist Marla.»

«Marla?», sagte er lächelnd. «Marla. Was für ein schöner Name. Der gefällt mir richtig gut. Marla.»

«Das ist mein Name. Nutz ihn nicht ab.»

In dem Moment setzte die Musik wieder ein. Es war eine lokale Band mit Namen The Kool Kats. Ihre Musik war etwas wie in der Sonne gerösteter Honky-Tonk mit einem Hauch Key Lime. Die Songs waren sehr laut und rüpelhaft – und sehr tanzbar.

«Wie wär's mit einem Tänzchen, Marla?» Leo streckte die Hand aus. Zuerst antwortete Mama nicht, legte nur den Kopf schief und lauschte einer durchgeknallten Version von Little Feats *Dixie Chicken*. Dann lächelte sie Leo an. «Na gut.»

Fünf Songs später …

… tanzten Mama und Leo immer noch wie im Rausch. Der lärmige Stilmix, den die Band spielte, stachelte die beiden zu immer kreativeren Moves an. Mama drehte sich, und Leo wiegte sie – dies geschah vollständig synchron, gerade, als würden sie seit Jahren miteinander tanzen. Ein paar Leute in der Menge begannen sie anzufeuern, machten Platz, damit sie richtig ausflippen konnten. Es war ein Mordsspaß.

Bis es keiner mehr war.

Als Leo kurz zur Bar gegangen war, um einen Schluck Bier zu trinken, hatte ein breitschultriger Brutalo mit Cowboyhut die Gelegenheit genutzt und sich an Mama Marley gepresst, seine Hüften gegen ihre. Sie stieß ihn hart von sich, und dann wurde es schnell hässlich. Der Cowboy packte ihren Arm, sie hieb ihm das Knie gegen die Leiste. Und dann kam Leo dazu. Dann ging alles sehr schnell.

Es endete auch schnell.

Leo hatte einen soliden Treffer gegen den Kiefer des Cowboys gelandet, als auch schon der Türsteher auftauchte, Leo bei den Schultern nahm, zur Tür trug und auf die regennasse Straße stieß. Mama Marley eilte zu ihm, half ihm hoch und klappte einen Regenschirm auf.

«Ich hab immer einen Schirm dabei», erklärte sie. «Komm Leo, mein Taxi steht um die Ecke.»

Als sie sicher in Mamas Wagen saßen, zehn Häuser entfernt von der Bar, dem Brutalo und dem Türsteher, fingen sie gleichzeitig haltlos zu lachen an.

«Mannomann! Das war toll, Leo!» Mama johlte und pfiff und schlug ihre Hände aufs Lenkrad. Leo musste ein Lachen unterdrücken, als er sich dafür entschuldigte, dass er einen solchen Aufstand verursacht hatte und sie nun rausgeschmissen worden waren, aber Mama wollte davon nichts hören.

«Spinnst du? Das war unfassbar, Leo. Du bist der Mann des Tages. Meine Ehre auf diese Weise zu verteidigen, das ist doch … wow! Der Typ war riesig! Du hattest Glück, dass er dich nicht umgebracht hat.»

Leo schnaubte. «Ich hab doch gesagt, ich hab immer Glück.»

«Nein, nein, das war nicht nur Glück! Du bist mein Held.

Du hast einen Treffer gelandet. *Für mich!* Von jetzt an werde ich dich *Der linke Haken* nennen.»

Sie lachten immer noch, als Mama das Taxi am südlichsten Punkt der Insel den Pier hochlenkte. Dank des Regens waren sie ganz allein hier. Keine Touristen, niemand, der Fotos schoss, keine Souvenirverkäufer. Nur Leo und Marla und der Regen, der auf das tiefe, blaue Meer herabbrauste.

«Du bist wirklich was Besonderes, Leo», sagte Mama, als sie den Motor abschaltete. «Ich wette, du hättest niemals gedacht, dass du heute in eine Barschlägerei geraten würdest. Hattest du schon mal eine Barschlägerei?»

«Ja, klar, Dutzende», sagte er und lehnte sich zurück. «So viele, dass ich irgendwann aufgehört hab zu zählen. Ich hab nämlich früher mit Profiboxern trainiert.»

Oh nein, dachte Mama Marley, *nicht wieder die Angebermasche.*

«Wirklich Leo? Das ist interessant.» Sie dreht am Radio, bis sie einen sanften, gemächlichen Reggae-Song fand. «Aber wenn ich ehrlich sein soll, interessiert mich Boxen nicht die Bohne. Lass uns über was anderes reden.»

«Worüber?»

«Wie kannst du zwischen diesen ganzen Katzen arbeiten?»

«Magst du keine Katzen?»

«Sie machen mir Angst. Die wilden Hühner machen mir auch Angst. Eigentlich alle Tiere. Schon seit meiner Kindheit versuche ich, Tieren aus dem Weg zu gehen.»

«Wo bist du denn aufgewachsen?»

Mama blickte aufs Meer hinaus und sagte nichts. Dann blickte sie wieder Leo an. «Du zuerst. Erzähl mir was über deine Vergangenheit. Deine Ex-Frau zum Beispiel – erzähl mir von ihr.»

Leo schluckte. «Ich weiß nicht, ob das eine gute Idee ist. In sämtlichen Datingshows, die ich gesehen habe, wurde gesagt, man soll *keinesfalls* bei einer Verabredung über frühere Beziehungen reden.»

«Das gilt nur für erste Dates. Das hier ist unser drittes.» Mama neigte sich zu ihm und lehnte sich gegen seinen Arm. «Nach dem dritten Date kann alles passieren, Leo, wirklich alles. Da gelten keine Regeln mehr.»

Leo schmunzelte. «Ob das stimmt?» Er legte seinen Arm um sie.

«Ja, das stimmt.» Sie legte ihren Kopf auf seine Schulter und rieb ihre Nase an seinem Nacken.

«Wenn das so ist», sagte Leo, «würdest du dann vielleicht in Erwägung ziehen, auf einen Schlummertrunk mit zu mir zu kommen?»

«Würde ich. Sonst noch irgendwelche Fragen?»

«Ja, warum haben dich deine Eltern Marla Marley genannt? Das ist doch verrückt.»

«Marley ist nicht mein echter Nachname.»

Als Foster Lee Jackson und Millie Graham sich *vier Tage vor dem Rendezvous zwischen Harry und Sally* im Hot Tin Roof Restaurant trafen, galt bereits eine Sturmwarnung für die Insel. Millie hatte vorgeschlagen, dass sie ihr Date lieber auf die folgende Woche verschieben sollten. Aber Foster hatte nichts davon hören wollen. «Ich werde mich nicht von ein bisschen schlechtem Wetter um die Gesellschaft einer reizenden Dame bringen lassen», hatte er am Telefon gesagt. «Zumal sie ein sonniges Gemüt hat.»

«Das ist ja süß», sagte sie mit mädchenhaftem Kichern. «Aber sind Sie sicher? Der Tropensturm Sally bewegt sich wieder in unsere Richtung.»

«Wie ich die Sache sehe», hatte er erwidert, «wird Miss Sally sich mit dem Stürmen gedulden müssen, bis ich fürstlich mit Miss Millie diniert habe. Außerdem habe ich bereits reserviert.»

Als sie beim Restaurant ankamen, teilte ihnen die Kellnerin mit, die Außenveranda sei wegen der Wetterbedingungen geschlossen. Foster bestand darauf, dennoch dort platziert zu werden. «Welchen Sinn hat es denn, eine Dame in ein gutes Restaurant auszuführen, von dessen Veranda aus wir am Rosé nippend den Hafen von Key West bei Sonnenuntergang überblicken können, wenn besagte Veranda dann geschlossen ist? Wenn Sie das bitte möglich machen würden, ich wäre Ihnen sehr verbunden. Und dürfte ich bitte Ihre Weinkarte sehen?» Die Dame nickte widerwillig. Während Foster die Weinkarte studierte, beobachtete Millie das Personal beim Decken eines Tisches im Außenbereich. Der Hauptraum war an diesem Abend recht leer – wahrscheinlich wegen der Sturmwarnung –, aber das Lokal war unglaublich schick und elegant. Millie hätte kein Problem damit gehabt, drinnen zu essen, aber sobald sie die Veranda betreten hatte und über das Wasser blickte, war sie froh, dass Foster die Kellnerin überzeugt hatte, sie hier sitzen zu lassen. Die Aussicht war so schön und romantisch, auch wenn Wolken die Sonne verdeckten.

«Der Laden ist wahnsinnig nobel», flüsterte sie Foster zu, nachdem sie Platz genommen hatten. «Ich wollte schon immer mal herkommen. Das Essen soll köstlich sein.»

Foster nickte. «Das ist es in der Tat. Das *Hot Tin Roof* ist mein Lieblingsrestaurant auf der gesamten Insel. Schauen Sie sich nur diesen Blick an.»

Millie blickte über den Hafen, auf die schweren blauen und lila Wolken, die sich am Horizont entlangwälzten. «Es ist atemberaubend», sagte sie. «Aber ...»

«Aber was?»

«Diese Wolken wirken recht einschüchternd. Und sehen Sie die kabbeligen Wellen da draußen? Das sieht aus wie ein Eintopf, der gleich überkocht. Da wird bald ein starker Wind heranwehen.»

Foster versuchte, sie zu beschwichtigen. «Das ist nichts. Höchstens vielleicht eine kleine Böe. Sturm Sally ist mindestens hundert Meilen entfernt. Kein Anlass zur Sorge.»

«Und was ist mit Hurrikan Harry?»

«Harry? Der ist inzwischen mitten auf dem Ozean.»

«Da hat Shelly heute Morgen aber was anderes gesagt.»

«Shelly? Rooster McClouds Wetteransagerin? Die ist nicht mal Meteorologin.»

«Das stimmt, aber sie kennt sich trotzdem aus. Sie sagt, Harry hat seine Reisepläne letzte Nacht geändert und einen Flug auf die Bahamas gebucht, inklusive Upgrade. Er hat inzwischen Stärke drei und reist nach Westen. Shelly hat so eine Ahnung, dass er sich eventuell kubanische Zigarren besorgen will. Sie sagt, falls er das vorhat, raucht er uns gleich mit auf.»

Foster brach in Gelächter aus. «Ach, diese Shelly, hat sie nicht eine prächtige Fantasie? Und ich? Hab einen prächtigen

Appetit.» Er klappte seine Speisekarte auf. «Sind Sie damit einverstanden, dass ich für uns beide bestelle?»

«Hm, na ja, ich glaube schon. Sie wissen, was hier schmeckt, ja? Ich kann Ihnen vertrauen?»

«Natürlich können Sie mir vertrauen. Für meine Ex-Frau hab ich auch immer bestellt.»

Foster rief den Kellner herbei und ratterte beinahe die gesamte Speisekarte herunter – Wildpilz-Bruschetta, Oktopussalat, gedünstete Jakobsmuscheln & Rosa Garnelen aus Key West, Filet Mignon und Hummer aus Florida – während Millie dasaß und an Fosters Ex-Frau dachte.

«Wie war sie?», fragte Millie, als der Kellner weg war. Foster sah sie fragend an. «Ihre Ex-Frau», sagte sie. «Ich hab sie nur einmal gesehen, und das ist Jahre her. Wie war sie?»

«Ah! Sie war sehr etepetete. Eine dieser vornehmen Südstaatenschönheiten aus der Oberschicht von Savannah. Sie war sehr still, sehr spröde und doch sehr entgegenkommend. Sie las mir jeden Wunsch von den Augen ab. Bis sie dann abgehauen ist. Zusammen mit der Katze.»

«Sie hat Ihre Katze mitgenommen?»

«Nein.» Foster seufzte. «Die Katze ist abgehauen, nachdem meine Frau abgehauen ist. Scheint so, als hätte die Katze mich auch nicht gemocht. Bis zum heutigen Tag hab ich keine Ahnung, wo die eine oder die andere sich aufhält.»

Millie wollte gerade noch eine Frage stellen, als es anfing zu regnen – und zwar wie aus Kübeln. Zum Glück war die Veranda überdacht. Aber dann frischte der Wind ebenfalls auf. Millie blickte über den Hafen zu einem nahe gelegenen Pier, auf dem unter gelben Schirmen Tische standen, ringsherum funkelten Partylichter. Ein paar Kellner versuchten, die

Schirme zuzuklappen, aber die nächste Böe hatte sie schon umgeworfen.

«Hilfe», sagte Millie und rückte vom Geländer weg. «Ich möchte nicht, dass mein Haar nass wird. Meine Nachbarin Connie ist Stylistin und hat es mir heute frisiert.»

«Es sieht bezaubernd aus», sagte Foster und streckte die Hand aus, um die Flamme der Kerze auf ihrem Tisch vom Wind abzuschirmen.

«Das Kleid hier hat mir auch Connie geliehen», fuhr Millie fort. «Sie hat viele Designersachen, die ihr nicht mehr passen, seit sie ein bisschen zugenommen hat.»

«Es ist sehr elegant.»

«Danke, Foster. Oh, sehen Sie nur!» Millie zeigte hinunter, wo die Partylichter im Unwetter flackerten. Große gelbe Sonnenschirme rollten über den Pier und fielen ins Wasser. Das vom Regen durchweichte Personal versuchte zunächst, sie herauszufischen, als dann aber auch Tischdecken und Besteck durch die Luft flogen, gaben sie auf und stellten sich unter. Neben der Veranda, auf der Millie und Foster saßen, schwankte ein hoher tropischer Baum hin und her. Ein paar seiner Blätter landeten in Millies Frisur.

Dann gingen die Lichter im Restaurant aus.

Und bevor einer von ihnen reagieren konnte, fegte ein mächtiger Windstoß über die Veranda und zerrte die Serviette von Millies Schoß, das Besteck vom Tisch ...

... und das Toupet von Fosters Kopf.

Es ging so schnell, dass Foster gar nicht bemerkte, dass er barhäuptig war. Nicht, bis Millie auf seinen Kopf zeigte.

«Foster, Ihr Haar, es ist weggeweht.»

Sie brauchten fünf Minuten, um das flüchtige Haarteil

auszumachen – es hing an einem Ast des tropischen Baumes neben ihnen fest – und weitere fünf Minuten, ehe der Regen nachließ und sie zu Fosters BMW rennen konnten. Angesichts dessen, dass im Restaurant Stromausfall war, war ein Abendessen nicht mehr im Bereich des Möglichen. Im ganzen Viertel schien der Strom ausgefallen zu sein. Erst als Foster ein paar Straßen nach Süden gefahren war, sahen sie wieder Licht in den Häusern.

«Nun, zumindest hab ich Sie sicher nach Hause gebracht», sagte er, als er vor Millies Haus hielt. «Abgesehen davon war der Abend ein Desaster. Ich entschuldige mich in aller Form.»

«Was reden Sie denn da?» Millie öffnete ihren Gurt und wandte sich ihm zu. «Wir haben ein kleines Abenteuer erlebt, das ist doch fein. Fanden Sie nicht auch lustig, wie die Sonnenschirme vom Pier gerollt sind und Ihr Haarteil im Baum hing?»

Foster stöhnte. «Erinnern Sie mich nicht daran. Ich bin ein geschlagener Mann. Ich glaube nicht, dass ich mich schon einmal so geschämt habe.»

«Wegen des Haarteils? Das ist Unsinn. Sie haben keinen Grund, sich zu schämen. Das ist doch ein gutes Toupet, Foster, hervorragende Qualität.»

«Millie, bitte, Sie müssen nicht...»

«Ich meine das ernst. Wirklich. Ich wusste nicht mal, dass Sie ein Toupet tragen», sagte sie. «Und ich weiß alles über jeden in dieser Stadt. Was ich nicht wusste, ist, dass Foster Lee Jackson ein Toupet trägt. Das hätte ich nie gedacht. Es sieht so natürlich aus. Und Sie sind ein so attraktiver Mann. Mit oder ohne Toupet.»

Foster sagte nichts, starrte nur schweigend auf die sich hin- und herbewegenden Scheibenwischer.

«Wollen Sie mit reinkommen?», fragte sie und beugte sich näher zu ihm. «Ich hab eine Box Chardonnay im Kühlschrank und ein Chili, das ich warm machen könnte. Wir könnten Netflix gucken und Chili essen.»

Foster schaute sie an und lächelte scheu.

«Das klingt entzückend.»

Als Rooster und Margarita sich *drei Tage vor dem Rendezvous zwischen Harry und Sally* im Leuchtturmmuseum trafen, klangen die Unwetterwarnungen schon ernster, Stärke vier war vorhergesagt. Am Morgen hatte der Nationale Wetterdienst Harry hochgestuft, sobald dieser sich gedreht und nach Südwesten in Richtung Kuba gewandt hatte. Die Windgeschwindigkeit betrug bisweilen zweihundertvierzig Kilometer pro Stunde, die Wellen erreichten eine Höhe von elf Metern. Zusammen mit dreißig Zentimetern Regen pro Quadratmeter führte das zu massiven Überschwemmungen an Kubas nördlichen Küsten. Die Schäden waren kaum zu beziffern, und noch war es nicht ausgestanden. Keine guten Aussichten also für die Florida Keys.

In Anbetracht von Harrys Wiederauferstehung rief der Gouverneur von Florida dann tatsächlich den Ausnahmezustand aus. Bewohner des südlichen Florida und der Florida Keys wurden angewiesen, nach Möglichkeit ihre Häuser sofort zu verlassen. Die Maut wurde ausgesetzt, die Schulen wurden geschlossen, und fünfhundert Soldaten der Nationalgarde wurden abgestellt, um bei den Sicherungsmaßnahmen zu helfen.

Wie reagierte Key West auf die Aufforderung des Gouverneurs?

Gemischt.

Einige gerieten in Panik. Sobald Harry sich über Kuba hermachte, packten sie ihre Taschen. Andere wussten nicht recht, ob sie bleiben oder fahren sollten. Sie riefen Freunde und Bekannte an, um deren Meinung zur Lage einzuholen – und gegebenenfalls eine Einladung unterzuschlüpfen, bis der Spuk vorüber war. Dann gab es natürlich noch die Alteingesessenen mit ihrer Hurrikan-Amnesie, überzeugt, dass dieser Sturm ja wohl kaum schlimmer werden könnte als der letzte. Solange sie ausreichend mit Kerzen, Batterien, Toilettenpapier und Dosenspaghetti bevorratet waren, würden sie ausharren.

Und dann gab es Rooster McCloud.

Rooster war kein Hurrikanleugner. Zu gut kannte er die Gefahren, die ein solcher Sturm mit sich brachte. Aber als Leuchtturmwärter von Key West hatte er seiner Ansicht nach die Pflicht zu bleiben und die Lichter brennen zu lassen. Außerdem hatte er eine Nachricht von Margarita bekommen.

Ich brauche deine Hilfe. Bist du gerade im Museum?

Er schickte ihr ein Emoji mit erhobenem Daumen.

Sie antwortete: *Bin unterwegs.*

Rooster stellte das Telefon aus und betrachtete die einsamen Schaukästen rings um ihn. Offiziell hatten Leuchtturm und Museum geöffnet, aber bislang war nur eine junge Familie aus Virginia da gewesen. In gerade mal fünf Minuten stürzten sie durchs Museum und hetzten die Stufen des Leuchtturms hoch.

«Wir wollen von Key West weg, ehe der Sturm zuschlägt», hatte die Mutter erklärt.

«Das machen Sie richtig», hatte Rooster erwidert. «Fahren Sie vorsichtig, die Straßen hier sind glitschig, wenn sie nass sind.»

Dem Wagen der Familie durch die Regenschleier nachzusehen, wie er schnell davonfuhr, machte Rooster ein wenig unruhig. Eine Nachricht von Margarita, die um Hilfe bat, machte ihn *sehr* unruhig.

Was ist nur los?, fragte er sich. Er ging zur Eingangstür und blickte hinaus. Durch den Regen konnte er einen leuchtend roten Schirm die Whitehead Street herunterkommen sehen.

Margarita!

«*What's New, Pussycat*!», rief sie und rannte den Bürgersteig entlang auf ihn zu.

Rooster hielt die Tür auf und scheuchte sie hinein. «Bist du in Ordnung? Ist was passiert? Wie kann ich helfen?»

Margarita klappte den Schirm zu und schüttelte sich. «Mir geht's gut, Rooster, bin nur ein wenig außer Atem.»

«Was ist los? Was ist passiert?»

«Ach, du liebe Güte, ich mache ja deinen Boden ganz nass.» Sie zeigte auf den Saum ihres Kleides, von dem es unablässig tropfte. «Meine schönen neuen Pumps.» Sie seufzte.

«Margarita, du machst mich fertig. Du hast gesagt, du brauchst Hilfe.»

Margarita holte tief Luft. «Okay. Ich sag's dir. Heute Morgen hab ich die Angestellten heimgeschickt, sobald die Nachricht über Hurrikan Harry reinkam. Ich hab nur leider die Fenster vergessen.»

«Was ist mit den Fenstern?»

«Ab Stärke zwei nageln wir die Fenster des Hemingway-Hauses zu. Das hätte ich eigentlich gestern schon machen sollen, aber Sturm Sally schien nicht so schlimm zu sein, und Harry hat sich nach Osten bewegt. Zum Glück war Jake heute da und hat die Katzen gefüttert, er holt Sperrholzplatten aus dem Keller. Ist Mack da? Jake könnte seine Hilfe gebrauchen.»

Rooster nickte. «Mack ist im Leuchtturm. Ich hole ihn.» Er schaltete sein Telefon an und schickte Mack eine Nachricht. Dann blickte er zu Margarita auf. «Weißt du, die Jungs reden gerade nicht miteinander. Scheint, als hätten sie sich geprügelt.»

«Geprügelt? Wieso das denn?»

«Wegen des neuen Mädchens.»

«Laura?»

«Laura. Beide mögen sie, und beide haben sie geküsst.»

«Ach Gott.»

«Jetzt gehen sie sich schon die ganze Woche aus dem Weg. Es ist nicht mitanzusehen.»

«Das ist doch albern», sagte Margarita. «Die zwei sind seit der Schulzeit beste Freunde. Ich erinnere mich, wie sie immer ankamen, um mit den Katzen zu spielen. Sie waren unzertrennlich.»

«Nun ja, das ist vorbei.» Rooster seufzte und schüttelte den Kopf.

Eine Weile sagten sie nichts, lauschten dem Gepladder des Regens. Schließlich brach Margarita das Schweigen.

«Weißt du, Rooster. Ich hab das Gefühl, du gehst mir seit unserem Fest auch aus dem Weg.»

Unbehaglich trat Rooster von einem Bein aufs andere. «Ich war einfach nur beschäftigt. Das Radio, der Leuchtturm, die Hühner müssen gefüttert werden ...»

Margarita rollte mit den Augen. «Du meinst deinen normalen Tagesablauf? Ich finde, du benimmst dich komisch in meiner Gegenwart, anders als sonst. Du wirkst distanziert, fast ein bisschen schüchtern. Was angesichts dessen, wie kühn du auf der Tanzfläche warst, sonderbar ist. Ich meine ... *dios mío.*» Sie fächelte sich mit der Hand Luft zu. «Du hast mich echt überrascht, Rooster. Du hast mich umgehauen.»

Rooster wurde heiß. «Wirklich?»

«Wirklich. Ich hatte seit Jahren nicht mehr so viel Spaß auf der Tanzfläche! Wo hast du nur gelernt, so den Paso doble zu tanzen?»

«Nach der High School hab ich ein Jahr in Spanien gelebt. War in ein Mädchen aus Pamplona verschossen, das gern getanzt hat. Sie hat es mir beigebracht.»

«Das hat sie wirklich», erwiderte Margarita, lächelnd und nickend. «Wie kommt es, dass ich dich so lange kenne und davon nichts weiß?»

Rooster blickte ihr in die Augen und nahm einen tiefen, langsamen Atemzug. «Es gibt vieles, das du über mich nicht weißt, Margarita.»

In seinem Ton war zu Margaritas Überraschung etwas Süßes, Trauriges, Unerwartetes. Zärtlichkeit lag darin.

Margarita seufzte. «Nun, dann musst du mir eben mehr über dich erzählen. Ich brenne darauf, deine Geschichten zu hören. Wir sollten mehr Zeit miteinander verbringen. Und ich habe mich gefragt, ob du vielleicht dem Tanzclub beitreten möchtest.»

Rooster lachte. «Ich? Der Paso doble ist der einzige Tanz, den ich kann.»

«Ich kann dir andere beibringen. Das wird Spaß machen. Nur ein paar Stunden bei Señorita Margarita, und du tanzt wie ein junger Gott. Wir tanzen Cha-Cha-Cha ... Rumba ... Walzer ...» Zu jedem der Tänze machte sie, während sie sprach, ein paar kleine Bewegungen, wackelte mit dem Hintern, drehte sich, glitt durchs Museum, die Arme um einen imaginären Partner gelegt.

Lachend schüttelte Rooster den Kopf. «Du bist verrückt, Margarita», sagte er. «Ich kann meine Hüften nicht so bewegen.»

«Oh, warte nur, bis ich diese Hüften in die Finger kriege.» Sie zwinkerte ihm zu und ging zur Samba über. «Ich kann denen Sachen beibringen, da drehen die Damen ringsum durch. Selbst der Geist von Elvis Presley wird dich um deine Hüften beneiden.»

Wieder lachte Rooster, und Margarita nahm ihn bei der Hand und wirbelte in seine Arme, schmiegte sich an seinem Körper, als nun auch er anfing zu tanzen.

Dann ging die Tür auf. Es war Mack, der von einem Ohr zum anderen grinste. «Ich unterbreche die Party nur ungern. Aber du wolltest mich sprechen?»

«Mack, mein Lieber!» Margarita löste sich aus Roosters Armen. «Ich muss dich um einen Gefallen bitten.»

«Klar, gern. Worum geht's?»

«Schnapp dir deinen Regenmantel und Arbeitshandschuhe», sagte Rooster. «Die Arbeit ruft.»

«Tut sie das?» Mack blickte sich im leeren Museum um. «Wo?»

«Nicht hier. Im Hemingway-Haus. Jake braucht Hilfe beim Fenster-Zunageln.»

Macks Lächeln erlosch. «Das könnte ein Problem werden. Jake und ich sind nicht gut aufeinander zu sprechen.»

Rooster räusperte sich. «Dann sprecht ihr besser schnell miteinander und klärt das. Harry und Sally kommen nämlich. Und, ganz ehrlich, die interessieren sich einen Scheiß für so etwas.»

Als Nessie und Laura *zwei Tage vor dem Rendezvous zwischen Harry und Sally* auf der Veranda des Hemingway-Hauses aufeinandertrafen, war keine der vierundfünfzig anderen Katzen in Sicht.

Sie wussten, dass etwas Schlimmes passieren würde.

Dass Katzen einen sich nähernden Sturm vor den Menschen spürten, war nichts Ungewöhnliches. Jahrhundertelang hatten die Menschen den Katzen übernatürliche Kräfte zugeschrieben. Man meinte sogar, mittels der Magie ihrer Krallen könnten sie Gewitter herbeizaubern. Das stimmte natürlich nicht. Die moderne Zoologie geht davon aus, dass Katzen präzise auf ihre Umgebung reagieren, beispielsweise auf die Änderung des Luftdrucks. Bei Gefahr bringen sie instinktiv ihre Jungen und sich selbst in Sicherheit, und manchmal fahren sie zur Entlastung mit den Pfoten über ihr Gesicht. Diese Fähigkeit, «einen heraufziehenden Sturm vorherzusagen», war einer der Gründe, warum im achtzehnten Jahrhundert Hochseekapitäne und Fischer Katzen als Schiffskameraden an Bord hatten.

Nessie hätten sie sicher vergöttert. Sie spürte Gefahr nämlich noch eher als andere Katzen. Wochen zuvor schon fühlte sie sie in ihren Knochen. Als der Wind diesen Ast auf das Dach des Museumsshops geschlagen hatte – und Laura mit ihrem ganzen Gepäck auftauchte – hatte Nessie schon gewusst, dass Schlimmes bevorstand. Aber nicht nur Schlimmes.

Dass aus alldem hier etwas Gutes hervorgehen würde, ahnte sie auch – und genauso, dass es von Laura kommen würde. Dieses Gefühl hatte sie schon, seit sie das Mädchen vor vielen, vielen Jahren das erste Mal getroffen hatte.

Deshalb wartete sie jetzt auf der Veranda des Hemingway-Hauses auf sie, statt sich wie die anderen Katzen in Sicherheit zu bringen.

«Nessie! Was machst du denn hier draußen?»

Die Katze blickte nach oben und sah einen Menschen in langer Hose, schwarzen Stiefeln und einem glänzenden Mantel mit großer Kapuze durch das Eingangstor auf das Gelände kommen. Die Stimme verriet ihr, dass es Laura war. Normalerweise erkannte sie Menschen über den Geruchssinn, aber heute, bei all dem Regen und dem Wind, konnte Nessie ihre alte Freundin kaum erkennen.

Die seltsame Kleidung half auch nicht unbedingt.

«Hey, Nessie, wie läuft's, meine Liebe?» Laura trat aus dem Regen auf die Veranda. «Ich würde dich ja streicheln, aber dann wirst du ganz nass, und ich weiß, dass du Nässe nicht ausstehen kannst.»

Nessie blickte nach oben, ihr Schwanz zuckte vor und zurück.

«Ich bin überrascht, dich hier zu sehen», fuhr Laura fort. «Hast du auf mich gewartet? Das Hemingway-Haus hat geschlossen, weißt du. Der Gouverneur sagt, wir müssen evakuiert werden. Es ist nicht verpflichtend, aber ich fahre mit den Crabb-Schwestern morgen früh weg. Cousins von ihnen wohnen weiter nördlich, da kommen wir unter. Mack fährt uns in seinem Van.»

Nessie verstand nicht, was Laura sagte, hörte aber trotzdem genau zu.

«Die Zwillinge wollen ihre Tiere nicht zurücklassen, deshalb nehmen wir die mit. Das hat mich zum Nachdenken gebracht. Ich mache mir Sorgen um dich, Nessie.» Laura hielt inne und sah sich um.

Verlassen lag das Gelände da. Niemand war im Garten – weder Katze noch Mensch – nur die regennassen Pflanzen mit ihren herabhängenden Blättern und die hohen Palmen, deren Wedel im Wind raschelten. Mit seinen zugenagelten Fenstern wirkte das Haus leblos und verlassen.

«Hallo!», rief Laura. «Ist jemand hier?» Sie drückte die Klinke zum Eingang. Nicht verschlossen. Laura trat ein und ging durch die Eingangshalle. Nessie ging, fein säuberlich um die nassen Fußspuren herum, hinter ihr her.

«Hallo? Margarita? Jake?»

Die Namen kannte Nessie. Margarita war die First Lady, und Jake war der Futtermann. Was Nessie betraf, waren das sehr wichtige Menschen. Laura schien das genauso zu sehen. Nessie hatte gesehen, wie sie neben ihm in dem Raum, wo es auch das heiße braune Wasser gab, gesessen und gegessen hatte. Sie aßen jeden Tag zusammen ihr Futter.

Aber kürzlich hatten sie damit aufgehört.

Seit letzter Woche, war Nessie aufgefallen, war etwas anders. Laura schien den Futtermann zu meiden. Sie aß ihr Futter für sich, mit Nessie auf der Gartenbank sitzend. Nessie fand das gut. Sie mochte es, Lauras ungeteilte Aufmerksamkeit zu haben. Aber Laura und Jake zusammen mochte sie auch. Sie lachten dann viel. Im Moment lachten sie nicht so viel.

«Hallo! Ist jemand da?»

Laura trat in den großen Flur und sah sich um. Auf den ersten Blick wirkte das Haus leer. Aber als sie von Raum zu Raum ging, konnte sie überall Fellknäuel ausmachen.

Bullfighter und Boxer lagen ineinandergerollt unter dem Esstisch. Offensichtlich hatten die Krieger mit den großen Pfoten eine Waffenruhe ausgerufen.

Chew-Chew und Whiskey lagen aneinandergekuschelt unter einer Glasvitrine mit Hemingways Fischerei-Memorabilien. Wahrscheinlich hatten sie den Glaskasten für einen Barschrank oder ein kaltes Buffet gehalten.

Larry, Curly und Moe dösten in einem der Sessel. Die kleinen Dummköpfe waren zu einem Bündel aus Pfoten und Beinen und Schwänzen zusammengerollt, sodass man kaum sagen konnte, was zu wem gehörte. Sie selbst schienen es auch nicht so genau zu wissen und tapsten sich gegenseitig ins Gesichtchen.

Die winzige Spinderella mit ihren riesigen Pfoten hatte im Spülbecken in der Küche Zuflucht gesucht und spielte darin Rutschbahn. Als Laura den Raum betrat, duckte sie sich.

«Ertappt, Mieze, ich sehe dich!»

Im Obergeschoss ruhte Lady Brett Ashley wie üblich in Hemingways Bett. Aber diesmal war sie umgeben von Jackie Chan, Bette Davis und Joan Clawford. Vielleicht war sie der Ansicht, eine Barrikade aus Katzen würde sie vor dem Sturm schützen. Kilimandscharo besah sich die Szenerie von oben, von ihrem Platz neben der Picasso-Katze aus. Mit ihrem schneeweißen Fell und den geheimnisvollen Augen wirkte sie sogar noch rätselhafter als Picassos abstraktes Kunstwerk.

«Ist jemand da oben?» Das war Margarita.

«Ja! Ich bin's, Laura. Ich komme runter!»

Laura hob Nessie hoch und eilte mit ihr die Treppe hinunter. Auf der untersten Stufe hielt sie abrupt an. Margarita war nicht allein. Hinter ihr standen Leo, Millie, Rooster und Jake. Alle trugen sie Regenmäntel und schauten grimmig drein.

«Was ist los», fragte Laura. «Ist was passiert?»

Margarita holte tief Luft. «Hurrikan Harry. Er wurde gerade auf fünf hochgestuft. Laut Vorhersage trifft er in zwei Tagen hier auf die Küste.»

«Das ist aber nicht alles», sagte Millie. «Von der anderen Seite kommt Tropensturm Sally.»

Lucky Leo hielt sein Telefon hoch. «Gerade hat der Gouverneur angeordnet, dass die Evakuierung verpflichtend ist. Bis morgen soll jeder die Insel verlassen haben.»

Laura spürte einen Kloß im Hals und drückte Nessie fester an sich. «Aber was wird aus den Katzen? Können wir die auch evakuieren?»

Jake schüttelte den Kopf. «Man kann nicht vierundfünfzig Katzen evakuieren. Das geht einfach nicht.»

«Aber was machen wir denn dann?»

«Ich bleibe mit ihnen hier», sagte Jake mit fester Stimme.

«Ich auch», sagte Rooster.

«Wir bleiben alle», sagte Margarita. «Leo und Millie auch.»

Millie nickte energisch. «Diese Katzen sind wie Familie für uns. Wir können sie nicht einfach zurücklassen, oder Leo?»

Leo nickte ebenfalls.

Laura sah die Leidenschaft und den Willen in den Augen

ihrer Kollegen – und den besorgten Ausdruck in Jakes Gesicht. Er wusste, was sie dachte.

«Du solltest mit Mack und den Zwillingen fahren, Laura», sagte er. «Ich würde mich wohler fühlen, wenn ich dich in Sicherheit wüsste.»

«Aber ...»

«Es ist zu Ihrem Besten», sagte Rooster. «Es könnte ziemlich schlimm werden hier unten.»

«Ja, es ist gefährlich, meine Liebe», sagte Margarita. «Und immerhin hat der Gouverneur die Evakuierung angeordnet. Sie ist verpflichtend.»

Laura fühlte Nessies Atem an ihrer Brust. Sie erhaschte einen Blick auf Pawpa Hemingway am Ende des Flurs, der sie aus der Türöffnung heraus beobachtete. Irgendwie sah der alte graue, weißbärtige Kater anders aus als sonst. Nicht mürrisch oder gelangweilt oder misstrauisch wie üblich. Nein. Er sah aus, als hätte er Angst.

Das reichte, um Laura zu überzeugen. «Ich bleibe auch», sagte sie. «Ist mir egal, was der Gouverneur sagt. Ist mir egal, ob das gefährlich ist. Ich bleibe hier, mit euch allen ...» Sie hielt inne und blickte zu Pawpa. «... und Hemingways Katzen.»

Als achtundvierzig Stunden später Harry und Sally aufeinandertrafen – waren die berühmten sechskralligen Katzen des Hemingway-Hauses umgeben von Menschen, die sie liebten. Und das war gut so, denn zu dem Zeitpunkt war die Katzenkacke wirklich am Dampfen.

11

Der schnurrfekte Sturm

Am nächsten Tag zu den Zwölfuhrnachrichten waren Hemingways Katzen landesweit bekannt, und ihre Situation beunruhigte die Menschen.

Alles hatte angefangen, als der Reporter eines Regionalsenders davon Wind bekam, dass Margarita sich den Anordnungen widersetzte. Eine Filmcrew tauchte am Hemingway-Haus auf, um die Leiterin des Museums und ihre Mitarbeiter zu interviewen – und natürlich auch um putziges Bildmaterial von den Katzen zu bekommen.

«Wir lieben diese Katzen zu sehr, um sie zurückzulassen», hatte Margarita dem Reporter gesagt. «Wir werden das gemeinsam durchstehen.» Und Jake erläuterte, warum nicht einfach alle Katzen evakuiert werden könnten. «Katzen sind nun mal keine Herdentiere. Auf dem Gelände hier leben vierundfünfzig Freigänger. Die lassen sich leider nicht einfangen.» Leo Trout wies auf die Robustheit des Hauses hin. «Die Mauern bestehen aus fünfundvierzig Zentimeter dickem Kalkstein und haben über die Jahre Dutzenden Hurrikanen getrotzt, sogar dem mächtigen von 1919. Dieses Haus wurde gebaut, um zu überdauern. Es steht am höchsten Punkt der Insel. Überschwemmung sollte also

kein Problem werden, wir werden das unbeschadet überstehen.»

Der Rest der Welt war sich da nicht so sicher.

Die Geschichte wurde von den Nachrichtenagenturen
aufgegriffen und innerhalb von wenigen Stunden in der
USA Today, der *Washington Post* und der *New York Times* ge-
druckt. Zeitschriften wie *People* und *Southern Living* gruben
alte Fotos des Museums und seiner sechskralligen Bewohner
aus, um die Geschichte zu unterfüttern.

Bald war das ganze Land besorgt um das Wohl der Katzen.
Einige Menschen dachten, es sei ein Fehler, sie nicht zu eva-
kuieren. Mariel Hemingway, die für einen Oscar nominierte
Schauspielerin und Enkelin von Ernest Hemingway, äu-
ßerte gegenüber der Nachrichtenseite TMZ, die Leiterin des
Hauses solle «alle Katzen in ein Auto packen und abreisen».
Andere fanden es unglaublich tapfer vom Personal, bei den
Katzen zu bleiben und den «Jahrhundertsturm» mit ihnen ge-
meinsam zu überstehen. So oder so – es gab keinen, der nicht
Anteil nahm am Schicksal von Hemingways Katzen (was aus
der Ferne ja auch leicht war).

Shelly stand früh auf, um Rick und Ricardo am Leuchtturmhotel zu treffen. Sie brauchte keinen Evakuierungsbeschluss,
um Key West zu verlassen, sie hatte die Routen von Harry
und Sally die ganze Woche über verfolgt. Das Einzige, was
sie noch verrückter fand als die Wege der beiden Stürme, war
die Anzahl an Leuten, die beschlossen hatten, anwesend zu
sein, wenn sie aufeinandertrafen. Shelly war nicht verrückt.
Sie hatte rechtzeitig Rick und Ricardo angerufen und die
beiden überredet, sie zu einem Motel ins Landesinnere zu

fahren, in dem sie für sie alle Zimmer gebucht hatte. «Lucy und Desi könnt ihr mitnehmen, die erlauben Hunde auf den Zimmern, solange sie brav sind.»

Shelly war gern vorbereitet. Ihre Taschen waren gepackt. Sie war reisefertig. Leider sah das bei Rick und Ricardo anders aus.

«Ein Hotelgast weigert sich abzureisen», erklärte Rick. «Wir haben ihm gesagt, die Evakuierung ist Pflicht, aber da er bezahlt hat, will er bleiben», fügte Ricardo hinzu.

Shelly rollte mit den Augen. «Dann gebt ihm eine Rückerstattung. Er muss die Insel verlassen.»

«Das haben wir versucht», sagte Rick und strich sich über den Schnurrbart. «Da hat er schließlich zugestimmt abzureisen. Aber erst um fünfzehn Uhr, zum vereinbarten Checkout.»

Shelly blickte auf ihre Uhr, dann zum Himmel. «Dann wird's eng.» Der Regen hatte nachgelassen, und die Wolken sahen ein wenig heller aus. «Zu schade, dass wir nicht jetzt fahren können. Jetzt wäre der perfekte Zeitpunkt.»

Ricardo hob Lucy hoch, die an Desis Hintern schnüffelte, und blickte zum Leuchtturm. «Gerade sieht es ja eher nicht so schlimm aus», sagte er. «Bist du sicher, dass der Hurrikan uns erwischt? So wie der bis jetzt hin und her geeiert ist ...?»

«Oh ja, er kommt», sagte Shelly. «Harry hat ein heißes Rendezvous mit Sally in Aussicht. Das würde er um nichts in der Welt verpassen.»

«Ich glaube ja, Sally flirtet nur», sagte Rick. «Schau nur, wie schön das Wetter jetzt ist.»

«Vertraut mir», sagte Shelly. «Das ist bloß die Ruhe vor dem Sturm.»

Mama Marley fuhr unablässig Touristen zum Flughafen. Niemand wollte jetzt in Key West festsitzen, egal wie flauschig die Handtücher im Airbnb waren. Es war Zeit zu gehen, und um das zu wissen, brauchten die Leute keinen Gouverneur und keine Mariel Hemingway. In den vergangenen Tagen hatte Sally ihnen einen scharfen, dampfend-heißen Eintopf miesen tropischen Wetters serviert. Keiner war scharf darauf zu erfahren, was Harry auf den Tisch zu bringen gedachte.

Mama Marley fand das so weit in Ordnung. *Mehr Fahrten, mehr Trinkgeld!*

Aber als sie die letzte Fuhre zum Key West International Airport gebracht hatte und dieser bis auf Weiteres schloss, wusste sie nicht, was sie machen sollte.

Also schaltete sie erst mal den Reggae aus, fuhr nach Hause und rief Leo Trout an.

«He, glücklicher Mann», säuselte sie. «Hast du deine Meinung inzwischen geändert?»

Aber nein, Leo hatte seine Meinung nicht geändert. Er würde mit Margarita und den anderen im Hemingway-Haus bleiben. Als sie Leos ruhige, besänftigende Stimme hörte, überlegte sie kurz, sich ihm anzuschließen. Aber diese furchteinflößenden Katzen ... Das ging nicht. Auf keinen Fall. Das schaffte sie nicht.

Sie fragte Leo nach dem aktuellen Wetterbericht, und nach ein paar Minuten Plaudern baten sie einander, vorsichtig zu sein, und verabredeten sich für den nächsten Freitag zum Tanzabend von Margaritas Club. Ein Date.

Dann rief sie ihre Schwester in Atlanta an. «He, Lana Banana in Atlanta, steht dein Angebot noch?»

Das Angebot stand noch. Lana sagte Marla, sie sei herzlich willkommen.

«Danke, Schwesterherz. Der Verkehr wird der Horror sein, also bleib nicht meinetwegen auf. Ich weiß, du brauchst deinen Schönheitsschlaf.»

Lanas Antwort war barsch und saukomisch. So war sie eben.

Während Mama ihren Koffer packte, dachte sie über Leo nach. *Warum lügt er ständig? Was hat das zu bedeuten?* Sie sorgte sich, weil er dablieb. Zu bleiben war gefährlich. Ein Sturm der Stärke fünf war keine Kleinigkeit, sondern zerstörerisch und todbringend. *Was, wenn er verletzt wird? Was, wenn das Haus einstürzt? Was, wenn ...*

Mama riss sich zusammen. Sie blickte auf und sah sich im Spiegel an der Tür des Schlafzimmerschranks – und bemerkte nicht nur Sorgenfalten, sondern auch Tränen in ihren Augen.

Was, wenn ich mich tatsächlich in Leo Trout verliebe?

«Niemals», sagte sie laut zu sich selbst. «Und jetzt raus mit dir aus dieser Stadt.»

Foster Lee Jackson wusste nur zu gut, dass er Millie nie im Leben würde überzeugen können, gemeinsam mit ihm Key West zu verlassen. Aber er fand, er müsste es zumindest einmal noch versuchen.

«Würden Sie es wenigstens noch einmal in Erwägung ziehen, Miss Millie?», fragte er sie am Telefon. «Nicht nur ist die Evakuierung Pflicht, sie ist auch sinnvoll. Es ist verrückt, sein Leben für ... für ...»

«Katzen zu riskieren?», half sie ihm aus. «Ihrer Meinung nach ist es verrückt, sein Leben für Katzen aufs Spiel zu setzen? Nun, dann bin ich eben verrückt. Verrückt nach Katzen.»

«Verzeihen Sie, Millie, ich wollte Sie nicht verärgern. Ich weiß, dass Sie diese Katzen lieben. Wer liebt Katzen nicht? Jeder mit einem Mindestmaß an Geschmack liebt Katzen. Katzen sind die zivilisiertesten und gebildetsten unter den Tieren.»

«Für mich sind sie nicht nur Tiere, Foster», erwiderte sie. «Sie sind pelzige kleine Persönlichkeiten. Sie haben eine Seele. Nur weil sie keine bedeutenden Reden schwingen und ein paar Extra-Zehen haben, sind sie nicht weniger wert als wir. Sie sind meine Freunde. Ich kann sie nicht allein in einem Hurrikan zurücklassen.»

Foster wusste, er hatte es versaut. «Verzeihen Sie mir, Millie. Die Katzenseele herabzuwürdigen, lag nicht in meiner Absicht. Sie sind eine wahrhaft liebenswürdige und generöse Frau. Das bewundere ich an Ihnen. Das ... und Ihr köstliches Chili-Käse-Soufflé.»

«Sie meinen den Auflauf? Der ist gut, was?»

«Gut ist gar kein Ausdruck. Er war absolut köstlich. Ich hatte so einen schönen Abend mit Ihnen, und ... ich freue mich darauf, Sie bald wiederzusehen, und ... ganz ehrlich? Ich fühle mich schrecklich, weil ich ohne Sie wegfahre.»

«Das ist süß von Ihnen, Foster, aber der Gouverneur hat eine Anweisung gegeben, und der müssen Sie als Mitarbeiter der Historischen Gesellschaft folgen, da diese zur Regierung gehört, nicht wahr?»

«Na ja, nicht wirklich ...»

«Wie dem auch sei. Sie sind ein bedeutender Mann in un-

serer Gemeinde. Ich bin bloß Millie. Ich bin bloß die Ticketverkäuferin in einer Sehenswürdigkeit. Sie mögen mich für
verrückt halten, aber ich mache nur meine Arbeit, ich mache,
was ich für das Richtige halte. Für die Katzen. So bin ich einfach.»

Foster wusste nicht, was er sagen sollte.

Nach einer Weile sagte er sanft: «Also, *einfach Millie*. Ich
halte Sie für einfach wunderbar.»

Als sie eine Weile später auflegten, packte Foster zu Ende,
zog seinen Burberry-Regenmantel über und trug die Taschen
zu seinem Wagen, einem roten BMW von 1983. Sein wert-
vollster Besitz. Noch vor einer Stunde hatte er sich Sorgen
gemacht, weil er ihn durch Regen und Matsch fahren würde,
jetzt machte er sich nur noch Sorgen um Millie.

Und vielleicht auch um die Katzen.

Mack McClouds Van war ein Schrotthaufen, aber er brachte
ihn von A nach B.

Meistens zumindest.

Er hatte den Van vor fünf Jahren einem alten Fischer abge-
kauft, der damit seinen Fang vom Trawler in die Fischläden
zu bringen pflegte. Über ein Jahr hatte es gedauert, ehe Mack
den Fischgeruch losgeworden war. Zusätzlich zu den Deodo-
rierungsmaßnahmen hatte Mack den Van auch noch von dem
Künstler bemalen lassen, der ihm immer seine Tattoos stach.
Jetzt sah der Van wirklich cool aus – eine Traumlandschaft
mit Tiefseekreaturen, versunkenen Schiffen und Korallen-
bänken – aber ein Schrotthaufen war er immer noch. Der
Motor war ein Dauerpatient, und der Schalldämpfer dämpfte
gar nichts. Das wirklich Gute an dem Van? Er war groß. Groß

genug, um die Instrumente der Band zu transportieren, die Lautsprecher und das andere Equipment. Groß genug, um für eine Hochzeit mit Calypso-Motto noch ein paar Steeldrums mit reinzuquetschen. Groß genug auch für eventuelle Spezialaufträge.

Zum Beispiel Schlangen evakuieren.

Und Spinnen, Schildkröten und Vögel.

Und einen supersanften Leguan.

«Iggy Popstar wird den Ortswechsel lieben», sagte Jolene und schob das Terrarium in den Van. «Man sieht es ihm nicht an, aber er ist ein Entdecker.»

«Stell sein Terrarium ganz nach vorne», sagte Jilly. «Damit er zur Frontscheibe rausgucken kann.»

Mack rieb seinen Bart und seufzte. Er zeigte auf das Schildkrötenterrarium direkt hinter dem Fahrersitz und sagte: «Dann muss ich aber Rocky und Rambo wegrücken.»

«Das macht nichts», erwiderte Jolene. «Die werden eh die ganze Fahrt über nicht unter ihrem Panzer hervorgucken.»

«Genau», fügte Jilly an. «Rocky und Rambo sind nicht so robust, wie sie tun. Harte Schale, aber der Kern miezekatzenweich.»

«Miezekatze! Das erinnert mich an was», sagte Jolene. «Weißt du, wo Tallulah ist? Ich hab sie gestern Abend gefüttert und seitdem nicht mehr gesehen.»

«Ich gehe nachsehen.»

Während Jilly den Bungalow nach der Katze absuchte, beluden Mack und Jolene den Van fertig. Sie klemmten das Terrarium der Spinnen Antonius und Kleopatra zwischen das Leguan-Terrarium und das der Boa Constrictors. Obwohl die pelzigen Spinnen je acht Augen hatten, schienen sie

Sammy und Delilah gar nicht wahrzunehmen. Die zwei aufgerollten Schlangen klebten förmlich am Glas, beobachteten die Spinnen und versuchten herauszufinden, ob sie essbar waren oder nicht. Dann kamen Romeo und Julia, die heute seltsamerweise mal nicht stritten – vielleicht weil es ringsum so viel zu sehen gab und sie abgelenkt waren. Zuletzt wurde Polly Partons viktorianischer Vogelkäfig verladen. Die ganze Zeit sang sie wieder und wieder den Anfang von 9 to 5. Zum Glück hörte sie auf, als Jolene den Käfig mit einem Tuch bedeckte.

«Fertig», sagte Jolene mit einem Lächeln zu Mack. «Jetzt nur noch das Zubehör.»

«Was für Zubehör?»

«Tierfutter, Katzenstreu, Nestbaumaterial, Grillen.»

«Grillen?»

«Für Antonius und Cleopatra, die lieben Grillen.» Als sie zum Bungalow zurückgingen, war Jilly immer noch auf der Suche nach Tallulah.

«Ich kann sie nirgends finden. Ich hab an all ihren Lieblingsplätzen nachgesehen. Keine Ahnung, wo ich jetzt noch suchen soll. Was, wenn sie ...» Jillys Telefon summte. Es war eine Nachricht von Laura.

Vergesst Tallulah nicht!

Jilly schrieb zurück: *Ich kann sie nirgends finden.*

Laura antwortete: *Hast du in meinem Schrank nachgeschaut? Da drin hat sie sich aus meinen Socken ein Nest gebaut.*

Tatsächlich hatte Tallulah es sich in Lauras Schrank gemütlich gemacht. Mack und Jolene beluden weiter den Van. Jilly hatte in einem Arm Tallulah und fütterte mit dem anderen die Fische in den Aquarien.

«Ich wünschte, wir könnten die Fische auch mitnehmen», sagte sie.

Mack warf ihr einen strengen Blick zu. «Ich denke, wir haben genug Tiere. Mein Van ist keine Arche.»

«Entspann dich, die Fische bleiben ja», sagte Jolene. «Mach hin, Jilly, wir sollten jetzt mal die Segel setzen, nicht, dass unser Noah hier noch komplett ausflippt.»

«Die Hühner!», keuchte Jilly. «Wir haben die wilden Hühner vergessen. Was soll aus ihnen werden, sie leben ja auf der Straße?»

«Denen wird es prächtig gehen», sagte Mack. «Onkel Rooster hat mir gesagt, dass ein paar seiner Hühnerfütter-Kumpels herumfahren und die Hühner hinten in ihre Wagen sperren. Die Küken wickeln sie sogar in Zeitungspapier, um sie ruhig zu halten.»

«Wirklich?», fragte Jilly skeptisch. «Stimmt das?»

Mack antwortete mit seiner tiefsten Stimme. «Rooster hat recht.»

Zwanzig Minuten später waren sie auf dem Highway US 1 aus Key West hinaus.

Aber sie fuhren nicht.

Der Verkehr staute sich den ganzen Weg zum am North Roosevelt Boulevard gelegenen Restaurant IHOP. Die Fahrspuren nach Süden waren leer, aber auf denen nach Norden war kein Durchkommen. Hin und wieder fuhr ein großer grüner Versorgungswagen der Florida National Guard an ihnen vorbei. Aber das war's auch schon.

«Schaut euch mal den Himmel da drüben an», sagte Jolene und zeigte nach links.

Auf der anderen Seite des Highways ragte eine massive Wand aus schwarzen Wolken über dem Meer auf. Es war Tropensturm Sally, der von Nordwesten heranzog.

«Schau dir den Himmel *dort drüben* an», sagte Jilly und zeigte nach rechts.

Über den Palmen und dem blauen schrägen Dach des IHOP-Restaurants ragte eine noch größere Wand aus schwarzen Wolken auf. Es war Hurrikan Harry, der von Südosten heranzog.

«Ich weiß, das hört sich komisch an, aber ich habe gerade wirklich Appetit auf Pfannkuchen», sagte Jilly.

«Du spinnst. Außerdem haben die zu», erwiderte Jolene. «Die meisten sind gestern schon gefahren. Nur ein paar Nachzügler wie wir sind noch da.»

«Tut mir leid», sagte Mack, weil er die Schuld an der Verzögerung trug. «Das Hemingway-Haus sturmfest zu machen, hat länger gedauert, als Jake und ich gedacht hatten.»

«Also redet ihr zwei wieder miteinander?», fragte Jilly.

Mack seufzte. Er überlegte gerade, was er antworten sollte, als ein Polizeiwagen neben ihnen hielt. Mack ließ sein Fenster herunter, und der Polizist sagte, auf Stock Island habe es einen Unfall gegeben. «Gleich sollte es weitergehen.»

Zwei Stunden später standen sie immer noch mehr oder weniger an derselben Stelle.

Mit jeder Minute wurde das Wetter schlechter. Der leichte Nieselregen hatte sich zu einem Wolkenbruch ausgewachsen. Der Wind wehte wie verrückt und brachte die Palmen vor dem Restaurant zum Schwanken. Blätter, Äste und Plastiktüten flogen durch die Luft und ergossen sich über den

Highway, schlugen gegen die Seiten des Vans und klebten an der Windschutzscheibe.

«Fühlt sich an, als wären wir unter Beschuss», sagte Jolene und drückte Tallulah an sich. Mack lehnte sich vor und musterte die massiven Wolkenwände auf beiden Seiten des Highways. Es wirkte, als eilten sie einander entgegen, um sich zu vereinigen.

«Das sieht nicht gut aus», sagte er und schaltete das Radio ein. Nach ein bisschen Gesuche fand er einen Sender, der Neuigkeiten hatte. Aus den Lautsprechern knisterte die Stimme eines Mannes: «Soeben wurde bestätigt, dass Highway US 1 an mindestens fünf Stellen auf den Florida Keys überflutet ist. Eine Evakuierung ist derzeit nicht möglich. Anwohner werden aufgefordert, die nächstgelegenen Notunterkünfte aufzusuchen. Ich wiederhole, Highway US 1 ist überflutet ...»

Mack schaltete das Radio aus und die Scheibenwischer an. Vor ihnen, durch den dichten Regen kaum zu sehen, fuhren mehrere Fahrzeuge von der Straße und wendeten. Wahrscheinlich hatten sie auch die Nachrichten gehört. *Eine Evakuierung ist derzeit nicht möglich.*

«Was sollen wir machen?», fragte Jilly, die neben Iggys Terrarium auf dem Boden des Vans hockte.

«Keine Ahnung, aber hier können wir nicht bleiben.» Er startete den Motor und ließ einige Wagen vorbei, dann bog er vom Highway ab, auf den Parkplatz des IHOP-Restaurants.

«Wo fahren wir hin?», fragte Jolene. «Zurück zum Bungalow?

Ich glaube, das wäre keine gute Idee. Die alte Hütte ist schon bei gutem Wetter einsturzgefährdet.»

«Wir fahren zum Hemingway-Haus», beschloss Mack und wendete. «Das ist recht hoch gelegen. Da sind wir sicher.»

Er war gerade Richtung Süden wieder auf den Highway gefahren, als der Schalldämpfer ein paarmal laut knallte. Unter der Motorhaube quoll zu beiden Seiten Rauch heraus. Der Motor stotterte und hustete. Dann gab er den Geist auf.

Mama Marley hörte die Sondersendung im Radio nicht – sie hörte Reggae, brauchte aber trotzdem nicht lange, um herauszufinden, dass der einzige Highway raus aus Key West überflutet war.

Sie konnte es nämlich mit ihren eigenen Augen sehen.

Nachdem sie zwei Stunden in Richtung Norden festgesteckt hatte, zog sie nun ernsthaft in Erwägung, umzukehren und Lucky Leo im Hemingway-Haus Gesellschaft zu leisten. Leider konnte sie ihn telefonisch nicht erreichen. Also saß sie in ihrem Taxi und blickte über den Highway, auf die aus Salt Pond Keys kommenden Wellen. Als das Wetter schlechter wurde, wurden die Wellen höher. Bald konnte die niedrige Betoneinfassung sie nicht mehr aufhalten, und sie überfluteten die Fahrspuren in Richtung Süden.

«Das soll doch wohl ein Scherz sein», murmelte sie. Ungläubig beobachtete sie, wie eine neue Woge sich auftürmte und auf die Fahrbahn krachte. Das schaumige Wasser ergoss sich über den Highway und sprudelte an Mama Marleys Reifen.

«Verdammter Mist!», schimpfte sie, packte das Lenkrad, gab Gas und bog auf den Seitenstreifen ab. Sie machte eine harte Kehrtwendung und fuhr nach Süden. Als sie in den

Rückspiegel blickte, sah sie, dass einige der Autos hinter ihr ihrem Beispiel gefolgt waren.

Links von ihr kam das IHOP-Restaurant in Sicht. «Super. Hier kann ich vom Highway runter.»

Da entdeckte sie den mit ekligen Seeungeheuern bemalten Lieferwagen auf dem Parkplatz des Restaurants und sah Mack McCloud über der offenen Motorhaube stehen, aus der Rauch aufstieg. Mama hielt neben ihm, ließ das Seitenfenster herunter und sagte: «Hilfe gefällig?»

«Mama!», schrie Mack enthusiastisch und wischte sich Regen aus dem Gesicht. «Gott sei Dank bist du hier. Meinst du, du könntest uns zum Hemingway-Haus fahren?»

«Da wollte ich eh hin», erwiderte sie. «Aber wer ist *uns*?»

Da waren Jilly und Jolene Crabb schon aus dem Van gesprungen und zu Mamas Taxi gerannt.

«Mama Marley!» Rief Jilly aus. «Halleluja!»

«Wir stecken in Schwierigkeiten!», schrie Jolene über das Tosen des Windes hinweg. «Wir müssen diese Tiere in Sicherheit bringen!»

«Tiere? Was für Tiere?» Alarmiert blickte Mama Marley auf den Van. Die Zwillinge wandten sich ab, öffneten die hinteren Türen und zeigten ihr die Käfige und Terrarien.

«Ihr wollt mich wohl verarschen.»

Der Van war bis unters Dach voller Vögel und Schildkröten, Spinnen und Schlangen. Eine lange, grüne Eidechse blickte zur Frontscheibe hinaus, und auf dem Beifahrersitz saß eine Katze mit großen Pfoten.

«Nein, ganz bestimmt nicht.»

Foster Lee Jackson steckte drei Wagen hinter Mama Marley auf dem Highway fest, als die ersten Wellen auf die Fahrspuren prallten. Sechzig Sekunden später bestätigte eine Stimme im Radio, dass der Highway überflutet war. Eine Evakuierung war nicht mehr im Bereich des Möglichen.

Foster versuchte, das Ganze positiv zu sehen. *Jetzt kann ich Miss Millie im Hemingway-Haus Gesellschaft leisten.* Allerdings wusste er nicht genau, wie er das bewerkstelligen sollte. Dicht an dicht standen die Autos, nichts bewegte sich. Er konnte nur hoffen, dass die Polizei oder die Nationalgarde den Verkehr umleiten würde. In der Zwischenzeit konnte er Millie ja schon mal anrufen. Leider ging nur die Mailbox ran.

«Meine liebe Miss Millie», sagte er. «Wie sich herausstellt, sind die Straßen gesperrt, und ich werde wohl nicht in der Lage sein abzureisen. Falls Sie nichts dagegen haben, wäre es mir eine Ehre und Freude, bei Ihnen und den geschätzten Katzen Zuflucht zu suchen, bevor der Hurrikan zuschlägt. Eigentlich sieht es so aus, als wäre er schon hier …»

Die Verbindung war unterbrochen.

Foster seufzte. Als er nach rechts blickte, sah er Mama Marleys Taxi an sich vorbeiziehen. Auf dem Standstreifen! In die falsche Richtung!

Das ist natürlich eine Möglichkeit, von hier wegzukommen, dachte er bei sich. *Aber wenn das jeder machen würde, würde Chaos ausbrechen.*

Er beschloss, dass es umsichtiger war zu warten, bis die Fahrzeuge sich in die korrekte Richtung in Bewegung setzen würden, suchte einen Sender mit klassischer Musik heraus und lehnte sich zurück. Er hatte gerade die Augen geschlossen, als die nächste Welle auf den Highway klatschte und

die Seite seines kostbaren BMW bespritzte. *Scheiß drauf!*
Ich muss hier weg. Er bog auf den Seitenstreifen ab und fuhr
Richtung Süden, zurück in die Stadt und zurück zu Millie.
In gewisser Weise war Foster froh, dass es jetzt so kam. Als
Millie darauf bestand, zu bleiben, hätte er darauf bestehen
sollen, bei ihr zu bleiben. So würde ein Gentleman reagieren.
Er umklammerte das Lenkrad fester und versuchte, durch die
regennasse Windschutzscheibe etwas zu sehen. Der Sturm
wurde von Minute zu Minute schlimmer. Es sah so aus, als ob
Hurrikan Harry Spaß daran hätte, mutwillig einige Palmen
neben dem IHOP umzustoßen.

In diesem Augenblick sah Foster Mama Marleys Taxi und
Mack McClouds Van. Die Crabb-Schwestern halfen Mack,
etwas aus dem Van in Mama Marleys Kofferraum zu bringen. Das schien gar nicht so einfach zu sein, mit aller Kraft
stemmten sie sich gegen den Wind, um nicht fortgeweht zu
werden. Foster fragte sich, ob er anhalten und ihnen helfen
sollte. *Natürlich sollte ich. So würde ein Gentleman reagieren.*

Er lenkte seinen BMW auf den Parkplatz des Restaurants
und hielt neben Macks Van. Dann rief er aus dem Fenster:
«Seien Sie gegrüßt, verehrte Reisegenossen. Dürfte ich in
irgendeiner Weise behilflich sein?»

Zehn Minuten später war Fosters Kofferraum bis an den
Rand mit Tierbedarf gefüllt. Auf dem Rücksitz lag eine Decke, darauf das Schlangenterrarium und das Leguanterrari-
um. Mack saß neben ihm auf dem Beifahrersitz und hatte ein
kleines Terrarium mit Vogelspinnen auf dem Schoß.

Währenddessen gab sich Mama Marley alle Mühe, nicht
durchzudrehen. «Kannst du irgendwie diese Vögel dazu

bringen, den Schnabel zu halten?», fragte sie Jilly, die auf dem Rücksitz des Taxis saß.

«Diese verdammten Turteltauben und dieser verdammte Papagei und dieser verdammte Dolly-Parton-Song rauben mir den letzten Nerv. Wie soll ich mich auf das Fahren konzentrieren?»

«Entschuldige, Mama», sagte Jilly und legte Decken über die Vogelkäfige. «Ich wollte ihnen nur etwas Luft verschaffen.»

«Zumindest sind es keine Spinnen und Schlangen», sagte Jolene, die mit Tallulah auf dem Schoß auf dem Beifahrersitz saß.

«Da ist bei mir die Grenze», erwiderte Mama. «In mein Taxi kommen mir weder Spinnen noch Schlangen. Katzen und Vögel sind wirklich schlimm genug. Pass bloß auf, dass der pelzige Teufel da auf deinem Schoß bleibt.»

Jolene lachte. «Tallulah ist ein Schatz, keine Sorge. Sie mag eigentlich jedermann.»

«Solange der Betreffende keine Maus ist», sagte Jilly von hinten.

«Ich wusste es!», kreischte Mama. «Das Vieh ist ein Killer. Ich kann es in ihren Augen sehen. Schau nur, sie starrt mich schon die ganze Zeit an. Die will mir wahrscheinlich das Gesicht aufschlitzen. Sie hat doch diese Extrakrallen, wie die Hemingway-Katzen. Das Ganze gefällt mir gar nicht.»

Wieder lachten die Schwestern, versuchten, Mama von der Harmlosigkeit der Tiere zu überzeugen, aber Mama musste sich jetzt aufs Fahren konzentrieren. Der Regen drosch auf die Straße ein, und der Wind hatte sich verstärkt. Blätter und

Müll wurden über die Fahrbahn geweht und mussten umrundet werden. Als sie in die Whitehead Street einbogen, flog ihnen aus dem Nichts ein entwurzelter Baum entgegen, ging direkt vor dem Taxi nieder und blockierte die Straße. Die Schwestern schrien, die Vögel kreischten, und die Katze machte einen Satz.

Mama ging in die Eisen.

Ein paar Momente lang saßen sie nur da, versuchten, ihren Atem zu beruhigen. Keiner sagte ein Wort. Schließlich brach Mama die Stille, sprach leise und ruhig.

«Okay, nichts passiert. Jetzt nimmt bitte mal jemand die verdammte Katze von meinem Schoß.»

Laura half Jake, die letzten Katzenklos durch den Garten und in den Keller des Hemingway-Hauses zu tragen. Sie musste aufpassen, nicht auf die Katzen zu treten, die die Stufen hoch- und runterschossen. Die letzten vierundzwanzig Stunden über hatten die Katzen jede ihrer Bewegungen verfolgt, hatten sich fasziniert gezeigt von all den Vorbereitungen, die sie trafen, und hatten ihre Nasen in buchstäblich alles reingesteckt.

Laura wischte sich die Hände an ihrem tropfenden Regenmantel ab und schaute rüber zu Jake. «War das alles? Können wir jetzt endlich Pause machen? Ich meine eine richtige Pause, nicht so eine, wo ich Batterien testen muss, während ich eilig ein Sandwich runterschlinge.»

Jake nickte. «Wir sind fertig, gut gemacht, Laura. Ich bin wirklich dankbar für deine Hilfe.»

Mit einem Seufzer der Erleichterung ließ Laura sich auf die Kellertreppe sinken und schloss die Augen.

Stundenlang hatte sie Vorräte durch den strömenden Regen geschleppt, hatte Kartons mit Taschenlampen, Laternen und Kerzen abgeladen, Tüten mit Essen und Kanister voll Wasser – für Katzen und Menschen – ausgepackt und an dem Handkurbel-Radio gedreht, bis ihr der Arm wehtat.

Wenigstens die Katzen hatten Spaß.

Larry, Curly und Moe – das infernalische Trio – hatte unablässig nach ihr getatzt, während sie kurbelte. Die Kleinen hielten das für ein Spiel. Falls es eins war, hatte Laura verloren, so viel war sicher. Um in Ruhe fertigkurbeln zu können, hatte sie am Ende die Katzenkinder mit einer leeren Plastiktüte abgelenkt.

Wie nicht anders zu erwarten, waren Chew-Chew und Whiskey natürlich höchst interessiert an den Lebensmittelvorräten. Immer wieder hatten sie kleine Chipstüten stibitzt, und Laura hatte die Katzen durchs halbe Haus jagen müssen, ehe sie ihnen die Tüten abnehmen und gut verstecken konnte. Boxer und Bullfighter waren fasziniert von den Batterien. Zum Aufwärmen für ihre Kämpfe stießen sie mit den Pfoten Batterien vom Tisch und rollten sie über den Fußboden. Die arme kleine Spinderella blieb aber auch wirklich in jeder Tüte und in jeder Schachtel stecken, in die sie geklettert war. Dann miaute sie kläglich, bis jemand kam und sie befreite. Sogar die eigenbrötlerische Abenteurerin Kilimandscharo kam von ihrem Hochsitz runter, um zu inspizieren, was vor sich ging. Die Katzen waren überall.

Jake schlug vor, sie sollten ihre eigene Reality-TV-Sendung bekommen mit dem Titel *Wildgewordene Katzen* oder *Katzen ohne Kinderstube*.

Außerdem war da noch Nessie.

Kaum war Laura auf die Kellertreppe gesunken, kletterte ihre golden getigerte Freundin auf ihren Schoß. Sie wirkte unruhig.

«Alles wird gut, Nessie.» Laura kraulte Nessie hinter den Ohren und blickte dann auf zu Jake. «Sie klebt an mir, als hätte sie Angst, dass ich sie verlassen könnte oder dass mir was passiert, wenn sie nicht aufpasst. Das ist wirklich seltsam. Normalerweise ist sie so gelassen.»

«Vielleicht weiß sie, dass Gefahr droht», erwiderte Jake. «Meiner Meinung nach ist Nessie die klügste Katze von allen. Und auch die sensibelste. Es ist, als spürte sie Dinge, die dem Rest von uns verb...»

Nessie setzte sich unvermittelt auf und machte einen Katzenbuckel. Den Bruchteil einer Sekunde später hämmerte jemand gegen die Haustür.

Laura blickte zu Jake auf. «Wer könnte das sein?»

«Ich hab keine Ahnung.»

Sie hörten Schritte, dann wurde die Tür geöffnet, und das Heulen des Windes drang mit Stimmengewirr herein.

Sie liefen nach oben, um nachzusehen, was los war.

«Natürlich könnt ihr hierbleiben», sagte Margarita. «Hier ist es sicherer als im Hotel.»

In der Tür standen Rick und Ricardo, Lucy und Desi auf dem Arm, und neben ihnen stand Key Wests Wetterfee Shelly. Die Chihuahuas waren so still, wie Laura sie noch nie gesehen hatte. Das könnte an Larry, Curly und Moe gelegen haben, die herbeigestürmt kamen, um die Gäste in Augenschein zu nehmen.

«Kommt rein, ins Trockene», sagte Margarita. «Und Shelly, machst du bitte die Tür zu, ehe wir noch alle weggeweht werden? Danke, meine Liebe. Rooster! Leo! Millie! Wir haben Gäste!»

Und schon war die Eingangshalle voller Menschen. Und Katzen. Und Hunde. Rick und Ricardo hatten die Chihuahuas auf den Boden gesetzt, um ihre nassen Regenmäntel auszuziehen. Laura wollte sich schon die Ohren zuhalten, aber die kleinen Hunde gaben keinen Ton von sich. Vielleicht weil sie sich einer Gang von neugierigen Katzen gegenübersahen. Sie waren in Feindesland.

Als sie gemeinsam ins Esszimmer gingen, gab Shelly allen ein Wetter-Update. «Hurrikan Harry ist früher als erwartet eingetroffen, konnte es wohl nicht abwarten, Sally endlich gegenüberzustehen. Was sie von ihm hält, wird sich zeigen. Gut möglich, dass sie ein bisschen Wind aus ihm herausprügelt. Das ist es ehrlich gesagt, worauf ich hoffe. Eine gute Frau kann einen beruhigenden Effekt auf einen Mann haben, wisst ihr. Ich hab mal einen Bekannten gehabt, der ...»

Apropos beruhigende Wirkung, Laura war erstaunt, wie ruhig die Chihuahuas in Gegenwart so vieler Katzen waren – selbst als Boxer und Bullfighter anfingen, sie nach Ringer-Manier zu umkreisen. Lucy und Desi bellten nicht und bewegten sich nicht. Wie die Salzsäulen standen sie da, als die beiden Katzen, die sie um einiges überragten, schließlich vor ihnen stehen blieben. Boxer stupste Lucy mit der Nase an. Bullfighter hob eine seiner mächtigen Pfoten und stieß Desi gegen die Schulter. Desi gab keinen Ton von sich, leckte sich nur an der Stelle. Irgendwie war das genau das richtige Signal gewesen, um die Spannung aufzulösen. Boxer und Bullfighter schlenderten zu ihrem Platz unter dem Esstisch zurück. Zu

Lauras Überraschung folgten ihnen Lucy und Desi! Und kuschelten sich dazu!

«Schau dir das an», flüsterte Jake Laura ins Ohr. «Ist das nicht verblüffend, wie verschiedene Spezies so gut miteinander zurechtkommen?»

«Manchmal besser als beste Freunde», sagte Laura und wandte sich Jake zu, erblickte jedoch hinter ihm am Ende des Flurs eine große, tropfende Gestalt.

Es war Rooster McCloud in einem schlammbespritzten Regenmantel. Er sah aus wie jemand, der gerade für die Rolle eines alten Leuchtturmwärters gecastet worden war.

«Jake, könntest du mir und Mack helfen? Wir müssen die Sperrholzplatten hinten am Haus neu befestigen. Der Wind hat ein paar davon gelöst.»

«Klar.» Jake warf Laura einen schmerzlichen Blick zu und folgte Rooster hinaus. Laura blieb mit den Katzen allein zurück. Sie hatte noch ihren Regenmantel an, in ihrer Hosentasche vibrierte ihr Handy. Bestimmt die wohl mittlerweile fünfhundertste Nachricht von ihrer panischen Mutter. Aber statt den Regenmantel auszuziehen und die Nachricht zu lesen, lauschte sie dem Heulen des Windes und dem Prasseln des Regens gegen die verrammelten Fenster. Neben ihr rangelten Bette Davis und Joan Clawford um einen Fetzen Klebeband, Jackie Chan versuchte eine Tüte Chips unter dem Schrank hervorzufischen, wo Chew-Chew sie heimlich gelagert hatte. Lady Brett Ashley rekelte sich nach ihrem langen Mittagsschlaf in Hemingways Bett – alle machten einen wirklich guten Eindruck hier in ihrem Unterschlupf.

Aber da fehlte doch jemand?

Wo sind die Katzenkinder?

Laura ging durch die Räume und rief nach ihnen, doch Larry, Curly und Moe tauchten nicht auf. Vor ein paar Minuten waren sie noch da gewesen. In der Eingangshalle, als die anderen gekommen waren.

Die Tür hatte offen gestanden.

Lauras Herz raste. Sie rannte vor zur Eingangstür, wo sie Pawpa Hemingway vorfand, wie er die Tür mit der Pfote anstieß und aufgeregt unter dem Türspalt schnüffelte.

«Pawpa? Was machst du da?»

Pawpa schaute sie aus seinen großen Augen an, zwinkerte, drehte sich um, stupste wieder gegen die Tür und schaute dann hoch zu Laura.

«Was ist da draußen, Pawpa? Die Kätzchen? Hast du die Katzenkinder rausgehen sehen?»

Pawpa wandte sich zur Tür und miaute.

Laura fand es selbst verrückt, aber sie hatte so eine Ahnung, dass der alte Kater ihr sagen wollte, wo sie waren. Sie machte einen Schritt vor, griff den Türknauf und stellte ihr Bein so, dass Pawpa nicht entwischen konnte. Vorsichtig und langsam öffnete sie die Tür einen Spaltbreit.

Inzwischen tobte der Sturm haltlos, ein Monster, das zwischen den Palmen und Büschen hindurchfegte, Blätter und abgebrochene Äste im Garten verstreute. Der Himmel war fast schwarz und voller Wolken. Der Regen strömte in Wellen herab. Laura holte tief Luft und trat nach draußen. «Larry! Curly! Moe!»

Gerade wollte sie die Tür hinter sich schließen, als Pawpa auf die Veranda entwischte.

«Pawpa! Nein!» Aber es war zu spät. Bevor sie ihn zu fassen bekam, war er schon quer über die Veranda gesprungen und hatte sich unter ein Gebüsch geduckt. Jetzt musste Laura die Katzenkinder *und* Pawpa einfangen. «Larry! Curly! Moe!» Ratlos blickte sie sich um, fragte sich, wo die drei Unterschlupf gesucht haben mochten. Dann zog sie beherzt die Kapuze über den Kopf und rannte hinaus in das Unwetter, sah unter den Stufen, in den Blumentöpfen und unter den Bänken nach. Als ihr kein mögliches Versteck mehr einfiel, überlegte sie, Jake und die anderen um Hilfe zu bitten, doch da erblickte sie Pawpa. Der alte Kater kam, Larry mit den Zähnen im Genick gepackt, unter einem mächtigen Busch hervor.

«Pawpa! Du hast Larry gefunden!» Sie eilte hinüber und beugte sich vor. «Sind die anderen auch da drunter?» Sie hob ein paar Äste an und sah Curly an den Stamm des Strauchs gepresst. Sie griff in das Geäst und zog sie heraus. «Gerettet, Curly. Jetzt müssen wir nur noch Moe finden.»

Pawpa trug Larry zur Haustür, Laura rannte mit Curly im Arm hinterher. Sie machte auf, ließ Pawpa mit Larry hinein, setzte Curly daneben, schloss die Tür und eilte hinaus, um nach Moe zu schauen. Panisch suchte sie rings um das Gebüsch alles ab, konnte ihn aber nicht finden. Dann blickte sie zum Tor.

«Moe! Nicht bewegen!»

Das winzige Kätzchen kauerte zitternd an der Tür des Kassenhäuschens, während der Regen unablässig niederging.

Geduckt rannte Laura nach vorn, in Richtung des Tors, da dröhnte ein ohrenbetäubender Donnerschlag – und erschreckte Moe so sehr, dass er aus dem Tor hinaus, über den Bürgersteig und auf die Straße floh. «Moe! Nein!» Laura sah, wie das Kätzchen unter Roosters altem Buick, der vor dem

Leuchtturmhotel stand, in Deckung ging. «Bleib da, Moe! Ich komme!»

Sie hastete so schnell auf die Straße, dass sie das Auto nicht kommen sah.

Der Fahrer stieg auf die Bremse und brachte das Fahrzeug nur Zentimeter vor ihr zum Stehen. Laura konnte sich vor Schreck nicht regen und stand da wie eine Statue. Dann drehte sie mit hämmerndem Herzen den Kopf in Richtung der blendenden Scheinwerfer des Wagens. Zuerst meinte sie, alles doppelt zu sehen, doch dann wurde ihr klar, dass es vier Scheinwerfer waren. Von zwei Autos.

Ein pinkes Taxi und ein roter BMW.

Nach dem hektischen Entladen der Autos – bis der Hurrikan aufs Festland traf, würden nur noch wenige Minuten vergehen – waren im Hemingway-Haus alle sicher untergebracht. Insgesamt waren es nun vierzehn Menschen, zwei Chihuahuas, zwei Boa Constrictors, zwei Schildkröten, zwei Vogelspinnen, zwei Turteltauben, ein Papagei, ein Leguan und vierundfünfzig Katzen.

Das Ganze hatte was von einer Pyjamaparty im Zoo.

Rooster und Margarita rollten im Wohnzimmer ein paar Schlafsäcke aus, während Jake und Mack Snacks und Wasserflaschen holten.

Shelly drehte am Handkurbelradio, um Wetter-Neuigkeiten zu erwischen. Leider vergeblich. Schließlich gab sie auf und ließ die einzige Sendung laufen, die das Radio empfangen konnte: Das WKEY Radio, drüben aus der Garage mit einem von Macks Mixtapes: Motown, Greatest Hits.

Laura saß auf dem Boden und rubbelte die Kätzchen mit Handtüchern ab, bis ihr Fell fluffig war. Larry, Curly und Moe rekelten sich und genossen die Wärme. Sogar Pawpa Hemingway schien nichts dabei zu finden, dass sie ihn in ein Handtuch wickelte und ihn von den Schnurrhaaren bis zum Schwanz trockenrubbelte. Wie aufs Stichwort lief im Radio *Papa Was a Rollin' Stone*.

Millie Graham und Foster Lee Jackson richteten sich eine gemütliche Ecke neben Hemingways Fischerei-Memorabilien ein. Millie war überglücklich, Foster an ihrer Seite zu haben, grinste wie ein Honigkuchenpferd und fummelte an ihrer Frisur herum, von der sie hoffte, dass sie das Unwetter halbwegs überstehen würde. Falls nicht, hatte sie jede Menge Haarspray dabei. Foster hatte auch ein paar Sachen dabei, auf die zu verzichten ihn kein Sturm der Welt zwingen könnte. Eine davon entkorkte er jetzt, goss Rotwein in zwei Plastikbecher und brachte einen Toast aus. «Auf die tapfere, schöne und großherzige Millie Graham», sagte er und blickte ihr tief in die Augen. Dann bemerkte er Whiskey und Chew-Chew, die an der Flasche schnüffelten, und fügte hinzu: «Und auf Hemingways Katzen.»

Auf der anderen Seite des Raums teilten sich Leo Trout und Mama Marley eine Tüte Chips. Er konnte nicht aufhören zu lachen, als sie ihm die grauenvolle Fahrt mit den Crabb-Zwillingen und deren Menagerie beschrieb. «Da bin ich also, lenke mein Taxi durch den schlimmsten Sturm, seit Noah seine Arche gebaut hat, und meine Windschutzscheibe sieht aus, als hätte eine Schlickwelle sie getroffen, die Sicht ist gleich null. Ich kneife die Augen zusammen und klammere mich so doll ans Lenkrad, um uns da irgendwie durchzulenken, dass meine Knöchel wehtun. Währenddessen singt auf der Rückbank ein Papagei Dolly-Parton-Songs, und zwei Turteltauben schreien sich die ganze Zeit an. Beim Scheidungsanwalt hab ich schon glücklichere Paare gesehen. Aber am schlimmsten war die furchteinflößende Monsterkatze auf dem Beifahrersitz. Sie hatte die größten Pfoten, die ich je gesehen habe, und zu viele Krallen, um sie zu zählen. Die muss poly- oder ptero- gewesen sein, jedenfalls irgendwie daktyl, und guckt mich die ganze Zeit an, als wär ich eine riesige Dose edelstes Katzenfutter. Und jetzt kommt's: Eine Palme ist direkt vor uns auf die Straße gekracht, ich steige auf die Bremse, und die Katze springt auf mich drauf und läuft an mir hoch, zerkratzt mir mit ihren Pfoten das Gesicht. Ich hatte Glück, dass ich überlebt habe. Oder vielleicht doch nicht. Es war eine schwarze Katze, bringen die nicht Unglück?»

Laura, die Nessie gestreichelt hatte, hielt inne. «Wo ist Tallulah? Ich hab nicht gesehen, dass jemand sie reingebracht hat.» Sie wandte sich um und wollte die Zwillinge fragen, aber dann fiel ihr ein, dass sie im Obergeschoss waren, um in Hemingways Badezimmer, in das die Katzen nicht hineindurften, die Terrarien aufzustellen.

«Lass mich nachdenken», sagte Mama Marley. «Zuerst haben wir die Käfige rausgetragen, dann das Futter aus dem Kofferraum … Ach du liebe Güte, wir haben die Katze im Taxi vergessen.»

«Die arme Tallulah!» Laura sprang auf. «Ich gehe sie holen. Kann ich den Schlüssel haben, Mama?»

«Ist nicht abgeschlossen.»

«Ich glaube nicht, dass es sicher ist, jetzt rauszugehen»,

warnte Leo. «Hören Sie das Geheul? Das klingt, als wäre der Sturm bald auf seinem Höhepunkt.»

Laura griff nach ihrem Regenmantel. «Mir passiert nichts. Das Taxi steht direkt vor dem Tor. Ich brauche nur zwei Minuten. Die arme Tallulah muss außer sich sein vor Angst. Ich kann sie nicht dort draußen allein lassen.»

Leo nickte. «Na gut, aber ich stell mich in die Tür und passe auf. Nur für alle Fälle.»

Nessie folgte ihnen zur Haustür und schaute aus großen grünen Augen zu Laura hoch.

«Keine Angst, Nessie», sagte Laura und kraulte sie kurz. «Gleich bin ich zurück und bringe dir eine tolle neue Freundin mit. Ich bin sicher, du wirst sie mögen.»

Vorsichtig öffnete Leo die Tür, und sofort blies eine Böe Blätter und Zweige herein. Laura wappnete sich, nickte Leo zu – und stürmte hinaus. Leo schloss die Tür wieder und ließ nur einen kleinen Spalt offen, um hindurchzusehen.

Es war schlimmer, als Laura es sich hätte ausmalen können.

Das war das Ende der Welt.

Der Himmel war kein Himmel mehr, sondern ein zähflüssiges Gewirbel aus Blau und Grau und Braun. Der Regen peitschte waagerecht durch die Luft. Doch am schlimmsten war der Wind, der mit einem Brüllen auf sie einstürmte, in mächtigen, unregelmäßigen Böen, die Laura an die hohen Wellen erinnerten, in denen Mack und sie beinahe untergegangen waren. Sie stemmte sich gegen den Sturm und kämpfte sich zum Tor vor.

Mamas Taxi war trotz des Unwetters nicht zu übersehen. Sein Pink hob sich ermutigend vom Grau ringsum ab. Laura öffnete die Tür, sprang hinein und zog eilig die Tür zu. Dann atmete sie tief durch. «Tallulah? Bist du hier drin? Wo bist du denn?» Kurz befürchtete sie, Tallulah könnte beim Auspacken des Wagens unbemerkt entwischt sein, aber dann kam unter dem Fahrersitz ein klägliches Miauen hervor. «Tallulah!»

Die große schwarze Katze kam aus ihrem Versteck und sprang Laura auf den Schoß.

«Arme Mieze», sagte sie und streichelte das Tier. «Bestimmt hast du gedacht, wir haben dich verstoßen. Aber mach dir keine Sorgen, jetzt bringe ich dich ins Trockene. Da ist auch eine Freundin, die ich dir vorstellen möchte.»

Laura zog den Reißverschluss ihres Regenmantels ein Stück auf, drückte Tallulah vorsichtig an ihre Brust und zog wieder zu. «Schnall dich an, Tallulah», flüsterte sie. «Es wird wohl Turbulenzen geben.»

Der Weg zurück zum Haus war noch schlimmer. Der Wind tobte noch heftiger, und Laura hatte Mühe, das Gleichgewicht zu halten. Sie stolperte und strauchelte voran und konnte fühlen, wie Tallulah unter dem Regenmantel in Panik die Krallen in ihre Haut grub. Laura ignorierte den Schmerz und kämpfte sich weiter vorwärts, konzentrierte sich mit aller Macht auf den schmalen Lichtspalt an der Haustür. Als sie schließlich erschöpft und zitternd die Veranda erreichte, riss Leo die Tür auf. Sie stürzte hinein und hörte es hinter sich krachen.

«Laura! Bist du wahnsinnig geworden?»

Jake, Mack und einige der anderen standen in der Eingangshalle und starrten sie bestürzt an.

«Warum bist du da rausgegangen?», schimpfte Jake. «Du hättest einen von uns bitten können.»

«Ja, was hast du dir dabei gedacht?», sagte Mack. «Wir hätten das für dich machen können. Die Wahrscheinlichkeit, dass der Sturm uns wegbläst, ist viel geringer, wir wiegen mehr als du.»

«Ich zumindest», sagte Jake.

«Ich bin größer», erwiderte Mack.

Laura seufzte. «Okay, okay. Ich weiß, das hier ist das Hemingway-Haus, aber ihr zwei müsst das Macho-Gehabe jetzt wirklich einstellen. Mir geht's gut. Die Sache ist erledigt. Mission erfüllt.» Sie zog den Reißverschluss ihres Regenmantels auf und blickte hinab zu Nessie, die still vor ihr auf dem Boden saß. «Nessie, ich möchte dir meine zeitweilige Mitbewohnerin Tallulah vorstellen. Tallulah, das ist meine langjährige Freundin Nessie.»

Sie setzte die schwarze Katze vor der goldenen ab.

Zuerst starrten sie einander nur an, ohne auch nur zu zwinkern. Dann hoben sie langsam die Köpfe und lehnten sich beide gleichzeitig vorwärts. Ein Anblick wie dem alten Spiegel-Sketch entsprungen, in dem Lucille Ball und Harpo Marx den jeweils anderen nachmachen. Nessie stupste mit der Nase Tallulahs Nase an, und Tallulah machte das Gleiche. Sie schnüffelten kurz. Dann noch mal. Dann richteten sie sich auf die Hinterpfoten auf, hoben die Vorderbeine, warfen sich nach vorn und gingen ineinander verkeilt zu Boden. Laura brauchte einen kurzen Moment, um zu begreifen, dass sie nicht kämpften, sondern sich umarmten und eng umschlungen über den Boden rollten, als wären sie berauscht von Katzenminze.

«Ohhh, schaut euch die beiden an», staunte Millie. «Die küssen sich.»

Eigentlich leckten sie einander ab, aber niemand hatte das Bedürfnis, das richtigzustellen.

«Tallulah! Zum Glück ist dir nichts passiert», rief Jolene, die mit ihrer Schwester die Treppe herunterkam. «Gerade eben hab ich Jilly gefragt: ‹Wo ist eigentlich Tallulah?› Und sie meinte: ‹Keine Ahnung, hast du sie nicht mit reingebracht?›»

«Sie war noch im Taxi», berichtete Laura. «Ich bin raus und hab sie geholt.»

«Danke, danke, danke!» Jilly eilte durch die Halle auf die umschlungenen Katzen zu. «Kannst du uns je vergeben, Tallulah? Wir hatten nicht die Absicht, d... Oh, wow, diese Katzen sehen sich aber wirklich *sehr* ähnlich, Laura.»

«Ja», sagte Jolene und trat zu ihrer Schwester. «Die gleichen Schwänze, die gleichen Pfoten, die gleichen Streifen – nur die Farbe ist anders.»

Sie streichelten die beiden Katzen, als sich hinter ihnen jemand räusperte. «Verzeihen Sie, meine Damen», sagte Foster Lee Jackson. «Aber ich glaube, das ist meine Katze.»

Alle wandten sich zu ihm um.

Dann ging das Licht aus.

12

Die Katze ist aus dem Sack

Eine kleine Ewigkeit standen sie alle in vollkommener Dunkelheit da, bevor jemand etwas sagte. Vielleicht lag es am plötzlichen Stromausfall, vielleicht aber auch an Fosters schockierender Enthüllung. Vielleicht hatte sie auch nur aus dem Konzept gebracht, dass das alte Radio noch funktionierte, gerade lief *Standing in the Shadows of Love*.

Schließlich war Mack der Erste, der das Wort ergriff: «Wartet mal, ich hab doch vorhin hier eine Taschenlampe hingelegt ... hm, oder war es da drüben?»

Während Mack im Esszimmer suchte, fing Foster in der vollständigen Finsternis zu lachen an.

«Was ist so lustig?», fragte Millie.

«Oh, ich glaube, ich muss mich bei Ihnen allen entschuldigen», sagte Foster, immer noch kichernd. «Die dramatische Färbung meiner Aussage war unangebracht. Sie mussten sich ja in einem Kriminalfilm wähnen. Die Lichter gehen wieder an, ich liege tot auf dem Boden, und Sie alle müssen den Mordfall lösen.»

«Das ist nicht lustig», tadelte Millie. «Niemand will Sie umbringen, Foster.»

«Da sollten Sie mal mit meiner Ex-Frau reden.»

«Sollte ich das?»

«Nein, sollten Sie nicht.»

Eine Stimme kam aus dem Esszimmer – «Halleluja! Es werde Licht!» – und Mack kam mit zwei Taschenlampen aus dem Esszimmer und leuchtete den anderen den Weg. Rooster, Leo und Jake gingen herum und schalteten die batteriebetriebenen Laternen ein, die sie überall im Haus platziert hatten, und Margarita brachte einen großen Krug Frozen Margarita. «Der Strom ist weg, also trinken wir das Zeug am besten jetzt, sonst wird es bloß warm.»

Ein paar Minuten später hatte jeder von ihnen es sich mit einem Getränk seiner Wahl auf den um das «Lagerfeuer» (eine flackernde Laterne «mit Flammeneffekt», die Millie online gekauft hatte) angeordneten Schlafsäcken bequem gemacht. Während draußen der Sturm wütete, hockten sie gemütlich und in Sicherheit beisammen. Manche von ihnen saßen zu zweit da, so wie Mama und Leo, Foster und Millie, Rooster und Margarita, Rick und Ricardo, doch auch die Einzelnen hatten es gut in ihrem Kreis. Sogar die Katzen fühlten sich von dieser behaglichen Gesellschaft angezogen. Es dauerte nicht lange, bis mindestens zwei Dutzend den Raum durchstreiften, die besten Plätze zum Faulenzen und für ein Nickerchen ausspähten, und manche suchten sich einen der Menschen aus und kuschelten sich an.

«Ist das nicht gemütlich?», sagte Margarita. «Nun, wo wir uns hier in Hemingways Wohnzimmer häuslich niedergelassen haben, möchte Foster uns vielleicht von der Katze erzählen, die er für sich beansprucht.»

«Oh ja», sagte Jilly. «Sie sagen, Tallulah ist Ihre Katze, aber sie lebt seit Jahren bei uns.»

Foster seufzte. «Das ist eine lange und blamable Geschichte.»

«Das sind die besten», sagte Jolene. «Wir haben Zeit.»

Foster blickte zu Millie, dann auf die schwarze Katze, die mit Nessie verschlungen dalag. Er holte tief Luft. «Also dann werde ich wohl mein Verbrechen gestehen. Zumal es seit Jahr und Tag auf meiner Seele lastet. Die Wahrheit ist, Ihre Katze Tallulah – ich habe sie immer Queenie genannt – ist eine von Hemingways Katzen.»

Alle hielten den Atem an.

«Hab ich's doch gewusst», murmelte Laura.

Margarita musterte Foster argwöhnisch. «Wenn sie eine von Hemingways Katzen ist, wie kam Sie dann zu Ihnen? Sagen Sie nicht, Sie haben sie gestohlen.»

«Lassen Sie mich bitte erklären», flehte Foster, zog ein Taschentuch aus der Hosentasche und wischte sich über die Stirn. «Meine Frau, meine Ex-Frau vielmehr, war eine feinfühlige, aber auch fordernde Person. Ich tat, was ich konnte, um sie glücklich zu machen. Kaufte ihr die elegantesten Kleider, führte sie in die feinsten Restaurants aus. Geleitete sie zu den auserlesensten Gesellschaften. Aber ohne Erfolg. Sie war von allem nur enttäuscht und gelangweilt – von mir, den Kleidern, den erlesenen Speisen, den Empfängen. Am meisten jedoch von mir. Eines Tages verkündete sie, dass ein Kind die Leere in ihrem Leben füllen sollte. Aber ich war leider physisch nicht befähigt dazu.»

Millie schrak zusammen. «Sie meinen, Sie können nicht...?»

«Oh, ich kann schon, ganz gewiss kann ich», versicherte Foster eilig. «Die Anzahl meiner Spermien ist jedoch gering.»

Unbehaglich hielt er inne und lief leicht rosa an. «Wie dem auch sei. Wir versuchten es mit einer Anzahl Therapien, mussten aber schließlich klein beigeben. Meine Frau war verzweifelt und deprimierter denn je. Ich wusste nicht mehr, was ich tun sollte. Dann, eines Abends nahm ich hier im Haus an einem Empfang teil. Es war ein Dinner zu Ehren der Historischen Gesellschaft. Vorher zeigte mir der Katzenbetreuer den neuesten Wurf Kätzchen. Ach, waren die niedlich! Als das Dinner vorüber war, stellte ich mich, um nicht nach Hause zu meiner unglücklichen Frau zu müssen, noch für ein Weilchen an die Bar. Nach dem sechsten oder siebenten Glas packte mich die Lust auf eine Zigarette, also bin ich nach draußen gegangen, um eine zu rauchen und ...»

«Sie rauchen?», fragte Millie entsetzt.

«Nicht mehr», sagte Foster. «Wie dem auch sei, als ich zum Pool kam, sah ich zwei der Katzenbabys dort spielen, ein schwarzes und ein goldenes.»

«Tallulah und Nessie», sagte Laura.

Nickend fuhr Foster fort. «Ich stand einfach nur da, genoss meine Zigarette und sah den Kätzchen zu, wie sie herumstolperten und -kullerten. Als sie dem Pool immer näher kamen, wurde ich unruhig. Schließlich ging ich hinüber, um sie ein Stück wegzutragen, bevor sie reinfallen konnten. Aber es war zu spät. Beide waren hineingefallen.»

Alle keuchten erschrocken auf.

«Ich werde das nie vergessen, der Anblick der verzweifelten Kätzchen im Wasser verfolgt mich bis heute.»

«Was haben Sie gemacht?», fragte Millie?

«Natürlich habe ich versucht, sie zu retten. Und es ist mir gelungen. Aber einfach war es nicht. Das Schwarze konnte ich recht schnell herausfischen. Aber bis zu dem Goldenen reichte ich nicht heran. Es zappelte wie wild, aber sank schließlich unter die Oberfläche, und ich war schon beinahe sicher, dass es ertrinken würde.»

«Arme Nessie», flüsterte Laura und blickte zu ihrer Katzenfreundin. «Kein Wunder, dass du den Pool so sehr verabscheust.»

«Ich lag auf dem Bauch neben dem Pool und griff mit ausgestreckten Armen immer wieder ins Leere», fuhr Foster fort. «Und als ich schon dachte, jetzt wäre sie endgültig verloren, hob sie eine Pfote aus dem Wasser, und ich konnte sie greifen und herausziehen. Ich legte sie neben ihre Schwester auf den Boden. Sie hustete und spuckte Wasser, schien aber wohlauf zu sein. Und als ich die beiden mit einer Serviette, die auf einem Stehtisch neben dem Pool liegen geblieben war, trocken rubbelte, kam mir eine Idee. Vielleicht wäre meine Frau ja glücklicher, wenn sie ein kleines Kätzchen hätte, um das sie sich kümmern könnte? Ein süßes kleines Katzenbaby ...»

Margarita seufzte. «Und so haben Sie beschlossen, eine von Hemingways Katzen zu stehlen.»

«Sie müssen das verstehen. Ich war recht betrunken. Und verzweifelt obendrein. Falls Sie das beschwichtigt: Die Katze konnte mich nie leiden.»

«Wahrscheinlich, weil Sie sie aus ihrem Zuhause entführt haben», sagte Margarita, «und ihr ihre Schwester wegnahmen.»

«Ich weiß, ich weiß!», stieß Foster gequält hervor. «Seit jenem Tag martern mich die entsetzlichsten Schuldgefühle. Um das Elend komplett zu machen, ist die Katze geflohen, nachdem meine Frau mich verlassen hatte. Erst habe ich die Katze gestohlen, dann habe ich sie verloren. Ich bin ein schrecklicher Mensch, der etwas Schreckliches getan hat. Und ich schäme mich sehr deswegen.» Er senkte den Kopf und stieß einen Seufzer aus.

Gegen ihren Willen hatte Margarita Mitleid mit Foster. «Ich vergebe Ihnen. Kopf hoch. Nur aus Neugier: Warum die schwarze Katze und nicht die goldene?»

Foster wurde rot. «Ich weiß, das klingt schrecklich», sagte er. «Die schwarze passte besser zu unserer Einrichtung.»

Die Antwort wurde mit Häme und ungläubigem Lachen aufgenommen.

Millie jedoch tätschelte seinen Rücken. «Ich verstehe Sie, Foster. Es war sehr mutig von Ihnen, Ihr Geheimnis zu offenbaren. Und wenn wir schon dabei sind: Ich habe auch ein Geheimnis zu offenbaren.»

Das Gelächter ebbte ab, und alle schauten zu ihr hin.

Millie holte tief Luft. «Das ist nicht meine natürliche Haarfarbe.»

Margarita hob eine Augenbraue. «Wirklich? Sie sind in Wahrheit nicht platinblond? Ich bin schockiert!»

Die anderen gaben sich Mühe, sich das Lachen zu verbeißen. Zum Glück fing im Radio ein neuer Motown Song an: *I Heard It Through the Grapevine.*

Jilly sprang auf. «Dieser Song bringt mich auf eine Idee für ein Spiel, mit dem wir uns die Zeit vertreiben könnten», jubelte sie.

Jolene schaute ihre Schwester finster an. «Was für ein Spiel?»

«So etwas wie *Wahrheit oder Pflicht.* Nur ohne den Pflicht-Teil.»

«Wie kommst du denn jetzt darauf? Hast du das selbst erfunden?»

«Ja, und es ist ziemlich cool. Erinnerst du dich, als wir mit Laura einen trinken gegangen sind, an ihrem ersten Abend in Key West? Und wie wir ihr all die verrückten Gerüchte erzählt haben, die beinahe über jeden in der Stadt in Umlauf sind? Würdet ihr nicht auch alle gern wissen, ob da was Wahres dran ist?»

Margarita blickte von ihrer Margarita auf. «Ich weiß nicht, ob ich Lust auf dieses Spiel habe. Im Hinterzimmer hab ich ein paar Brettspiele, mit denen wir uns viel besser die Zeit vertreiben könnten.»

«Ach, kommen Sie schon, Margarita, wir sind doch alle Freunde. Wäre es Ihnen lieber, die Leute glauben diesen seltsamen, schrecklichen Gerüchten, als dass sie die Wahrheit kennen?»

Unbehaglich blickte Margarita zu Rooster hinüber, sagte aber nichts.

«Foster hat es gewagt», fuhr Jilly fort. «Er hat uns sein schlimmstes, dunkelstes Geheimnis offenbart.»

«Und ich auch», ergänzte Millie.

«Genau! Millie auch. Das Geheimnis ist gelüftet, und die Welt ist deswegen nicht untergegangen. Versuchen wir es einfach, okay? Ich fange an.» Jilly ging im Kreis herum – von einer Person zur nächsten – und blieb vor Rick und Ricardo stehen.

Die schnurrbärtigen Hotelbesitzer hörten auf, Lucy und Desi zu streicheln, und sahen ein wenig ängstlich zu Jilly auf. «Sind wir etwa dran?», sagten sie gleichzeitig.

«Ja, sind Sie», sagte Jilly und holte tief Luft. «Also ... Man erzählt sich, dass ihr Jungs das Leuchtturmhotel in Las Vegas beim Pokern mit irgendwelchen Gangstern gewonnen habt.»

Die Münder standen ihnen offen.

«Das ist doch lächerlich!», empörte sich Rick schließlich. «Wir haben es in Reno gewonnen. Und das waren keine Gangster.»

Ricardo rollte mit den Augen und höhnte: «Und ob das Gangster waren. Ihre ‹Assistenten› trugen Pistolen. Hab ich selbst gesehen.»

«Aber sie hatten ihre Frauen dabei.»

«Ihre Gangsterbräute.»

«Sie haben uns nicht umgebracht, als wir alles gewonnen hatten.»

«Dann waren sie eben nette Gangster.»

Rick seufzte. «Na gut, dann stimmen die Gerüchte eben.»

«Sehen Sie, hat gar nicht wehgetan, oder?», sagte Jilly triumphierend.

«Nein», sagte Ricardo. «Ich bin nur überrascht, dass die Leute davon wissen.»

«Key West ist eine kleine Stadt. Die Leute reden», erwiderte Jilly. «Sie sind der Nächste.»

«Toll», sagte Ricardo, rieb sich die Hände und musterte die Anwesenden. Sein Blick blieb auf einer gewissen Taxifahrerin mit Dreadlocks ruhen. «Mama Marley», sagte er. «Ich habe munkeln gehört, dass Sie in Jamaika ein Reggae-Star waren, Ihre Karriere jedoch den Bach runterging, als Ihre zahlreichen Fans rausfanden, dass Sie in Wirklichkeit Play-back zur Stimme von jemand anders sangen. Ist das wahr?»

Quälend lange sah Mama Marley Ricardo an, der eiskalte

Ausdruck in ihrem Gesicht machte jeden im Raum unruhig – sogar die Katzen.

Dann lief ein winziges Grinsen über ihr Gesicht, und schließlich lachte sie schallend los.

«Hilfe, das ist zu komisch. *Echt jetzt*? Das tratschen die Leute? Wie bescheuert! *Play-back*? *Ich*? Nie in meinem ganzen Leben.» Sie schüttelte sich vor Lachen. «Das ist wie *Stille Post*. Kennt ihr das Spiel, wo ein Kind dem anderen was ins Ohr flüstert, und das dem nächsten und das dem nächsten, und was das letzte Kind dann laut sagt, ist verdreht und wirr und hat mit dem, was das erste Kind gesagt hat, nicht mehr viel zu tun? So ungefähr ist das hier auch. Natürlich, ein Körnchen Wahrheit steckt schon drin in dem Gerücht. Aber es ist nicht die wahre Geschichte. Nicht mal halbwegs.»

«Was ist denn die wahre Geschichte?», fragte Ricardo.

Mama schloss die Augen und seufzte. «Na gut. Ich kann genauso gut alles gestehen. Mein Name ist, wie Sie sich vielleicht denken können, nicht Mama Marley sondern Marla Jones. Ich hab den damals geändert, weil ich es satthatte, dass die Leute immer gefragt haben: ‹Marla Jones? Eine von den Jamaika-Jones'? Was ist aus denen eigentlich geworden?› Sie müssen wissen, meine Schwester und ich waren so was wie lokale Berühmtheiten, als wir noch sehr jung waren. Ich war zehn, sie elf, und wir lebten mit unseren Eltern, unserer jamaikanischen Großmutter und unserem Onkel Bob in Chicago. Onkel Bob war ein Musikfreak, der in seinem Zimmer das ganze Equipment hatte, das man zum Aufnehmen und Mixen braucht.

Er schrieb ein paar Reggae-Songs, die er mir und meiner Schwester beibrachte. Lana und ich dachten, es wäre lustig, sie mit jamaikanischem Akzent zu singen und so zu klingen wie unsere Großmutter.»

«Du meinst den Akzent, der dir heute noch Trinkgelder einbringt?», fragte Lucky Leo und stieß sie sanft mit dem Ellenbogen an.

«Klar, warum nicht? Eine Frau muss für sich sorgen können», erwiderte sie. «Jedenfalls kamen die Songs gut an, und Onkel Bob besorgte uns Auftritte auf Straßenmärkten, Nachbarschaftspartys, auch in einigen Kirchen und auf Hochzeiten. Wir nannten uns die Jamaika-Jones'. Dann rief doch tatsächlich die *Chicago Sun-Times* an, ein Reporter wollte über uns schreiben, mit Farbfotos und allem. Natürlich waren Lana und ich begeistert. Wir zogen unsere Sonntagskleider an und sprachen das ganze Interview über mit dem jamaikanischen Akzent. Und es kam noch schlimmer. Wir erzählten lauter erfundene Geschichten: dass wir obdachlos in den Straßen von Jamaika aufgewachsen wären und als blinde Passagiere auf einem Fischkutter nach Amerika gekommen wären. Wir behaupteten sogar, Zwillinge zu sein. Wir tischten dem armen Mann ordentlich Lügen auf. Wir waren halt Kinder. Kinder machen so was. Für uns war das Ganze ein Spiel. Es war herrlich. Lügen machte solchen Spaß.» Sie warf Leo einen schnellen Blick zu und erzählte weiter: «Na ja, die Zeitung druckte die Geschichte, und unsere Eltern gingen an die Decke. Doch die Strafe blieb aus, denn plötzlich kamen die ganzen Angebote. Konzertsäle wollten uns. Das lokale Fernsehen lud uns ein. Die Jamaika Jones' waren über Nacht zu einer Sensation geworden. Der neueste heiße Scheiß. Bald rissen sich die großen Plattenfirmen um uns und überboten sich gegenseitig. Wir unterzeichneten einen Millionenvertrag! Wir würden auf Rosen gebettet sein. Aber dann – bevor wir auch nur einen einzigen Song aufgenommen hatten – ging alles den Bach runter.» Für einen dramatischen Effekt machte Mama Marley eine Pause. Jeder im Raum neigte sich vor. Sogar Nessie und Tallulah hörten auf zu spielen und schauten zu ihr hin.

«Was ist denn passiert?», fragte Laura.

Mama seufzte. «Die von der Plattenfirma hatten spitzgekriegt, dass wir gelogen hatten. Sie sagten, die Jamaika-Story hätte zum ‹Gesamtpaket› gehört, und redeten von Vertragsbruch und so, die Details weiß ich nicht mehr. Ich weiß nur, dass der Vertrag aufgelöst wurde und ich als Taxifahrerin in Key West, Florida endete.» Sie zuckte mit den Schultern. «Zumindest kann ich hier den Akzent meiner Großmutter weiterhin ungestraft nutzen. Die Touristen mögen ihn, so viel steht fest. Das war also meine Geschichte. Bin ich jetzt dran?»

Leo lächelte sie an. «Das war ja mal eine Geschichte, Marla. Ich nehme an, ich darf dich ab jetzt ganz offiziell und vor allen anderen bei deinem richtigen Namen nennen?»

Sie lächelte zurück, nahm seine Hand in ihre und blickte ihm tief in die Augen.

«Lucky Leo Trout», sagte sie mit sanfter Stimme. «Ich habe läuten hören, dass du gerne mal ein bisschen übertreibst und dass all die lebensbedrohlichen Katastrophen, die du glücklich überstanden hast, gar nicht wirklich passiert sind. Was hat es damit auf sich?»

Leo sah überrascht aus – und tief beschämt.

«Na ja», setzte er an. «Hm, keine Ahnung. Wie es eben so ist ...» Er seufzte. «Ich glaube, es fing an, als ich in die Armee eintrat. Ich war in einer langweiligen Kleinstadt in Ohio aufgewachsen. Alles dort war durchschnittlich. Die Menschen waren Durchschnitt, die Häuser, meine Familie, und ich entsprach ebenfalls dem Durchschnitt. Durchschnittliches Aussehen, durchschnittliche Noten, durchschnittlich begabt. Einen durchschnittlicheren Typen als mich konnte man schwerlich finden. In den letzten Schulwochen jedoch beschloss ich, zur Armee zu gehen, und – bäm! – plötzlich war ich anders als die anderen Jungs. Die Mädchen interessierten sich für mich, fragten, wo ich stationiert sein werde und solche Sachen. Ich genoss die Aufmerksamkeit. Ich fühlte mich wahrgenommen. Ich durchlief die Grundausbildung, wurde in Europa stationiert und merkte schnell, wenn ich beim Heimaturlaub meine Abenteuer im Ausland mit ein bisschen Drama und Aufregung ausschmückte, gefielen sie den Leuten noch besser. *Ich* gefiel ihnen noch besser. Also machte ich weiter. Mit den Jahren wurde mein Leben zum Glück interessanter, aber auch die Geschichten wurden abgedrehter. Die Leute fanden einen Flugzeugabsturz unterhaltsamer als eine schwierige Landung. Ein Tornado ist mehr wert als ein Sturm. Ob man mir glaubt, ist mir egal, das Vergnügen besteht darin, Geschichten zu erzählen – je verrückter, desto besser – und die Reaktion der Leute zu beobachten. Es ist, wie du gesagt hast, Marla, Lügen macht großen Spaß.»

Mama Marley kicherte. «Ja, ja, ich sollte nicht mit Steinen schmeißen, was? Glashaus und so weiter. Ich lüge schon mein Leben lang. Mein Business beruht darauf. Und ich finde wirklich auch, dass es Spaß macht. Aber ich muss schon sagen, Leo, manche deiner Geschichten sind so ungeheuerlich, so dermaßen an den Haaren herbeigezogen, dass es einfach nur lächerlich ist.» Sie hielt inne und lächelte. «Die sind mir die liebsten.»

«Siehst du? Deshalb denke ich, wir passen gut zusammen. Wir übertreiben gern und mögen es statt durchschnittlich lieber haarsträubend und unfassbar – selbst wenn es gelogen ist. Aber eins sollst du wissen, Marla, und das ist keine Lüge.» Er legte seine Hand auf ihre und drückte sie sanft. «Wenn es um die wichtigen Dinge geht, das, worauf es wirklich ankommt, werde ich immer ehrlich zu dir sein.»

Mama war sichtlich gerührt. Zärtlich blickte sie ihn an, in ihren Augen glitzerten Tränen. «Danke, Leo. Ich schätze das, wirklich. Ungelogen. Und das hier stimmt ebenso: Auch ich verspreche, aufrichtig zu dir zu sein.» Sie neigte sich ihm zu und küsste ihn.

Alle im Raum stießen einen kollektiven Seufzer aus. Einige machten «Ohhhh».

Die vierundfünfzig Katzen (fünfundfünfzig, wenn man Tallulah mitzählte) vom Hemingway-Haus konnten sich an einer Pfote abzählen, dass das ein sehr interessanter Abend werden würde.

Einerseits tobte draußen ein mächtiger Sturm.

Andererseits war drinnen bei ihnen eine freundliche Gesellschaft zusammengekommen. Soweit die Katzen das beurteilen konnten, war es im Haus beinahe katzenparadiesisch. Die beruhigenden menschlichen Stimmen und sanfte, rhythmische Musik machten es einem leicht, das Heulen des Unwetters draußen zu ignorieren. Der gemütliche Menschenzirkel bot auch Körper, an die man sich ankuscheln, und Schöße, auf die man sich legen konnte. Es gab jede Menge Hände, die einen streichelten, wenn man vorbeischnurrte. Selbst die eher eigenbrötlerischen Katzen konnten dem Sog des Rudels nicht widerstehen – oder dem Flammeneffekt von Millies Laterne. Pawpa Hemingway zum Beispiel rollte sich neben Laura, seiner Schiffskameradin, zusammen und ließ sich von ihr streicheln, während er schläfrig auf das Licht in der Mitte des Raums blickte. Chew-Chew und Whiskey bauten ihr Lager bei Millie und Foster und rekelten sich dann faul über interessant knisterndem Käsepapier und Flaschenkorken. Foster fand, dass die Katzen in ihren Fellsmokings sehr vornehm wirkten und sich hervorragend neben seinem erstklassigen Wein machten. Larry, Curly und Moe lagen zusammengekuschelt neben Macks Füßen und spielten mit seinen Schnürsenkeln. Dann waren da noch Boxer und Bullfighter, die zumindest für den Abend das Boxen sein ließen. Sie hatten ihre großen Pfoten um ihre neuen Freunde Lucy und Desi gelegt und machten ein ausgiebiges Gruppennickerchen.

Außerdem im Raum anwesend: Bette Davis und Joan Clawford, die um den gemütlichsten Platz auf Roosters Schoß stritten, Lady Brett Ashley, die schamlos Jake anflirtete, und die normalerweise eher distanzierte Kilimandscharo, die versuchte, den Kopf der armen Shelly zu erklimmen – vielleicht wegen ihres weißen Haares. Doch von allen Katzen im Haus war wohl keine so glücklich und zufrieden wie Ernestine Hemingway, besser bekannt als Nessie.

Auf dem Boden neben Tallulah, ihrer wiedergefundenen Schwester, liegend, verspürte Nessie einen tiefen Frieden und eine Ruhe, wie sie sie seit ihrer Kätzchenzeit nicht gekannt hatte. Als Katze hatte sie natürlich keine klare Erinnerung daran, wie es gewesen war, ein Kätzchen zu sein oder eine Schwester zu haben. Aber tief in ihrem Innersten spürte sie es.

Als sie Tallulah erblickt hatte, wusste sie einfach, dass sie sie kannte.

Dasselbe empfand Nessie für Laura. Als sie an jenem stürmischen Morgen mit ihrem Gepäck angekommen war, hatte Nessie sofort Bescheid gewusst.

Zwischen ihnen gab es ein Band.

Und nun hatten sie beide Tallulah. Das machte Nessie sehr, sehr glücklich. Sie rieb ihre Nase an Tallulahs Nacken und blickte zu Laura hinüber, die ein Stück entfernt saß. In diesem Menschenkreis fühlte Nessie sich sicher. Sicher und glücklich. Sie wandte den Kopf und betrachtete die Gesichter der Menschen. Als sie bei Margarita, der First Lady, ankam, hielt sie inne. Margarita wirkte nervös und war besorgt wegen irgendetwas. Nessie fragte sich, was das wohl sein mochte.

Sie streckte sich und gähnte. Nach so einem langen Tag wäre ein kleines Nickerchen fantastisch. Aber wo heute Abend so viel passierte, wollte Nessie wach bleiben.

Sie wollte sich nichts entgehen lassen.

Jetzt war Leo an der Reihe.

Er blickte quer durch den Kreis, hinüber zu seiner Chefin, Margarita Bouffet. Sie bemerkte, dass er sie ansah, und griff nach dem Margarita-Krug. Leo fand, sie wirkte zittrig, und fragte sich, ob er jemand anders nehmen sollte. Aber andererseits, zum Teufel, wäre es doch gut, wenn die hässlichen Gerüchte, die über sie in Umlauf waren, endlich aus der Welt wären.

«Margarita», sagte er und räusperte sich. «Ich bringe dich

ungern in eine solche Situation. Aber ich denke, du solltest wissen, was die Leute über dich reden.»

Margarita sah ihn an und schenkte sich einen Drink ein.

«Persönlich glaube ich ja kein Wort davon», fuhr er fort. «Ich kenne dich nun seit vielen, vielen Jahren, und ich halte dich für einen wunderbaren Menschen, eine erstklassige Chefin und alles in allem eine tolle Frau. Ich weiß, an den Gerüchten kann nichts dran sein. Wenn du willst, dass ich die Klappe halte und nichts sage, mache ich das.»

Margarita seufzte. «Ist schon gut, Leo. Jedem hier ist wahrscheinlich schon was davon zu Ohren gekommen.» Sie nahm einen tiefen Schluck von ihrer Frozen Margarita und blickte Leo frostig an. «Also los, lass es uns hinter uns bringen.»

Leo holte tief Luft. «Nun denn», sagte er. «Margarita, mir ist zu Ohren gekommen, dass du auf einem aufblasbaren Flamingo von Kuba hierher geflohen bist, um deinem gewalttätigen ersten Ehemann zu entkommen. In den besten Ferienresorts von Miami hast du daraufhin in kurzen Abständen drei sehr alte und ebenso reiche Männer verführt, geheiratet und um die Ecke gebracht. Du hast sie mit Gift getötet und dir ihre Vermögen unter den Nagel gerissen. Dann bist du untergetaucht und hast mehrfach deinen Namen geändert. Und dass du hier in Key West bist, in einem Haus voller Katzen, liegt daran, dass du auf der Fahndungsliste des FBI stehst. Du kannst nirgendwohin, und auch dein vieles Geld kannst du kaum ausgeben, ohne gefasst zu werden. Ich glaube kein Wort von dem Ganzen, aber das ist, was ich gehört habe.»

Alle blickten zu Margarita, um zu sehen, wie sie reagieren würde, aber ihr Blick war dunkel und distanziert, ihr Gesicht ausdruckslos. Schließlich begann sie zu sprechen.

«Das hier fällt mir sehr schwer zu sagen. Ich sehe in euch meine Familie, und ich weiß nicht, wie ich sagen soll, was ich sagen muss.» Sie hielt inne. «Weil jedes Wort davon wahr ist.»

Alle keuchten auf.

«Alles, abgesehen von dem aufblasbaren Flamingo und den Morden. *Wollt ihr mich verscheißern?*»

Alle lachten befreit los.

«Ich wusste es», johlte Leo, «ich wusste, das stimmt nicht.»

«*Natürlich* stimmt das nicht! *Ich? Eine Mörderin?!* Das Einzige, was ich je um die Ecke gebracht habe, war damals in den Achtzigern eine hässliche Pflanze, und ich fühle mich heute noch schlecht deswegen.» Margarita lachte und nahm einen Schluck von ihrem Drink. «Der Grund, warum ich nicht über meine verstorbenen Ehemänner rede, ist, dass die Ehen nicht legal waren. Ich bin immer noch mit meinem ersten Mann aus Kuba verheiratet.»

Das Lachen verebbte.

«Warte mal», sagte Millie. «Dann bist du ja eine Bigamistin.»

Margarita nickte. «Bigamistin, Trigamistin, irgend so was. Aber definitiv keine Mörderin. Und wegen Geld hab ich auch nie geheiratet, sondern immer aus Liebe. Entgegen den Gerüchten waren meine verstorbenen Ehemänner weder sehr alt noch sehr reich. Sie waren angenehme und reife Menschen. Und ich heiratete auch nicht in kurzen Abständen, sondern über mehrere Jahrzehnte verteilt. Außerdem sind die Männer nicht durch Gift gestorben. Und tatsächlich hab ich mehrmals meinen Namen geändert, aber das lag daran, dass ich bei der Hochzeit immer den Namen meines Mannes angenommen habe.»

«Aber du warst nicht rechtmäßig verheiratet», beharrte Millie. «Warum hast du dich von deinem ersten Mann nicht scheiden lassen?»

«Weil er ein Monster war. Er sagte, wenn ich ihn je verlasse, bringt er mich um. Und ich wusste, er meinte das ernst. Also plante ich meine Flucht. Ich schlich mich hinaus, während er schlief, und nutzte die Mariel-Bootskrise, um das Land zu verlassen. Ein Flamingo war nicht im Spiel. Das war 1980. Ein paar Monate später traf ich in einem Tanzsaal in Miami meinen zweiten Mann. Wir verliebten uns bis über beide Ohren, und er bat mich, ihn zu heiraten. Ich sagte ja, verschwieg ihm jedoch, dass ich bereits verheiratet war. Wir heirateten am Strand, hatten eine wunderschöne Wohnung und wollten glücklich sein, bis dass der Tod uns scheidet. Doch dann kam er bei einem Autounfall ums Leben. Um mich um mein Erbe zu bringen, beauftragte seine geldgierige Familie einen Anwalt mit Recherchen über mich. Natürlich fand der Mann schnell alles heraus und drohte, mich wegen Bigamie verhaften zu lassen, es sei denn, ich verzichtete aufs Erbe. Ich hatte eine solche Angst, dass ich einwilligte. Als mein dritter und dann mein vierter Mann starb, schwieg ich ebenfalls und verzichtete von vornherein auf das Erbe, aus Angst, enttarnt zu werden.»

Rooster, der den ganzen Abend über seltsam still gewesen war, sagte: «Es muss einen rechtlichen Weg geben, deine erste Ehe annullieren zu lassen.»

«Kann sein, ich weiß es nicht. Wäre schön, zu wissen, dass ich noch mal heiraten kann, ohne hinter Gittern zu landen.» Sie lächelte Rooster an und wandte sich den anderen zu. «Wenn das für euch in Ordnung ist, würde ich jetzt gern fragen. Ich möchte nämlich wissen, was mit Jake und Mack los ist. Ich habe gehört, dass ihr Streit habt und nicht mehr miteinander redet. Was ist passiert?»

Erschrocken hörte Laura auf, Pawpa zu streicheln. Sie blickte zwischen Jake und Mack hin und her, die ihr gegenübersaßen und alles andere als glücklich aussahen.

Jake seufzte. «Leg los, Mack», sagte er. «Erzähl's ihnen.»

Mack runzelte die Stirn. «Ich denke, du solltest es ihnen sagen. Schließlich war es deine Idee.»

Jake blickte erst zu Laura, dann wandte er sich an Margarita. «Keine Ahnung, wie ich das erklären soll, aber ich versuch's einfach. Mack und ich sind beste Freunde, das wisst ihr. Und der Code für beste Freunde lautet, wenn der eine an einer Frau interessiert ist, tritt der andere zurück. Als nun Laura anfing, hier zu arbeiten, haben wir beide sie gemocht. Also machten wir eine Art Deal.»

«Einen Deal?», empörte sich Laura. «Wieso habt ihr nicht gleich eine Münze geworfen, welcher von euch Neandertalern mich an den Haaren in seine Höhle schleifen darf?»

«So war das nicht, Laura», sagte Jake. «Wir wollten, dass du die Entscheidung triffst, wen du magst. Vielleicht würde es einer von uns sein, vielleicht auch keiner. Vielleicht würde es Lucky Leo Trout sein.»

«Hände weg, Mädchen», scherzte Mama Marley. «Der gehört jetzt mir.»

Jake fuhr fort. «Mack und ich kamen also überein, dich erst mal ankommen zu lassen im neuen Zuhause, dem neuen Job, dem neuen Leben. Du solltest eine Chance bekommen, die Insel und die Leute hier kennenzulernen – und uns –, bevor einer von uns irgendeinen Move machen würde. Wir beschlossen, cool zu bleiben und alles dir zu überlassen.» Jake hielt inne und blickte zu Margarita. «Dann hat Mack Laura auf unserem Segeltrip geküsst.»

«Und Jake hat Laura bei einem Date geküsst», hielt Mack dagegen.

«Du hast sie in Sloppy Joe's Bar eingeladen», regte Jake sich auf.

Mack konterte: «Du flirtest jede Mittagspause mit ihr.» Sie sahen aus, als wollten sie jeden Moment anfangen, sich zu prügeln.

Margarita klatschte in die Hände. «Jungs! Jungs! Jetzt beruhigt euch mal. Wenn ihr mich fragt, klingt das, als hätte jeder von euch den Harte-Jungs-Code gebrochen. Ich glaube, ihr müsst euch beide beim jeweils anderen entschuldigen. Ihr habt beide Mist gebaut, gebt das ruhig zu. Und bei Laura müsst ihr euch auch entschuldigen. Sie ist kein Plüschtier, das man an der Schießbude auf dem Jahrmarkt gewinnen kann.»

Foster hob die Hand. «Entschuldigung, aber was ist dieser *Code*, über den alle reden? Ist das ein Buch? Kann man das kaufen?»

Millie befahl ihm, still zu sein.

Nach einer Minute unbehaglichen Schweigens sagte Mack zu Jake: «Sie hat recht. Wir haben Mist gebaut. Es tut mir leid, Jake. Entschuldige, Laura. Wirklich, es tut mir leid.»

Jake seufzte. «Mir tut es auch leid, Mack. Ich will einfach nur wieder dein Kumpel sein, wie früher. Wir sind schon viel zu lange über Kreuz. Außerdem haben die Off Keys nächste Woche einen Gig, wie soll das denn gehen, wenn wir nicht miteinander reden?» Er wandte sich an Laura. «Dir schulde ich auch eine Entschuldigung. Margarita hat recht. Du bist kein Schießbudengewinn. Tut mir leid, dass wir uns am Pool geprügelt haben wie die letzten Idioten. Das ist unentschuldbar. Wirklich. Es tut mir sehr leid.»

Laura holte tief Luft und blickte erst Jake, dann Mack an. «In Ordnung», sagte sie. «Ich nehme eure Entschuldigung an. Ich möchte, dass ihr beide wieder Freunde seid. Und wenn das für Jilly okay ist, würde ich gerne als Nächste dran sein.»

Jilly legte den Kopf schräg. «Ich weiß nicht, das ist gegen die Regeln.»

«Welche Regeln denn?», fragte Jolene. «Du hast das Spiel vor zwanzig Minuten erfunden. Schieß los, Laura.»

«Danke. Meine Frage richtet sich an euch, Jolene und Jilly. Ich habe läuten gehört, dass ihr Jake und Mack früher in der Schule mal gedatet habt. Aber wann immer ich jemanden nach Details frage – wer hat wen gedatet, und was ist schiefgelaufen zum Beispiel –, ernte ich Schweigen. Warum? Was ist passiert?»

Ihren Gesichtern nach zu urteilen, waren die Zwillinge mehr als nur ein bisschen beschämt angesichts der Frage. Und nicht nur die beiden, auch Mack und Jake sahen betreten zu Boden.

Jolene fasste sich schließlich ein Herz. «Schon vor der Highschool fing alles an. Wir waren echt noch ziemlich klein und auch ziemlich doof – was unsere einzige Entschuldigung ist. Im Unterricht schrieb ich Mack einen Zettel, auf dem stand, dass Jilly in Jake verliebt ist. Mack hat ihn Jake gezeigt, der aber gesagt hat, dass er mich lieber mag als Jilly. Mack schickte einen Zettel zurück, in dem stand: ‹Mack mag *dich*›, aber er gab den Zettel versehentlich an Jilly weiter, weil er uns nicht auseinanderhalten konnte. Zwei Jahre später, an der Highschool, bat Jake Jilly um ein Date. Ich war zu der Zeit mit Mack zusammen, der mir gesagt hatte, dass Jake immer noch auf mich stand, nun aber Jilly daten wolle, weil sie die Zweitbeste sei. Als ich Jilly das sagte, war sie gekränkt und wütend. Wir beschlossen, Jake und Mack reinzulegen, indem wir zum Date der jeweils anderen gingen. Wir wollten sehen, ob die beiden es herausfinden. Jake hat nicht gemerkt, dass ich es war. Aber Mack hat Jilly erkannt und mochte sie plötzlich lieber als mich. Doch Jilly dachte, Mack will nach wie vor mit mir zusammen sein, und ich dachte, Jake mag Jilly. Einen ganzen Sommer lang konnten Jilly und ich uns nicht entscheiden, wir tauschten unsere Dates hin und her, bis wir schließlich aufgaben und beschlossen, mit den beiden nur befreundet zu sein. Beantwortet das deine Frage?»

Laura nickte.

«Mir dreht sich der Kopf», flüsterte Millie Foster zu. «Glauben Sie, das ist der Wein?»

«Am Wein liegt es nicht», erwiderte Foster.

«Also, Laura», sagte Jolene. «Jetzt hab ich eine Frage an dich. Der Buschfunk sagt, du hast einen Freund in Syracuse. Stimmt das?»

Laura fiel die Kinnlade herunter. «Wo hast du das gehört?»

«Na gut, genau genommen war es nicht der Buschfunk, sondern ich hab es auf deinem Handy gesehen. Da sind ungefähr tausend Nachrichten aufgeploppt, als du es mal auf dem Küchentisch hast liegenlassen. Wer ist Devin gleich noch mal?»

Laura seufzte. «Devin Ferrari. Mein Nachbar. Auf der Highschool waren wir zusammen. Und am College. Er ist ein toller Typ und wirklich klug, aber ich hab das Gefühl, ich bin aus der Sache rausgewachsen. Nachdem ich meinen Abschluss gemacht hatte, wollte ich weg aus Syracuse, neue Menschen kennenlernen und neue Erfahrungen machen. Aber ich war zu feige, das Devin so zu sagen. Wir hatten unser halbes Leben zusammen verbracht, und er fing an, Andeutungen zu machen, wegen Heirat und so. Ich wollte nur noch weg. Als ich die Stelle hier bekommen hatte, hab ich bis zur letzten Minute gewartet, es ihm zu sagen. Das war dann ungefähr so: ‹Hallo, Devin, ich mache mit dir Schluss und gehe nach Florida, lass es dir gut gehen.› Ich weiß, das war hässlich von mir. Aber ich wusste, er würde versuchen, mich zum Bleiben zu überreden. Also machte ich einen Schnitt und haute ab.»

«Nach seinen Nachrichten zu urteilen, fällt es ihm schwer, dich gehen zu lassen», sagte Jolene.

«Ja, das stimmt.» Laura schaute zu Jake und Mack hinüber. «Aber die Sache ist die, ich bin hier, um neu anzufangen. Ich will herausfinden, wer ich eigentlich bin und was ich mit meinem Leben anstellen möchte. Vielleicht weiß ich noch nicht, wie ich auf lange Sicht leben will, aber jetzt bin ich hier, und ich arbeite dran, jeden Tag ein bisschen. Und ich habe so viel Spaß! Jeder hier ist so toll. Mack, Jake, ich hab euch beide wirklich lieb. Aber wie ihr gerade vom Buschfunk gehört habt, komme ich aus einer langen Beziehung und muss erst mal ein bisschen alleine sein, ehe ich mich in die nächste stürze. Also ist es gut, dass ihr beide cool bleiben wollt und mich erst einmal in Ruhe lasst. Ich bin doch erst seit ein paar Wochen hier. Aber ich freue mich mächtig, euch alle näher kennenzulernen, und kann kaum erwarten, wie es weitergeht, was so passiert. Tja, das wollte ich sagen. Jetzt halte ich die Klappe.»

Sie streichelte wieder Pawpa Hemingway, und behagliche Stille legte sich über den Raum. Die meisten der Katzen schliefen jetzt. Der Krug Frozen Margarita war fast leer, und der letzte Song auf Macks Mixtape ging dem Ende zu: *You Can't Hurry Love.* Aber noch war das Spiel nicht vorüber.

Millie hob die Hand. «Hat jemand was dagegen, wenn ich weitermache? Es gibt da ein Gerücht, das ich vor Jahren gehört habe und das mich seitdem nicht loslässt. Ich möchte zu gerne wissen, ob da was dran ist.»

Alle zuckten mit den Schultern und nickten. Mit einem Lächeln wandte Millie sich an Rooster.

«Mr. Rooster McCloud, mein Lieblings-DJ, die Spatzen pfeifen es von allen Dächern, dass Sie der Mann sind, der das iPad erfunden hat. Angeblich haben Sie die Idee für viele Millionen Dollar an Apple verkauft. Ist das wahr? Und falls ja, könnte ich über Sie Rabatt kriegen?»

Rooster lehnte sich zurück und strich über seinen Bart. Alle schauten erwartungsvoll. Erst sagte er gar nichts, dann fing er an zu lachen.

«Viele Millionen Dollar?» Er grölte, Lachtränen liefen ihm aus den Augen. «Ach, Millie, ich würde Ihnen hundert iPads schenken, wenn ich so viel Geld hätte! Und für Macks Band würde ich einen neuen Van kaufen, Jake würde auf meine Kosten Veterinärmedizin studieren, und Shelly kriegte eine Wetterstation. Oh, Mann, das würde mir richtig gut gefallen. Aber tut mir leid, nein, ich habe das iPad nicht erfunden. Was ich aber gemacht habe: Ich hab eine Domain an ein großes Technologieunternehmen verkauft, dessen Namen ich nicht nennen darf, und von dem Geld habe ich mein Radio-Equipment finanziert. Die Geschichte ist also bedauerlicherweise falsch.»

Millie sah ziemlich enttäuscht drein.

«Aber es gibt da etwas, das ich mit euch allen teilen möchte», sagte er. «Und glaubt mir, es ist wesentlich aufregender als irgendein blödes Gerücht.»

Rooster stand auf und ging in die Mitte des Kreises. Alle Blicke ruhten auf ihm. Sogar die paar Katzen, die noch wach waren, begriffen, dass gleich etwas Bedeutendes geschehen würde, und spitzten die Ohren.

«Ich habe ein Geheimnis», sagte er mit leiser Stimme. «Eines, das ich schon seit vielen Jahren mit mir herumtrage. Und mit diesem Geheimnis hat es eine besondere Bewandtnis. Es ist nämlich so, dass ich es nicht nur vor der Welt sorgfältig verborgen habe, sondern auch vor mir selbst. Aber tief in mir drin, am Grunde meines Herzens, kannte ich es und wusste, es ist wahr.»

Er drehte sich um und blickte seiner alten Freundin in die Augen.

«Margarita Bouffet...»

Sie blickte zu ihm auf.

«Ich bin in dich verliebt.»

Er wartete auf ihre Reaktion, auf irgendetwas in ihren Augen vielleicht, das ihm zeigte, dass er da nicht gerade einen riesigen Fehler machte. Aber selbst wenn dem so wäre, konnte er jetzt nicht mehr aufhören.

«Ich hatte Angst, Margarita. Ich hatte Angst, dass, wenn ich dir meine Liebe gestehe, unsere Freundschaft, die mir so viel bedeutet, vorbei wäre. Ich habe versucht, es mir auszureden, habe mir vorgemacht, dass ich dich nicht liebe, aber es ist nun mal so, Margarita. Ich liebe dich seit Jahren. Ich war nur zu feige, es mir einzugestehen. Und dir.»

Margarita hatte bei seinen Worten den Atem angehalten. Als er nun seine Rede beendet hatte, atmete sie langsam aus, blickte ihm in die Augen und streckte ihm die Hand entgegen. «Hilf mir mal», sagte sie. «Ich hab zu lange auf dem Fußboden gesessen, ich komme nicht mehr hoch.»

Rooster lachte und zog sie auf die Füße. Als sie sich gegenüberstanden, war er erleichtert, ein Lächeln auf ihren rubinroten Lippen zu sehen. Sie zupfte ihre Bluse glatt und fuhr sich durchs Haar. Dann blickte sie ihm direkt in die Augen.

«Rooster, bist du dir sicher?»

«Dass ich dich liebe? Da bin ich ziemlich sicher, schöne Frau.»

«Ziemlich sicher?»

«Sehr sicher. Ich bin mir sehr sicher, dass ich dich liebe.»

«Wie sicher? Eine grobe Schätzung bitte.»

«Wenn ich viele Millionen Dollar hätte, würde ich dir einen Ring mit einem fetten Diamanten kaufen, so sicher bin ich mir.»

«Immer ruhig mit den jungen Pferden.» Margarita lachte. «Vielleicht sollten wir mit Abendessen oder Kino anfangen oder den Pier entlangspazieren oder ... Ich weiß! Du kommst mit in den Tanzclub! Eins, zwei, Cha-Cha-Cha ...» Sie nahm Rooster bei der Hand, und sie fingen an, zu imaginärer Musik zu tanzen.

«Zu schade, dass wir keine Musik haben», sagte Mack. «Mein Mixtape im Radio ist zu Ende.»

«Ich glaub, auf meinem Telefon hab ich Justin Bieber», sagte Millie.

«Oh, bitte nicht», sagte Margarita. «Ich hab eine bessere Idee. Wir könnten singen und tanzen. Los, bitte alle aufstehen, ich bring euch Walzer bei. Hoch mit Ihnen, Foster. Und mit euch zwei Jungs auch.»

Sogleich hatte sie alle zu Paaren aufgestellt: Foster und Millie, Leo und Marla, Jake und Jolene, Mack und Jilly, Rick und Ricardo, Rooster und sich selbst. Laura und Shelly blieben übrig. Laura schlug vor, den Männerpart zu tanzen. Nach einer kurzen Demonstration der grundlegenden Walzerschritte konnte es losgehen.

«Sie haben gesagt, wir sollen singen. Welchen Song können wir denn nehmen?», fragte Jilly.

«Ich dachte an den *Glücksregenbogen.*»

«Aus der *Muppet Show*? Den Song, den Kermit der Frosch singt?»

«Genau den! Kennen Sie ihn?»

«Klar. Jeder kennt den *Glücksregenbogen.*»

«Perfekt», sagte Margarita. «Dann alle in Position. Ich gebe den Takt vor, und los geht's. Und eins, zwei, drei – eins, zwei, drei – eins, zwei, drei ...»

Alle Katzen des Hemingway-Hauses versammelten sich, um zuzusehen, wie Margarita Bouffet und ihre Familie aus alten und jungen Freunden sangen und tanzten. Die Tänzer wirbelten herum, stolperten und lachten und sangen dazu aus voller Kehle das Lied vom Glücksregenbogen (oder summten nur, wenn sie den Text nicht kannten). Draußen veranstalteten Hurrikan Harry und Tropensturm Sally einen ganz eigenen faszinierenden Tanz. Er polterte und brüllte. Sie kreiselte und drehte sich. Er fegte sie von den Füßen. Seitenwinde prallten aufeinander, und Wolken kollidierten, als die beiden Stürme zu einer einzigen wilden Umarmung verschmolzen. Sie warfen Bäume um, überfluteten die Straßen und hoben die Dächer von den Häusern. Die Nacht, als Hurrikan Harry und Tropenwind Sally endlich ihr Rendezvous hatten, war wirklich denkwürdig.

Rooster würde sie nie vergessen, das stand mal fest. Als er mit Margarita tanzte, kam er sich vor wie in einem Traum. Er konnte nicht glauben, dass er das wirklich gemacht hatte, dass er ihr tatsächlich gestanden hatte, was er für sie empfand. Und sie hatte nicht etwa die Flucht ergriffen. Als er sie fragte, ob sie jetzt ausflippen würde, hatte sie ihm versichert, dass sie definitiv nicht ausflippen würde, und hinzugefügt: «Vor ein paar Jahren war ich total verschossen in dich, Rooster. Aber weil ich nicht wusste, ob du mich auch magst, hab ich mir meine Gefühle verboten. Aber als du dann in Anzug und Krawatte mit deinem Filmstargesicht auf unserer Tanzveranstaltung aufgetaucht bist, *bämm!*, da war das Verliebtsein aber so was von zurück.»

Rooster lachte und nahm sie in den Arm. Dann küsste er sie. Und ... wow.

Margarita legte ihre Lippen an sein Ohr. «Vielleicht können wir uns später in Hemingways Schlafzimmer schleichen.»

«Das gehört sich aber nicht. Das melde ich der Chefin.»

Am nächsten Morgen dröhnte lautes Klopfen von der Haustür her durch das Haus und ließ alle aus ihren Schlafsäcken hochschrecken. Laura rieb sich die Augen und kam zusammen mit den anderen schlaftrunkenen Menschen und Katzen auf die Füße. Als sie die Eingangshalle erreichte, sah sie, wie Margarita und Rooster mit Männern von der Florida National

Guard sprachen. «Wir wollten nur vorbeischauen, ob alles in Ordnung ist. Die ganze Welt nimmt Anteil am Schicksal von Hemingways Katzen.» Nachdem Margarita die Männer informiert hatte, dass niemand zu Schaden gekommen war, nahm Laura Nessie hoch und beugte sich aus der Tür, um sich ein Bild von der Lage zu machen. Der Wind hatte sich gelegt, es tröpfelte nur noch, und zwischen den dunklen Wolken war ein großer heller Fleck am Himmel. Auf dem ganzen Anwesen lagen Blätter, Äste und Schutt verstreut. Auf der anderen Straßenseite war ein Baum umgestürzt und hatte ein Fenster des Leuchtturmhotels zerbrochen. «Sieht ziemlich chaotisch aus da draußen, was, Nessie?», sagte Laura. «Wenigstens steht der Leuchtturm noch. Und das Hemingway-Haus auch. Wir haben überlebt!»

Mack, Jake und die Zwillinge kamen auch an die Tür. Jake hielt Tallulah wie ein Baby im Arm und kitzelte ihren Bauch.

«Mann, was für ein Chaos. Millies Kassenhäuschen hatte nicht den Hauch einer Chance.»

«Ich frage mich, ob unser Bungalow noch steht», sagte Jolene.

«Ich frage mich, ob es unseren Fischen gut geht», sagte Jilly.

«He, Mädels», schmunzelte Jake, «wusstet ihr, dass Tallulah schwanger ist?»

«Was?! Das ist ja stark!», rief Jilly aus.

«Deshalb bist du nie da, Tallulah», sagte Jolene. «Hast ein paar Liebhaber im Ort.»

Laura trat zu Jake und hielt Nessie neben Tallulah. «Gratuliere deiner Schwester, Nessie, sie wird Mama. Und du wirst Tante.»

Margarita, Rooster und die anderen kamen hinaus auf die

Veranda, um zu sehen, was los war, und alle freuten sich über die Neuigkeiten.

«He, Leute, schaut mal! Irgendwer hat uns *Glücksregenbogen* singen gehört letzte Nacht.» Jilly zeigte hoch zum Himmel. «Er ist klein und kaum zu sehen, aber da über dem Leuchtturm ist einer.»

«Wow», staunte Jolene. «Das ist cool.»

«Wunderschön», sagte Margarita.

«Ja, wirklich», stimmte Rooster zu.

Erst sah Laura nur graue Wolken am Himmel. Doch sobald sie ihren Blick schweifen ließ, erblickte sie den Regenbogen.

13

Was hat sechs Zehen und sieben Leben?

In den folgenden Tagen und Wochen passierte so einiges auf der südlichsten Insel der Florida Keys. Zunächst einmal: Hemingways berühmte sechskrallige Katzen wurden noch berühmter.

Das war nicht wirklich eine Überraschung.

Nachdem ein regelrechter Medienrummel um den «Sturm des Jahrhunderts» und die furchtlosen flauschigen Fellnasen, die den Evakuierungsbefehl verweigerten, stattgefunden hatte – waren Wetterbeobachter, Tierliebhaber und Buchliebhaber vollkommen angefixt.

Als das Unwetter schließlich vorüber war, brannte die ganze Welt darauf, zu erfahren: *Geht es den Katzen gut?*

Zum Glück hatten sie nicht einen Kratzer abbekommen.

Die Geschichte hatte ein Happy End, und die Medien stürzten sich natürlich darauf.

Die *New York Times*, die *Washington Post* und *USA Today* kamen gleich zum Punkt, indem sie titelten: *Hemingways Katzen sind am Leben.* Andere Blätter arbeiteten mit Variationen von *Katzen trotzten dem Sturm* und *Haus und Katzen blieben verschont.* Die beste Headline aber kam von der Zeitschrift *Southern Living*: *Was hat sechs Zehen und sieben Leben?*

Die berühmtesten und gefeiertsten Katzen der Welt hatten derweil absolut keine Ahnung, dass sie berühmt waren und gefeiert wurden.

Als die Reporter, Fotografen und Kamerateams das Haus stürmten, störte das die Katzen überhaupt nicht. Sie lebten in einer Touristenattraktion und waren es gewohnt, dass Menschen sie betrachteten, Fotos von ihnen machten und nach ihnen griffen, um sie zu streicheln. Eigentlich war für sie alles wie immer.

Die Menschen jedoch, die im Hemingway-Haus arbeiteten, waren so viel Aufmerksamkeit nicht gewohnt.

Margarita Bouffet, die als diejenige, die die Entscheidung getroffen hatte, bei den Katzen zu bleiben, im Fokus stand, liebte jede Minute davon. Vor allem die TV-Interviews. «Ich denke, wir Menschen können viel von Katzen lernen», sagte sie zum Beispiel. «Hemingway hat gesagt, dass Katzen ‹absolut ehrlich› sind, während Menschen ihre Gefühle verbergen. Ich sage Ihnen eins, in jener Sturmnacht habe ich das in seiner Tiefe verstanden. Als wir uns hier mit diesen Katzen verbarrikadierten, entstanden geradezu magische Momente. Wir begannen uns zu öffnen und unsere Geheimnisse zu teilen, rissen unsere Mauern ein und offenbarten unsere wahren Gefühle. Einige von uns haben sich in dieser Nacht in jemanden verliebt. Auf mich jedenfalls trifft das zu.» Dann zwinkerte sie der Kamera zu.

Lucky Leo Trout genoss die Aufmerksamkeit fast genauso wie Margarita. Er führte die Kameraleute und Reporter auf seiner üblichen Tour durchs Haus, erwähnte immer wieder Details, die die Sturmfestigkeit des Gebäudes betrafen – aber ergänzte seinen Vortrag durch Beschreibungen, die so übertrieben waren, dass der Regisseur mehrmals «Schnitt!» rufen musste. So zum Beispiel hier: «Die Mauern dieses Gebäudes sind aus massivem Kalkstein gefertigt. Kalkstein ist sehr dicht, hart und schwer. Ich kann ein Lied davon singen, besaß mein Vater doch einen Steinbruch und ließ mich mit Klötzen aus Kalkstein spielen. Eines Tages baute ich einen Turm daraus, und als der umstürzte und mich unter sich begrub, drückte das bloße Gewicht der Steine mir die Haare aus dem Kopf. Das ist der Grund, weshalb ich heute noch eine Glatze habe.»

«Schnitt!»

Auch Jake Jacobs erhielt aufgrund seines umfassenden Wissens über die polydaktylen Katzen eine Menge Sendezeit. Außerdem machte er sich vor der Kamera großartig, und die Reporterinnen fanden ihn ziemlich heiß. Die Passagen, in denen er mit den Katzen gezeigt wurde, waren beliebt und erhielten auf YouTube Millionen von Klicks. In einer davon stellte er den Zuschauern die ältesten und die allerjüngsten Bewohner des Hauses vor. «Hier haben wir Pawpa Hemingway, buchstabiert P-a-w-p-a, wie die Pfote – Paw. Wie Sie sich denken können, ist er nach Ernest ‹Papa› Hemingway persönlich benannt. Er mag alt und mürrisch wirken, aber er ist nach wie vor ein aktiver Sportler und nimmt hin und wieder an einem Segeltörn teil. Außerdem ist er ein wahrer Held. Während des Sturms half er uns, die Leben dieser drei Kätzchen da drüben zu retten. Das sind Larry, Curly und Moe. Sie sind wie die Komiker aus den Dreißigern, The Three Stooges, nur süßer, lustiger und Gewalt noch weniger abgeneigt.» An diesem Punkt seiner Rede sprangen die drei Katzenkinder gemeinschaftlich auf Pawpa. Ausgelassenes Spiel folgte.

«Curly, Moe! Hört auf! Autsch!»

Die platinblonde Kartenverkäuferin Millie Graham wurde hingegen nicht um allzu viele Interviews gebeten. Aber das machte ihr nichts aus. Derzeit war sie ausgesprochen begeistert von ihrem brandneuen, historisch korrekten Kassenhäuschen. Foster Lee Jackson hatte den Genehmigungsprozess für den Wiederaufbau beschleunigt, indem er bei der Historischen Gesellschaft seinen Einfluss geltend machte. Millie und Foster verbrachten seit der Nacht des großen Sturms viel Zeit miteinander. Er brachte ihr erlesene Weine näher, sie zeigte ihm, wie man aus Dosenbohnen und Schmelzkäse einen leckeren Auflauf zubereitet.

Aber Hemingways Katzen und die Angestellten waren nicht die einzigen Superstars der Sturmberichterstattung. Auch die vierundneunzigjährige Wetter-Enthusiastin von WKEY Radio, Shelly, verfügte plötzlich über Promistatus, hatte sie doch unschätzbar wertvolle Daten über die katastrophale Kollision von Hurrikan Harry und Tropensturm Sally liefern können – ein seltenes Beispiel für den Fujiwhara-Effekt, bei dem zwei Stürme um einen zentralen Punkt «tanzen», bevor sie miteinander verschmelzen. In einem Interview auf dem *Weather Channel* beschrieb Shelly die Stürme als extrem heiß aufeinander. «Harry wollte tanzen, und Sally kannte die Schritte», erklärte sie. Die beiden wären wie Fred Astaire und Ginger Rogers. «Man könnte meinen, er sei der stärkere Tänzer, aber sie machte ja die gleichen Schritte! Und zwar rückwärts und in High Heels!»

Daraufhin bot der *Weather Channel* Shelly einen Exklusiv-vertrag an.

Das *Sunday Magazine* brachte einen Artikel über die Ge-schichte des Leuchtturms, des berühmten Wahrzeichens von Key West, das 1848 gebaut worden war und seit Jahrzehnten Hurrikanen und Stürmen trotzte. Ein solcher Artikel kam na-türlich nicht ohne Rooster McCloud und seinen Neffen Mack aus, die Hüter des Leuchtfeuers. Rooster kam auf den Fotos nicht nur gutaussehend und kraftvoll rüber, sondern ließ die weiblichen Leser auch mit seinen unverfroren romantischen Zitaten schier in Ohnmacht fallen: «Dieser Leuchtturm wohnt in meinem Herzen wie die Frau, die ich liebe. Sie ist das Licht meines Lebens, ein Leuchtfeuer in der dunkelsten Nacht. Wenn ich niedergeschlagen bin, richtet sie mich auf. Verdeckt Nebel die Sicht, hält sie Kurs. Und wenn ich mich auf See verirre, weist sie mir den Weg nach Hause.» Auf den Artikel hin bekam Rooster jede Menge Fanpost und einen di-cken Kuss von Margarita.

Etliche Tattoo-Internetseiten wurden auf Macks Unter-wasserlandschaften mit Schiffswracks und Seeungeheuern aufmerksam. Zeitschriften wollten ihn porträtieren, Foto-grafen wollten ihn als Model – und Frauen wollten ihn nackt sehen oder ihn treffen. Oder beides. Gegen den Rat seines Onkels traf er sich mit einigen von ihnen, aber das war ein großer Fehler. Gleich die Erste redete unablässig und sah kein bisschen aus wie auf ihrem Foto. Eine andere erwies sich als siebzigjähriger Mann. Rooster hat eben recht.

Das klingt wahrscheinlich alles ziemlich lustig und aufre-gend. Aber für die meisten Bewohner von Key West war es alles andere als das. Nach dem Sturm stand ihnen die langwierige und mühsame Aufgabe bevor, die Schäden zu beheben und wieder in den Tritt zu kommen. Häuser und Boote waren zerstört, Geschäfte am Boden und die Elektrizität gekappt. Überschwemmung und Sturm hatten die Wasser- und Treibstoffvorräte verunreinigt, auch die Kommunikationsnetze waren beschädigt. Es würde lange dauern und viele Arbeitsstunden kosten – ganz zu schweigen von den Millionen und Abermillionen von Dollar –, ehe auf der Insel wieder alles halbwegs seinen Gang gehen würde. Alles in allem, stellte sich heraus, war das für Florida der kostspieligste Hurrikan aller Zeiten gewesen.

Aber am Ende, das wussten die Leute, würde sich die Mühe gelohnt haben. Für sie war Key West nicht nur ein Urlaubsort, sondern ihr Zuhause. Und dafür kämpfte man eben, wenn es nötig war.

Rick und Ricardo hatten Glück gehabt. Abgesehen von ein paar zerbrochenen Fensterscheiben und umgestürzten Bäumen war ihr Hotel verschont geblieben. Aber ein paar Wochen dauerte es dennoch, ehe alles repariert, aufgeräumt und hergerichtet war und das Hotel wieder öffnen konnte. In der Zwischenzeit beschäftigten sie sich viel mit Lucy und Desi und brachten ihnen (halbwegs) Manieren bei. Boxer und Bullfighter, die neuen Freunde der Hunde, halfen, die zwei auf Spur zu bringen.

Jilly und Jolene Crabb hatten Glück, was ihr Segelboot, die *Jolly Crabb*, betraf. Abgesehen von ein bisschen Wasser in der Kajüte war es in einem Top-Zustand. Ihre Eltern hatten den Schwestern beigebracht, wie man ein Boot sturmsicher macht. Zwei Tage vor dem Sturm hatten sie den Mast heruntergelassen und alles verzurrt, versiegelt und gesichert. Die

Pumpe war dennoch beschädigt, also mussten sie ein paar süße Segler um Hilfe bitten.

Die Segler bekamen das hin – und die Schwestern bekamen Einladungen zum Abendessen.

Und dann war da noch Laura Lange.

In den auf den Hurrikan folgenden Wochen hatte sie jede Menge Zeit zur Verfügung. Zwar hatte das Hemingway-Haus den Sturm halbwegs heil überstanden, doch anstelle von Touristen, die sie herumführen konnte, kamen nur jede Menge Reporter, Fotografen und Kameraleute. Jeden Morgen ging Laura nicht nur vorbei, um zu schauen, ob ihre Hilfe benötigt wurde, sondern hauptsächlich, um ihre Kollegen zu sehen – und natürlich die Katzen, von denen sie mittlerweile fast alle kannte und liebte. Dass Rooster sich viel im Hemingway-Haus aufhielt und mit Margarita Tanzen übte, gefiel ihr auch. Margarita hatte erzählt, er wolle dem Tanzclub beitreten. Außer ihm gab es noch weitere Anwärter: Foster und Millie, außerdem Leo und Marla (die ehemals als Mama Marley bekannte Taxifahrerin). Als Laura die Neuigkeiten erfuhr, beschloss sie, ebenfalls mitzumachen.

Apropos Neuigkeiten: Ihre Mutter rief an, um ihr zu sagen, dass die Syracuse University sie zum Vorstellungsgespräch für die Stelle als Lehrassistentin einlud. Laura bedankte sich bei ihrer Mutter und sagte, sie sei nicht interessiert. Sie sei glücklich da, wo sie war. Auch ihr Ex-Freund Devin rief an. Nach einem langen, unangenehmen Gespräch konnte Laura ihn überzeugen, dass es vorbei war und dass sie in Key West bleiben wolle. Devin gab schließlich auf und sagte seufzend, dass er dann wohl ohne sie seinen Weg gehen müsse. *Na hoffentlich.*

Am nächsten Morgen ging Laura die Whitehead Street entlang, als sie sah, wie Rooster die wilden Hühner fütterte. Plötzlich fiel ihr etwas auf: Sie hatte gar keine Angst mehr vor ihnen. Vielleicht lag es an der Geschichte, wie Roosters Freunde sich um sie gekümmert und die Küken gar in Zeitungspapier gewickelt hatten, um sie zu beruhigen. Das ließ sie verletzlicher erscheinen. So hatten sie den Sturm überlebt, und Laura war froh darüber.

Als sie durchs Tor trat, wurde sie von der immer fröhlichen Millie begrüßt, die ihr aufgeregt jedes Detail ihres neuen Kassenhäuschens präsentierte. Neben ihr stand Foster Lee Jackson und fungierte als ihr Berater. Als Laura weiterging, tippte er höflich an seinen Hut.

Nessie erwartete Laura auf der Veranda. «Nessie! Was gibt's Neues?» Laura setzte sich neben ihrer Freundin auf die Stufe und blickte über den Garten. Während sie die Katze vom Kopf bis zur Schwanzspitze streichelte, sah sie zu, wie die anderen Katzen tobten und durcheinanderpurzelten oder auch nur im schwachen Morgenlicht dösten. Heute war die Sonne aber auch besonders faul, fand Laura. Das war ihr gleich am Morgen aufgefallen, als Tallulah sie mit Kratzgeräuschen aus dem Kleiderschrank geweckt hatte, wo sie sich wahrscheinlich ihr Wochenbett einrichtete. Laura hatte die Piratenlampe angemacht, auf die Uhr geschaut und sich doch sehr gewundert. Draußen war es noch dunkel gewesen. Es war geradezu, als weigerte sich die Sonne aufzugehen.

«Laura, hast du heute Abend schon was vor?», fragte Jake, der gerade mit einem Wischmopp ums Haus herumkam. «Mack sagt, Sloppy Joe's Bar hat wieder auf, und wir würden gern mit dir und den Zwillingen was trinken gehen.»

«Das klingt toll. Ich weiß nur nicht, ob ich Tallulah allein lassen sollte. Die Kleinen können jetzt jede Minute kommen, glaube ich.»

«Dann könnten Mack und ich einfach mit ein paar Sixpacks vorbeikommen, und bei der Gelegenheit schaue ich mir die werdende Mutter gleich mal an. Noch bin ich zwar kein Tierarzt, aber ich hab Erfahrung.»

«Perfekt», erwiderte Laura «Dann haben wir ein Date.»

«Ein Date?»

Als Jake weg war, kam Pawpa zu Laura und Nessie auf die Veranda. Er war inzwischen ziemlich dicke mit Laura – die anderen Angestellten konnten es gar nicht glauben –, und bald gesellten sich auch Larry, Curly und Moe zu ihnen, die sogleich anfingen, Spinderella über die Veranda zu jagen – bis Spinderella sich kurzerhand umdrehte und eine Kätzchen-Karambolage verursachte. Dann stürmte Chew-Chew mit einem Keks im Maul vorbei, den er wahrscheinlich aus dem Personalraum gestohlen hatte, während Whiskey Schmiere stand. Bette Davis und Joan Clawford prügelten sich unter einem Baum um Jackie Chans Aufmerksamkeit. Auf der anderen Seite des Gartens waren noch mehr Katzen zu sehen. Einige schliefen, andere hingen zusammen ab. Eine Katze – Kilimandscharo natürlich – hatte es doch tatsächlich fertiggebracht, auf Millies neues Kassenhäuschen zu klettern.

«Laura! Gut, dass du da bist!»

Margarita kam mit klackernden Absätzen den Gartenweg entlang. Sie erteilte Laura ein paar kleine Aufgaben, aber viel gab es nicht zu tun, sodass Laura bald zurück zu der schwangeren Katze in ihrem Schrank würde gehen können. Nachdem sie mit allem durch war, verabschiedete sie sich von Margarita,

Jake und den anderen Kollegen, streichelte Nessie und Pawpa ein letztes Mal und war gerade durch das Tor getreten, als ein pinkes Taxi neben ihr hielt. «Wollen Sie mitfahren, Miss?» Laura lauschte Mama Marleys zum Schreien komischer Erzählung von ihrem letzten Date mit Leo, bis sie an dem kleinen pinken Bungalow ankamen, der so unverständlicher- wie wundervollerweise den Sturm überstanden hatte. In ihrem Zimmer fand sie die Zwillinge vor ihrem Schrank vor.

Tallulah hatte geworfen! Und zwar vier winzige unfassbar süße Kätzchen mit schönen großen sechskralligen Pfoten. Etwas Niedlicheres hatte Laura noch nie gesehen. Später kamen Jake und Mack mit zwei Flaschen Champagner vorbei. Das musste gefeiert werden. Sie köpften die Flaschen und stießen an. Jake brachte sogar einen Toast aus.

«Auf Hemingways Katzen – in nächster Generation!»

Später in jener Nacht, als alle im Haus, auch Tallulah und ihre Babys, längst schliefen, lag Laura hellwach in ihrem Bett und dachte nach. Sie konnte einfach nicht einschlafen, und all die Dinge, die seit ihrer Ankunft passiert waren, gingen ihr durch den Kopf. Sie liebte ihr neues Leben. Es gab so viele interessante Menschen und Orte und Katzen und Vögel und Reptilien … es war einfach eine Menge, worüber sie nachzudenken hatte. Gut, dass sie angefangen hatte, Tagebuch zu schreiben. Laura griff nach ihrem Laptop, scrollte sich durch ihre Einträge und war überrascht, wie viele es waren. Genug für ein Buch. Sie hatte immer vom Schreiben geträumt, aber weil ihr Leben so langweilig war, nie gewusst, worüber sie schreiben sollte.

Sie dachte an den berühmten Satz von Hemingway: «Um über das Leben schreiben zu können, muss man es erst leben.»

Und dann dämmerte es ihr: Laura Elizabeth Lange aus Syracuse, New York, lebte endlich ihr eigenes, sagenhaftes Leben. Sie war keine durchgeknallte Hauskatze mehr. Sie war nicht dabei, in einem abgeschlossenen Raum den Verstand zu verlieren. Sie war wie Hemingways Katzen: frei umherstreifend, unabhängig und, ja, durchaus auch ein bisschen furchterregend für andere. Sie holte tief Luft und fing an zu schreiben.

Auf der südlichsten Insel der Florida Keys passiert jeden Morgen etwas wirklich Lustiges.

Die Sonne weigert sich aufzugehen.

Anmerkung der Autorin

Die Welt jubelte, als 2017 die berühmten sechskralligen Katzen des Ernest Hemingway Home & Museum in Key West, Florida, über die verheerenden Stürme und Regenfälle von Hurrikan Irma triumphierten. Dieser Roman ist von den damaligen Ereignissen inspiriert, will jedoch weder jenen Hurrikan originalgetreu wiedergeben noch das Museum oder gar dessen Angestellte. Die Charaktere in diesem Buch basieren nicht auf realen Menschen (oder Katzen), sondern sind Schöpfungen der Autorin.